エリア・スタディーズ 175

ウェールズを知るための60章

吉賀憲夫（編著）

明石書店

まえがき

1997年、地方分権に関する住民投票の結果を受け、イギリス政府はスコットランド、ウェールズ、北アイルランドに権限を一部委譲することになった。これにより、これらの「地域」に新たにその「地域」の名を冠した議会と政府が誕生した。このことは、イギリスが歴史的、文化的に背景の違う4つの「国」から成り立っていることを、またイギリスが「連合王国」と呼ばれる所以を我々に再認識させたのであった。権限委譲への要求はさらに高まり、スコットランドでは、イギリスから独立するかどうかの賛否を問う住民投票が2014年に行われた。その結果、僅差でイギリス残留が決まったものの、これは改めて現在の「連合王国」の枠組みと、それぞれの「国々」に強まるナショナリズムを我々に痛感させたのであった。そして今、イギリス自体がEUから離脱しようとしている。

近年、イギリスがこのように話題になったことは、2012年のロンドンオリンピックを除いて、なかったであろう。そして今、我々のイギリスへの関心のひとつは、スコットランドの住民投票に見られるように、イギリスが「連合王国」であるという古くて新しい問題に向かいつつあるように思える。本書はイギリスを形成する「国々」のひとつであるウェールズを総合的に紹介する解説書として、またより深くウェールズを知りたい人のための案内書として企画された。

ウェールズは今ではイングランドの一地方に過ぎないが、かつては共通の言語と共通の法体系を持ち、「マビノギオン」に代表されるそれ自身の文学と吟唱詩人（バルド）の伝統を持った「国」であった。またウェールズ人はブリテン島におけるひとつの「国民」としては、現在のイングランド地方に入植したアングル人やサクソン人たちよりも長い歴史を持っている。そのウェールズ人（ブリトン人）は常に侵略を受け、征服されてきた人々でもあった。古くはローマの支配下に入り、ローマ軍が撤退した後はアングロ‐サクソン人との抗争に明け暮れ、現在のウェールズ地域に孤立した。ノルマン人がやって来ると、彼らとの戦いが続き、それはエドワード1世のウェールズ征服で終わりを告げる。

ウェールズにとって不幸であったことは、ウェールズが統一国家をなす前に、小国分立のままイングランドに併合されてしまったことであろう。この点が統一国家としてイングランドと合同したスコットランドとの大きな違いである。スコットランドは連合王国からの離脱、すなわち1707年以前の状況に戻ることを求めたのだが、ウェールズには戻るにも戻る国家などなかった。ウェールズ人が戻るところといえば、それはウェールズ語が話される昔ながらの「父祖の地」としての「国」であり、また「郷」であった。

ウェールズを理解する上で、ウェールズ語の辿った歴史を知ることは重要である。征服されたウェールズでは、ウェールズ人は二流の民の扱いを受け、またウェールズ語も二流の言語の歴史を歩むことになる。ウェールズ語は教会で使用される言語としては残ったものの、司法、行政の世界から排除され、公用語の地位を失った。その後のウェールズの歴史はウェールズ語の保存と復権の歴史であったと言っても過言ではない。ウェールズ語はウェールズ人の心の拠り所であり、アイデンティティであり、ナショナリズムの発露であった。19世紀以降の急速な英語話者の増大と強大な英語支配の下、ウェールズ語は消滅の淵にあったが、今も多くのウェールズ人がウェールズ語を保持し、話し続けている点において、ウェールズは固有の言語の話者が極めて少ないアイルランドやスコットランドとは一味違っているのである。

地理的に見ると、ウェールズには国土を南北に分断する中央山塊があり、歴史と文化に大きな影響を与えるとともに、そこに住む人々の気質に差異を生じさせた。南ウェールズ人は彼らの土地に武力進出してきたノルマン人などの外来勢力とは敵対ではなく共存する道を選んだが、北ウェールズではグウィネズ王国が栄え、外来勢力とは対決の姿勢をとった。そのような歴史もあり、北ウェールズでは南ウェールズよりもウェールズ気質が色濃く残っているという。

またこの中央山塊はウェールズの南北交通を困難にしただけでなく、ウェールズの統一をも難しくした。したがってウェールズには統一国家が生まれず、その結果、ロンドンのような首都機能を有する永続的な都市は出現しなかった。このことは宮廷音楽や肖像画などの絵画、また近代演劇の発展を大いに阻害した。その一方で、ウェールズ全体に関わる根本的で致命的な交通の不便さは、皮肉にも外界からの文化や流行、そして都市型風俗の流入を防ぎ、各地に古い文化や伝統を遺すという役割を果たした。このように、ウェールズはウェールズ人のアイデンティティの証であるウェールズ語を軸に、限られた地理的条件の下、ひとつの「国民」として、多様な文化を築き、自らの歴史を切り開いてきたのであった。

本書はⅠ―Ⅶの7部構成とし、ウェールズを知るために必要かつ重要と思われる事柄を選び全体で60章とし、各部に1つずつコラムを設けた。学術書ではないので注は付けなかったが、使用文献や推薦図書を巻末に掲載したので利用願いたい。なお、本書におけるウェールズ語の地名・人名の日本語表記に関しては、すでに日本で定着しているものはそのままとし、それ以外のものはウェールズ語の発音に近いものを採用した。

最後に本書の発行を決めていただいた株式会社明石書店に対し深く感謝もうしあげる。企画を担当された同社編集部兼子千亜紀氏と長島遥氏に大変お世話になった。心から謝意を表したい。同社へ本書の企画を出すに際し、ケルト文学研究者である神奈川県立外語短期大学名誉教授木村正俊氏に橋渡しの労をとっていただいたのはありがたいことである。また本書のために貴重なウェールズの写真を提供くださった写真家小寺郁哉氏に心からお礼を述べたい。

本書は多くの人々の努力と協力によって完成することができた。幅広い読者に読まれ、長く活用されることを心から願っている。執筆者一同、本書によりわが国のウェールズ理解が一層深まることを期待している。

2019年6月

編者　吉賀憲夫

ウェールズを知るための60章

目次

まえがき／3
地　図／14

Ⅰ　ウェールズの風景

第1章　ウェールズ概観――海から山まで自然美にあふれる国土／16
第2章　カーディフ――石炭の富が作ったウェールズの首都／20
第3章　北ウェールズの巨城群――征服されたウェールズの象徴／24
第4章　忠犬・殉教者・魔術師の町――ベスゲレット、ホリウェル、カーマーゼン／29
第5章　観光リゾート地――水彩画家を魅了した村や『不思議の国のアリス』が誕生した町／33
第6章　ウェールズの祈りの場所――大聖堂から素朴なチャペルまで／37
第7章　マーサー・ティドヴィル――ウェールズに突然出現した製鉄業の巨大な村／41
第8章　ペンブルックシャー――ウェールズのリトル・イングランド／46
【コラム1】フィッシュガード――フランス革命軍の上陸した小さな漁村／50

Ⅱ　歴　史

第9章　先史時代のウェールズ――様々な古代の遺跡と遺物／54

第10章　カーリアン――南ウェールズ支配のためのローマ軍団根拠地／58
第11章　サクソン人との戦い――アーサー王伝説の原点／62
第12章　オファの防塁――ウェールズ・イングランド国境／66
第13章　「ウェールズ法」――人々の法からナショナル・シンボルへ／71
第14章　ジェラルド・オブ・ウェールズ――イングランドとの仲介者／76
第15章　征服されたウェールズ――イングランド人のプリンス・オブ・ウェールズの誕生／81
第16章　オワイン・グリンドゥールの反乱――ウェールズの独立を目指した愛国者の蜂起／85
第17章　ウェールズにおける新しい信仰の波――非国教会の隆盛／89
第18章　巡回学校――ウェールズ民衆教育の原点／93
第19章　暴動と労働争議――産業化するウェールズ／97
第20章　民族主義の高まり――カムリ・ヴィーズ運動からプライド・カムリの活動へ／102
第21章　自治権回復への道――ウェールズ省からウェールズ国民議会政府へ／106
【コラム2】ウェールズ人の海外移住／110

III　ウェールズ語保存の歴史

第22章　ウェールズ語――英語とはまったく異なる言語／114
第23章　ウェールズ連合法――公用語になれなかったウェールズ語／118

第24章　ウェールズ語聖書——宗教と教育の言葉として生き残ったウェールズ語／122
第25章　ウェールズ教育青書の衝撃——英語習得の促進と教室でのウェールズ語禁止／126
第26章　ウェールズ語の教育・研究拠点——ウェールズ国立図書館と大学の設置／130
第27章　ウェールズ語の話者率——言語の将来への不安／134
第28章　ウェールズ語の法的復権——言語法の成立／138
【コラム3】ウェールズ人の父称と姓／142

Ⅳ　産業と交通

第29章　北ウェールズの鉱業——銅鉱石採掘とスレート採石／146
第30章　最高品質のスチーム炭と無煙炭——南ウェールズ石炭産業の繁栄／150
第31章　産業革命を支えたウェールズの製鉄業——マーサー・ティドヴィルの製鉄王たち／154
第32章　産業の爪痕——スウォンジーの銅産業公害とアベルヴァンの悲劇／159
第33章　運河・鉄道——ウェールズの物流システム／164
第34章　ウェールズの交通を支えた美しい橋——石造のアーチ橋や最新の吊橋／168
第35章　第2次大戦後のウェールズ——石炭産業の没落と海外企業の誘致／173
第36章　カーディフ港の盛衰と再開発——石炭積み出し港から高級リゾート地へ／177
【コラム4】蒸気機関車の発明者トレヴィシックと日本／182

Ⅴ　祭典と伝統

第37章　中世のアイステズヴォッド ―― 吟唱詩人たちの就職試験？／186
第38章　アバガヴェニ・アイステズヴォッド ―― ヨーロッパ文化の源流を求めて／190
第39章　現代のアイステズヴォッド ―― 新しいウェールズの総合文化祭典／194
第40章　セント・デイヴィッズ・デイ ―― いちばん大切なウェールズの祝日／198
第41章　ウェールズの守護聖人の祭り ―― 宗教色を取り除いた民衆文化としての祝祭／203
第42章　ウェールズ旗 ―― レッド・ドラゴンの伝統／207
第43章　ウェールズ女性の山高帽とガウン ―― 民族衣裳か創作か／211
第44章　ブリテン島のバルドのゴルセッズ ―― 現代に蘇った古代のドルイド／215
【コラム5】今に続く奇習 ―― マリ・ルイド／220

Ⅵ　絵画・スポーツ・音楽・生活

第45章　ピクチャレスクなウェールズを描いた画家たち ―― リチャード・ウィルソンとその周辺／224
第46章　オーガスタス・ジョンとグウェン・ジョン ―― 20世紀のウェールズを代表する姉弟画家／229
第47章　ウェールズ国立美術館 ―― ウェールズ人美術愛好家による愛蔵品の寄贈／233
第48章　ラグビー ―― ウェールズの第2の宗教／237

第49章　谷間や採石場に響く歌声──ウェールズ人と合唱の伝統／242
第50章　ウェールズの食──カウル、ラーヴァーブレッド、ウェルシュラビット、バラブリスなど／247
第51章　ウェールズ人会──結束するロンドンや各地のウェールズ人／252
第52章　映画に見るウェールズらしさ──『わが谷は緑なりき』と『ウェールズの山』を中心に／256
【コラム6】ウェールズの著名な歌手と映画スター／261

Ⅶ　伝説・文学・地誌・学術

第53章　水没伝説──海底に沈む町、湖底に沈む村／266
第54章　マビノギオン──ウェールズの幻想的な中世物語集／270
第55章　2つの言語による文学──ウェールズにおけるウェールズ語文学と英語文学の伝統／275
第56章　トゥム・オール・ナントのインタールード──ウェールズにおける道徳劇の伝統／279
第57章　ウィリアム・ウィリアムズとアン・グリフィス──ウェールズの卓越した讃美歌作者たち／283
第58章　ディラン・トマスとR・S・トマス──20世紀のウェールズを代表する英語詩人／288
第59章　3つのウェールズ旅行記──聖職者、動物学者、小説家の見たウェールズ／292
第60章　ケルト学に寄与したウェールズ人──オックスフォードの「リトル・ウェールズ」／296
【コラム7】マドック伝説──ウェールズ人によるアメリカ大陸発見説の顛末／301

CONTENTS

ウェールズをもっと知るためのブックガイド／303
執筆者紹介／310
編著者紹介／311

注：本文中の写真のうち、特記なきものは原則として各章執筆者が撮影したものである。

凡　例

グウィネズ	州　(County)	❶ ニース・ポートタルボット	❺ カーフィリー
<u>スウォンジー</u>	市　(City)	❷ ロンダ・カノン・タフ	❻ トルヴァエン
コンウィ	州区(County Borough)	❸ マーサー・ティドヴィル	❼ <u>カーディフ</u>
カーナーヴォン	主な都市・町	❹ ブライナイ・グウェント	❽ <u>ニューポート</u>

※ 行政区画としての州、市、州区の関係は対等である。

I

ウェールズの風景

1

ウェールズ概観

★海から山まで自然美にあふれる国土★

ウェールズはブリテン島の南西部に位置する。その国土は南北約210キロメートル、東西は北部で約145キロメートル、中央部が65キロメートル、南部は約160キロメートル。総面積は2万761平方キロメートルであるから、日本の四国（1万8297・78平方キロメートル）よりやや大きいということになる。北西部にはアングルシー島――イングランドとウェールズで最も大きな島――があり、ブリテン島とは道路と鉄道で結ばれている。東はイングランド、西はアイリッシュ海、南はブリストル海峡、北はリヴァプール湾に面しているこの「国」は、海岸線が約970キロメートルにも及んでいることから、自然環境に関しては海だけの国にも見える。しかし、国土の大半は山地で、南北にはカンブリア山脈が走っている。実に自然豊かな美しい国である。したがって、ウェールズで目にすることのできる、あるいは体感することのできる自然美は枚挙に暇がない。ここでは、いずれも雄大な自然で知られる3つの国立公園を中心に見てゆこう。

まず、海に関係したものから見てみよう。南西部にはペンブルックシャー海岸国立公園がある。国立公園に制定されたのは

第1章

ウェールズ概観

1952年、占有面積は629平方キロメートル。ウェールズとイングランドでは唯一の海岸線のみで構成されている国立公園であるばかりでなく、イギリスでは3番目に小さな国立公園としても知られている。この海岸線は主としてごつごつとした岩石の崖、砂浜、入り江で構成されているが、とりわけ砂浜は美しい。海岸線の小ぢんまりと美しい町テンビーの美しさなどはつとに知られており、保養のためにやって来る人も多いが、マリン・スポーツやウォーキングを楽しむ人も相当数いる。

この海岸線の町で忘れてはならないのがセント・デイヴィッズであろう。言うまでもなく、ウェールズの守護聖人聖デイヴィッドの名がそのまま地名となっている町である。聖都であり、大聖堂が有名であるが、実は海岸と周辺の景観も見事なものである。小さな町の中心部から聖デイヴィッドの母を祭る聖ノン礼拝堂（13世紀の遺跡）に至るまでの道のりに見える景色の美しさに歩を止める人も少なくない。

ペンブルックシャー海岸国立公園以外の2つは山の国立公園である。中南部に位置するブレコン・ビーコンズ国立公園は、1957年に国立公園に指定された。約1344平方キロメートルにわたってゆったりとした起伏の草原が広がり、谷、湖、洞窟、湿地、農耕地が点在している。

この国立公園は4つの地域に分かれており、その中心となるのは公園の名前にもなっているブレコン・ビーコンズという山脈である。山脈は実際には砂岩の丘という程度の規模であるが、コルン・ディとペン・ア・ヴァンという2つの山を含んでいることは広く知られている。この山脈の西側に位置するのは美しい湖を「従えた」ブラックマウンテン、スウォンジー湾に注ぐニース川の源流から急流と壮観な滝を持つフォレスト・ヴァウル（大森林）、山脈の東側にあるのはブラック・マウンテンズで、最も高い地点は811メートルに達する。

この国立公園には多くの遺跡もあるが、9世紀に作られた人工島は有名だ。壮大な自然の中の人工自然物という意味では、異色でやや皮肉な感じがしないでもないが。

もうひとつは北西部のスノードニア国立公園である。これはイングランドとウェールズで3番目に広い国立公園である（1951年に制定。総面積2130平方キロメートル）。スノードニアでひときわ目を引くのが、イングランドとウェールズの最高峰スノードン山である。ロマン派詩人ウィリアム・ワーズワスは1790年代初頭にスノードン山に登り、その時の印象を『序曲』の最終章に歌っている。「見渡せば　見よ！／月はくっきりと頭上高く天上にあり／私は巨大な雲海の岸にあり／その海は私の足もとにやわらかく　音もなく眠っていた／……／その岸辺から／三分の一マイルも離れていない所に／青い亀裂があった。／深く暗い　息吹く雲海の裂け目から／海や激流や小川から無数の／音が立ち上り　一つの声となり　轟いていた」（『序曲』第13巻40～44行、54～59行。筆者訳）。ワーズワスに崇高の念を抱かせた壮麗な景色は、現代の人間も畏怖させずにはいない。スノードン山は単なる山ではないのである。

イングランドとウェールズの最高峰であるスノードン山には山頂まで登山鉄道が通じている。（小寺郁哉撮影）

この標高1085メートルの山は、北ウェールズの観光名所となっているばかりでなく、ウェールズの象徴ともなっている。英語名は13世紀にイングランドの船乗りが遠くに見える雪を戴いた峰を「雪の丘」と呼んだことに由来すると言われている。一方、ウェールズ人はこの山をアル・ウィズヴァ「埋葬塚」（アーサー王が倒した巨人の骸を頂の塚に葬ったとの伝説による）と、山脈をエラリ「鷲の国」と呼んでいた。ウェールズ語名には英語名のロマンティックさはない。名前の違いは、この山の二面性をよく表しているようにも見える。例えば、美しさと天候の変わりやすさもそうであるが、そもそもこの山自体が一方は険しい絶壁、他方は草原や湖があるなだらかな斜面という二面性を持っているのである。

国立公園の壮大な景色は素晴らしく、ウェールズがいかに自然豊かな国であるかということがわかる。しかし、より身近にその自然を感じるには、国土中央部の田園風景を見るのがよいのではないだろうか。もちろん、それは壮大とは言い難いが、十分以上に見る者の心を奪う魅力を持っている。この景色を楽しみたいならば、ハート・オブ・ウェールズという鉄道路線に乗ることが最も手軽な方法かもしれない。この路線はウェールズのスウォンジーとイングランドのシュルーズベリーを結んでいる。始発から終着駅までの所要時間は約4時間。乗降客があるときのみ停車するリクエスト・ストップの駅もいくつかあるので、下車して景色や自然体験活動を楽しむにはそれなりの注意も必要となるが、わずか1両の列車に乗って、車窓からのんびりとウェールズの農村地帯を堪能するのも一興であり、座ったままでも自然に恵まれたウェールズを体感することができる。

（太田直也）

2

カーディフ

★石炭の富が作ったウェールズの首都★

ウェールズの首都カーディフはウェールズの南東に位置している。ロンドンのパディントン駅からイギリスの誇る高速列車インターシティー125に乗れば約2時間でカーディフ・セントラル駅に到着する。またウェールズとイングランドを隔てるセヴァーン川河口には高速道路の走る2つの橋が架けられ、両地域は経済的にも、文化的にも、また時間的にも以前よりもはるかに密接に結ばれている。

カーディフには約36万人が住んでいる。ウェールズの人口が約305万人なので、1割以上の人々がカーディフに集中していることになる。イギリスで36万人の町といえば大都市で、カーディフはイギリスでは約10番目の「大都会」なのである。カーディフは中世においてもウェールズ最大の市場町で、人口に関して言えば、最盛期には2500人に達したという。この数は18世紀末になるまでほぼ変わらず2000人前後であったと推定されている。しかし、19世紀になると、それが激増し、1830年には1万2000人、1850年には2万人と飛躍的に増加した。このような著しい繁栄をもたらしたのは、ロンダをはじめとする周辺の炭鉱の村からこの町に運ばれてくる石炭であり、これらの高品質の石炭はカーディフの港から世界に向けて積み出されたのであった。そうして、今日のカーディフ繁栄の基礎は1930～40年代に築かれたのであった。

現在、カーディフは2つの魅力的な地域から成り立っている。ひとつは、カーディフ城、裁判所、市庁舎、カーディフ国立博物館、カーディフ大学などの歴史的建造物が立ち並ぶ官庁街や、往時を偲ばせる瀟洒なアーケード街、マーケット、デパートからなる昔ながらの繁華街である。もうひとつは、石炭積み出し港跡を再開発した高級リゾート地を思わせる湾岸地区で、そこにはヨットハーバー、モダンなショッピングセンター、レストラン、高級ホテルが立ち並んでいる。ある雑誌のアンケート調査によれば、カーディフは訪れたい世界の都市の6番目にランクされており、このことからも、カーディフがいかに魅力的な都市であるかがわかる。

カーディフの歴史は古く、約6000年前の新石器時代に端を発する。しかし、現在のカーディフは、西暦50年にローマ軍がタフ川のほとりに作った砦に始まる。「タフ川の砦」を意味するカーディフという地名もこれに由来し、以来、この砦を中心にカーディフは発展した。1091年、ロバート・フィッツハーモンによりローマ時代の要塞跡に城が築かれ、1111年には市壁が作られた。初代グロスター伯爵は城に石造りの天守閣（キープ）を築いたが、それは今もカーディフのシンボルのひとつとなっている。

14世紀に入り、カーディフ城は第13代ウォリック伯爵の所有に帰し、改築が施された。その後を継いだハーバート一族も改修の手を加えたが、大改築を行ったのは18世紀末にその城を継いだ、スコットランドのビュートに領地を有したステュアート家（ビュート伯爵家、のち侯爵家）であった。中でも、第３代ビュート侯爵は当時のイギリスを代表する建築家ウィリアム・バージェスに命じ、今に残る華麗な城館を建てさせた。それは最も見事なゴシック・リバイバル様式であると評価を得ている（このバージェスの設計事務所にはジョサイア・コンドルという若い有能な設計者がいた。彼は明治政府に雇われ日本にやって来て鹿鳴館など明治の重要な西洋建築の設計・施工に携わることになる）。その後も１９２０年代まで改築や増築が続いたが、第４代ビュート侯爵が没すると、１９４７年に城はカーディフ市に寄贈された。

現代のカーディフの礎を築いたのはこのステュアート家である。ウェールズとの関係は、第４代ビュート伯爵が第７代ペンブルック伯爵の曾孫にあたり相続人であったシャーロット＝ジェーン・ウィンザーと結婚したことに始まる。これにより、ビュート伯爵家は南ウェールズに広大な領地を有するようになったのであった。

この第４代ビュート伯爵は１７７６年にカーディフ男爵にも叙せられ、１７９６年には初代ビュート侯爵に昇叙された。この頃カーディフには銀行やコーヒールームなどがオープンし、近代的でモダンな都市となった。さらなる発展を遂げたのは、第２代ビュート侯爵のジョン・クライトン＝ステュアートの時であった。彼はスコットランドと南ウェールズに広大な領地を相続したが、好んで住んだのはスコットランドの館で、カーディフ城には年に数週間しか滞在しなかった。また、幼い頃から片目が不自由であったので社交生活は好まなかったが、ビュート侯爵家の財政面に大きく貢献した。１８１７年と、１８２３年から１８２４年にかけて２度グラモーガンシャーを調査させ、領地に炭鉱などの大鉱脈があることを突き止めたのである。また１８２２年からカーディフに新たな港（ドック）を建設する事業を開始し、１８３９年にビュート・ドックが完成した。またタフ渓谷《ヴェール》鉄道が開通し、南ウェールズで採掘された石炭がカーディフまで入ってくるようになり、カーディフの石炭積み出し港としての重要性は飛躍的に増した。

このような事業には莫大な資金が必要で、第2代侯爵はビュート侯爵家の不動産を担保としてその費用を捻出した。投資の結果、第3代ビュート侯爵は大いなる果実を得ることとなり、前述した城館の改築などが可能になったのだった。20世紀に入って石炭の需要が減り始め、最盛期は世界一の石炭輸出港であったカーディフ港も衰退の一途を辿った。往時の栄華の名残を留めているもののひとつが、１８８８年に建設された石炭取引所である。

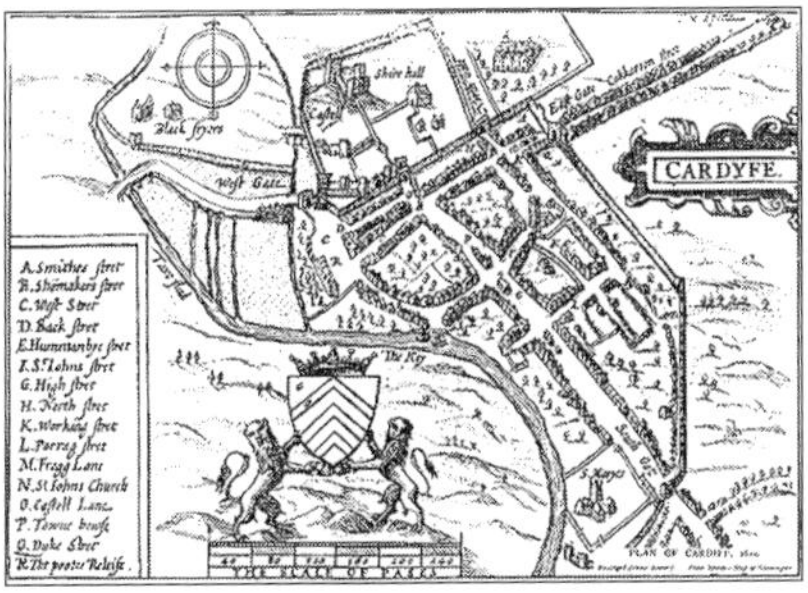

J. スピードによる 1610 年のカーディフ地図

カーディフがシティーに昇格したのは１９０５年であった。またウェールズの首都となったのは１９５５年である。今カーディフには、イギリス政府の権限委譲により、ウェールズ国民議会とウェールズ国民議会政府が置かれ、経済、文化、教育に、よりきめ細かく、手厚い行政が行われている。21世紀になると湾岸地区には新たに議会政府の議事堂やウェールズ・ミレニアムセンターという多目的芸術センターが建てられ、またカーディフ城の近くの旧アームズパークラグビー場の跡地には7万人を収容するミレニアムスタジアムが作られ、スポーツだけでなくロックコンサートなども行われる大イベントセンターが誕生している。カーディフでは新しい世紀にふさわしい未来志向の都市作りが今も進められているのである。

（太田美智子）

3

北ウェールズの巨城群

★征服されたウェールズの象徴★

死してなお祖国に貢献する王。たとえ、その生涯や業績、人格への毀誉褒貶《きよほうへん》が甚だしいにせよ、そうした君主が存在する。例えばヘンリ8世。6人の妻を娶《めと》ったこのスキャンダラスでドラマティックな専制君主は今なお名を轟かせ、ある種の想像力を掻き立て、絶えることなく彼をめぐるドラマや映画が制作され、世界中に配信されている。500年近くにわたって英国の名を知らしめ続けている彼は、時代を超えた傑出した王なのかもしれない。その意味では、ウェールズを征服したエドワード1世もまた彼の築いた巨城群により、図らずも時を超え祖国イギリス、とりわけ現代のウェールズに貢献していると言えよう。

エドワード1世がウェールズに築いた城は、当初はイングランドによるウェールズ支配の象徴であり、ウェールズ人にとっては怨嗟の的であった。しかし、皮肉なことに今やそれらはウェールズ観光の魅力を高めるものとなっているのである。ある調査によると、イギリスを訪れる観光客が行きたい場所のランキングのトップに立つのが何とウェールズにある一連の「エドワードの城」なのである。

若き日のエドワード1世は十字軍遠征に身を投じ、戦地で数々の武勲を立て、また反乱を起こした有力貴族シモン・ド・モンフォールを滅ぼすなど、惰弱と評された父王ヘンリ3世とは対照的だった。王となった後はウェールズを征服し、スコットランド遠征にも闘志を燃やした。彼がウェールズを威圧し、支配の拠点とするために築いたのがいわゆる「エドワードの城」であった。

彼が築いた城の多くは「コンセントリック型」と呼ばれる城砦である。これは十字軍遠征によって中東の影響を受けて生まれた。城の中核は同心型の城壁で幾重にも取り囲まれ、防衛力を高めるために城壁の角には塔が設けられている。これらの塔は相互援護が可能な弓矢の射程範囲内に作られた。最大の特徴は従来の城にあった前庭（モット）や天守閣（キープ）の必要性がなくなったことである。「エドワードの城」を具現化したのは、造営長官ジェイムズ親方にほかならない。以前からあったものを改修したり、新たに作ったり、12の城に彼が関わったと言われている。城を見れば、その大きさから王の権力や財力も浮かび上がってくる。「エドワードの城」の場合、鋼鉄はスタフォードシャーのニューカッスル・アンダー・ライムから、木材はリヴァプールから、鉛はマン島から、そして縄はリンカーンシャーからもたらされた。1つの城を作るには2000人の作業員、400人の石工、200人の石切工、30人の鍛冶職人と大工を要した。さらに守備兵も必要だった。このように城造りは膨大な資材と労力を要する壮大な事業だったのである。指揮をとったジェイムズ

ウェールズを征服したイングランド国王エドワード1世

親方はエドワードの信頼篤く、日給は普通の大工の1週間分の給料に相当する2シリングだったが、1284年には終身3シリングの日給を約束された。さらに厚遇は続き、引退後は王から北ウェールズに所領を与えられ、そこの領主館で余生を送るほどであった。

「エドワードの城」は補給を考慮して大半が海岸沿いに建てられ、周到にほぼ等間隔で配置されている。これらの城は北ウェールズを取り囲むエドワードの「鉄の輪」としてグウィネズ、さらにはウェールズ支配を強固なものにするために機能した。征服後に移住してきたイングランド人の拠り所でもあり、彼らを守る役割も果たした。しかし、時は移り、数百年もの時代の衣をまとった風情あるこれらの城は、もはや脅威を与えるものではなく、むしろ鑑賞され、愛でられる対象となった。ターナーがウェールズを探訪した際、これらの城を前にして絵筆をとった。20世紀に入って世界遺産の指定も受けた。今や人気の観光スポットなのである。では、具体的にどのような城があるのだろうか。代表的なものに目を向けてみよう。

ウェールズ遠征の際、エドワードが拠点を置いたデンビーシャーにあるリズラン城は彼が作った初のコンセントリック型城砦で、1277年に着工し1282年に完成した。その姿は圧倒的で、大きな1対の塔からなる門楼がとりわけ印象的である。

カーナーヴォン城は1283年に着工され、城砦としてのみならず、北ウェールズ支配の要でもあった。城壁はエドワードが十字軍遠征の折に目にしたコンスタンティノープルのそれを彷彿とさせると言われている。

1283年に着工し1290年に完成したハーレック城は岩山に聳え立つ、まさに王の威容を誇る城である。完成直後はジェイムズ親方が城代を務めていた。オワイン・グリンドゥールが反乱を起こしたとき、彼が行政府を置いたのもここハーレックであった。

コンウィ城はヨーロッパに今に残る最も見事な中世の城砦のひとつとされている。ここにはかつて大サウェリンが創設した修道院があり、彼自身の墓所もそこに置かれていたため、ウェールズ人にとっては神聖で汚すことのできない場所だったのだが、エドワード1世はこの修道院を完膚無きまでに破壊し、新たな城を造営した。コンウィ城はほぼ完全に城郭都市の形を留めており、今でも町は城壁で囲われている。そのため石造りの城門を通過できないサイズの車両はこの町に入ることが叶わない。無理に進入しようとしたのか、ドライビング・スキルの問題か判然としないが、城門には文明の利器が付けた無残な傷跡が無数に刻まれている。

山頂に聳えるハーレック城（Natalie-S撮影。CC BY-SA ライセンスにより許諾）

未完のビューマリス城（小寺郁哉撮影）

「エドワードの城」を締めくくるのはアングルシー島に作られたビューマリス城である。この名前は「美しい湿地」を意味するフランス語に由来する。マドック・アプ・サウェリンの反乱を制圧するために1295年に着工されたが、度重なる築城やスコットランド遠征の出費がかさみ、ビューマリス城が完成することはなかった。しかし、未完とはいえこ

コンウィ吊橋から見たコンウィ城。この橋のすぐ右隣に車道の橋が架かっている。(小寺郁哉撮影)

の城は名に恥じず今なお美しく、多くの人を魅了してやまない。

これらの城と対照的な運命を辿ったものもある。最後のサウェリン終焉の地を訪れるためビルスに行ったときのこと、ランチを食べたレストランで城への行き方を訊いた。マスターは笑いながら教えてくれた。「500年遅かったですね。ピューリタン革命の時に破壊されて今は何も残っていませんよ」と(実際にはテューダー朝時代に焼失したらしいのだが)。歴史の荒波にもまれ、中にはビルス城のように瓦礫に等しくなってしまった城もあるのだ。

「エドワードの城」は、このようにイングランドのウェールズ支配の象徴から、イギリスを代表する巨城群へと位置づけを変転させていったのだった。


(太田美智子)

4

忠犬・殉教者・魔術師の町

★ベスゲレット、ホリウェル、カーマーゼン★

ウェールズには伝承を基にして有名になった町や村が数多くある。中でも伝承と地名が結びついているベスゲレット、ホリウェル、カーマーゼンを見ていく。

最初に取り上げるベスゲレットは、北部グウィネズ地方にある谷あいの小さな村である。「ベズ」はウェールズ語で墓を意味するので、ゲレットの墓という意味を持つ地名である。ゲレットは猟犬の名前で次のような伝説がある。

13世紀、サウェリン大王と王妃はある日、幼い息子を愛犬ゲレットに守らせて狩りに出かけた。狩りから帰ると、ゲレットは鼻面を血で真っ赤に染め、息子の姿が見えない。王はゲレットが息子を食い殺したのだと考え、剣を抜き犬に斬りつけた。犬は一声鳴いて倒れて死んだ。その声に応えるように部屋の暗い隅から赤ん坊の泣き声が聞こえた。息子は無事だった。だが、その傍らには大きな狼の死体があった。ゲレットが主の息子を救うため狼を殺したのだ。王は愛犬を誤って殺したことを後悔し、ゲレットに立派な墓を作り手厚く埋葬した。その後サウェリンに笑顔が戻ることはなかったという。

この忠犬の物語は犬好きのイギリス人をたいそう感動させ、

詩人や画家がこぞって伝説を基に作品を作った。例えば1800年にこの地を訪れたW・R・スペンサー師は「サウェリンとその犬」という詩を作っている。忠犬の墓は多くの観光客を惹きつけ、村はにぎわっている。

忠犬を誤って殺してしまう物語はインドをはじめ世界中にあり、珍しい話ではない。18世紀末にこの話を村の名前と結びつけて伝説を創作したのは、ロイヤルゴートホテル初代経営者デイヴィッド・プリチャードである。南ウェールズ出身のプリチャードは、近くの修道院と関係のあるサウェリン王の名を持ち出し、ゲレットという猟犬を創作し、実際に墓まで作った。そして観光の目玉にすることに成功したのである。その成功ぶりは、1824年に詩人ウィリアム・ワーズワスが「ほぼ30年前、スノードン山頂に深夜登るに際し、私が軽食を取ったみすぼらしいパブは、瀟洒なホテルになっていた」と記していることからもうがかえる。

次に取り上げるホリウェルは、北ウェールズのフリントシャーで5番目に大きな市場町だが、その名の通り、そこには「聖なる泉」がある。その名の由来となった聖女ウィニフレッドの泉である。これはウェールズで最も有名な泉で、中世から現在まで、巡礼者や病に苦しむ人たちが、冷たく澄んだ水に祝福や病の治癒を求めてこの泉を訪れてきた。「ウェールズの七不思議」のひとつに数えられ、奇跡的な癒しの力がある。特に神経病によく効くという。

7世紀、神に一生を捧げたウィニフレッドは高貴な一族出身の美しい娘だった。伝承によれば、母グウェンロは聖バイノの妹であり、この聖人がウィニフレッドをキリストの信仰へと導いたという。カラドッグという名の若く猛々しい首領がウィニフレッドに言い寄ったが、ウィニフレッドはそれを拒絶した。カラドッグは怒りに駆られて剣を抜きウィニフレッドの首を刎ねた。首はバイノの礼拝堂に向かって丘を転げ落ち、首が止まったその場所の地中から澄んだ水が湧き出してきて泉ができた。聖バイノが首を体に戻すと姪ウィニフレッドは生き返った。ウィニフレッドの首と体が再び合わさったところにはうっすらと白い線が残っていたという。その後泉のまわりに礼拝堂が建てられた。そのそばで小さな赤い石が見つかると、それはウィニフレッドの血で染まったのだと言われている。

ウィニフレッドは7年間ホリウェルに留まり、伯父である聖バイノを助けた。その後デンビーシャーのグウィセリンにある女子修道院へ移り、そこで亡くなった。聖人暦にはこの聖女を記念する日が2日ある。6月22日ウィニフレッドの殉教の日と11月3日聖女が2度目に亡くなった日である。カラドッグの悪事を目撃した聖バイノは、その場でカラドッグを呪った。するとカラドッグの足下の地面が口を開け、彼を飲み込んだと言われている。

南ウェールズのカーマーゼンはローマ時代、マリドゥヌム（海辺の砦）と呼ばれた。やがてウェールズ人はその土地を「マルジンの砦」という意味の「カエルヴァルジン」と呼ぶようになった。「カエル」は「砦」であり、「ヴァルジン」は音韻変化した「マルジン」のことである。マルジンは中世ウェールズの伝承に登場し、アーサー王伝説のマーリンのモデルと言われる人物である。

中世の伝承のマルジンは、573年にアルデリズ（カーライルの近くの今のアーサレット）の戦いに敗れた後に気がふれて、ウェールズ語が話されていたスコットランド南部のコイドケリドン（カレドニアの森）に逃げ込んだ。半世紀の間、1匹の子豚と野の獣だけを友としてみすぼらしい姿で森の中を彷徨い続けたマルジンは、予言の力を身につけた。その予言はマルジン自身が作ったと言われる詩の

カーマーゼンのマーリンの木があった場所では、いわば「2代目マーリンの木」が育てられている。（Regregex 撮影。CC BY-SA ライセンスにより許諾）

中に織り込まれている。その多くは1250年頃に書写された『カーマーゼンの黒書』に記されている。

マーリン（マルジン）の予言のひとつにカーマーゼンの中心部にあった有名な樫の木にまつわるものがある。「マーリンの木が倒れたときにゃ／カーマーゼンの町も地に堕ちる」。カーマーゼンの町はこの予言が成就しないよう躍起になった。樫の木が枯れた後も根のまわりをセメントで固めたりして、木が倒れるのを防ごうとした。だがとうとう枯れた幹を支えきれなくなり、1978年、木は元にあった場所から取り除かれた。この年、カーマーゼンは未曾有の洪水に見舞われた。マーリンの木の残った部分は今もカーマーゼンシャー州立博物館と市民ホールのロビーで見ることができる。

カーマーゼンから2マイル（約3キロ）ほど離れたところにブリンマルジン（マーリンの丘）がある。ある伝承によると、偉大な魔術師はこの丘の洞窟の中でまだ生きていて、かつて彼が愛した女に魔法にかけられ永遠に閉じこめられている。時折そこで、女に自分の魔術の秘密を教えるという愚行をしてしまったことを嘆くマーリンのうめき声が聞こえるという。また、マーリンはこの丘の中に鍛冶場を持っていて、地面にひざまずいて耳をすませると、いまだに鍛冶屋たちの立てる音が聞こえるという伝承もある。

（岩瀬ひさみ）

5

観光リゾート地

★水彩画家を魅了した村や『不思議の国のアリス』が誕生した町★

1782年に聖職者で画家のウィリアム・ギルピンが、『1770年の夏に行われたワイ川と南ウェールズの幾つかの場所の主としてピクチャレスク美に関する考察』という旅行書を著した。イギリスで最初に出版されたイラスト付き旅行ガイドブックである。詩人ウィリアム・ワーズワスもこの本を片手にティンターン修道院の廃墟を訪ねたという。ピクチャレスクとは美学上の概念である。フランスバロック古典主義時代の画家ニコラ・プサンやクロード・ロランが描いた風景と同じものが、実はウェールズやスコットランドの自然の中にあることに気づいた人々が、これらの地の風景をピクチャレスクと表現した。左右非対称で荒々しく、不規則で変化と意外性に富み、規模の点では小ぢんまりとして親しみのある風景のことを言う。ギルピンの旅行書が出版された頃から、ウェールズの自然豊かで変化に富んだ風景は人々の旅心を誘ってきた。そしてツーリズムはウェールズの重要な産業のひとつとなった。

スノードニア国立公園内のコンウィの谷にベトゥス・ア・コイドという村がある。緑の渓谷、渓流に架かる古い橋、岩場を流れ落ちる「スワロー滝」、少し離れたところには、美しい湖のあるまるで絵のようなカペルキリッグの村などがある。画家のJ・M・W・ターナーは1798年にベトゥス・ア・コイドを訪れ、ポント・ア・パイアー橋のスケッチを描いている。ヴィクトリア朝時代には、交通の便も良くなり、ロマンティックな景色が楽しめる有名なリゾート地になり、イギリス中から多くの富裕層が訪れた。ジョージ・ボローは『ワイルド・ウェールズ』の中で「イギリスのあらゆる地域の優雅なジェントリが、夏に木陰と休養を求めてやって来る」と述べている。この村の景観に魅了され、多くの画家もやって来た。

ターナーと同時代人のデイヴィッド・コックスは、1813年に『水彩風景画論』を出版した風景画におけるバーミンガム派の重鎮で、イギリス水彩画の黄金時代を担った画家のひとりであった。彼はイングランド各地での絵画教授の仕事から引退し、生まれ故郷のバーミンガムに戻った後、1844年から56年にかけて毎夏この村を訪れ、近郊の景観を水彩画や油絵に描いた。そればかりか、村のロイヤルオークホテルに居を定めた彼は、このホテルのパブの看板も描いている。この村には美しい風景を求めてさらに多くの風景画家が集まり、夏ごとにコックスを中心としたイギリスで最初の画家コロニーができあがった。彼の死後この村にも鉄道が敷かれ、より多くの人々が訪れるようになり、かつての静けさはなくなり、多くの画家たちはコンウィの谷の他の村へ移っていった。

このような渓谷美を楽しむリゾートもあれば、海辺のリゾートも数多くある。

スランディドノはコンウィ近くのアイリッシュ海に突き出た半島にある海辺の町である。ヴィクトリア朝の美しい建物が海岸に沿ってアーチを描いて建ち並び、「ウェールズのリゾート地の女王」と呼ばれている。

スランディドノは『不思議の国のアリス』が誕生した町と言われる。著者ルイス・キャロルが「アリス」のモデルとしたのは、オックスフォード大学クライスト・チャーチ学寮長ヘンリ＝ジョージ・リデルの娘アリス＝プレザンス・リデルである。リデル一家はスランディドノ西岸に別荘を建てて、夏を過ごした。「ペンモルヴァ」と呼ばれたこの家は後にホテルになった。一家と親しかったキャロルもきっとこの町に一家を訪ねたに違いない、そしてその際に見た丘のウサギ穴や、グリフォンやまがい海亀を連想させる砂山などから物語の着想を得たのだという説がある。この説によればスランディドノは物語の誕生の地と言える。

『不思議の国のアリス』に登場するグリフォンとまがい海亀（ジョン・テニエル画）

だが実は、ルイス・キャロルがこの地を訪れたかどうかははっきりしない。筆まめなキャロルの日記にスランディドノ訪問が記されておらず、また物語誕生前の4年間の日記に欠落もある。ロジャー・ランスリン＝グリーンは伝記『ルイス・キャロル物語』の中で、キャロルが一度もそこを訪れていないのはおそらく間違いがないだろうと述べている。

キャロルが訪れていなくても、モデルとなったアリスが家族とともに何度もスランディドノで夏を過ごし、町を歩き回ったことは確かである。

海岸リゾートの町スランディドノ（小寺郁哉撮影）

『不思議の国のアリス』は今では観光の目玉のひとつである。町のあちらこちらに、アリスをはじめ白ウサギやチェシャ猫、狂った帽子屋、ハートの女王など『アリス』に登場するキャラクターの木彫りの像が配置されている。アリス・トレイルに出発すれば、スランディドノの町が「不思議の国」になる。紙製の地図のほかデジタル世代にはスマートフォンのアプリがある。「不思議の国のアリス・白ウサギ」アプリは、白ウサギの案内で8歳のアリス・リデルと一緒に町をめぐるという設定になっている。これは拡張現実アプリであり、実際の風景にスマートフォンを向けると、その中で3Dのキャラクターが動くようにできている。さらにアリスが怪物ジャバウォッキーと戦う「不思議の国のアリス・鏡」アプリもある。最新のものでは「アリスと一緒にウェールズ語を学ぼう」アプリもできたようだ。町にはアリスをテーマとするカフェも何軒かあり、アリス・リデルがお茶を飲んだカフェも残っている。毎年6月にはミス・アリス・コンテストが開催されている。スランディドノの地元の8歳から10歳の少女の中から「ミス・アリス」を選び、選ばれたアリスは1年間お茶会など町の様々なイベントにアリスとして参加する。『不思議の国のアリス』は、ウェールズ一のリゾート地のアトラクションとして、子どもも大人も楽しめるものとなっている。（岩瀬ひさみ）

6

ウェールズの祈りの場所

★大聖堂から素朴なチャペルまで★

イングランドの大聖堂は広々とした平野に聳え立ち、何キロ先からも見えるが、ウェールズのセント・デイヴィッズ大聖堂は窪地に、まるで身を隠すかのようにひっそりと佇んでいる。何故そうなのかというと、1つにバイキングの襲撃を恐れて、という説がある。実際初期のセント・デイヴィッズ修道院はバイキングに何度も襲われていた。

セント・デイヴィッズ大聖堂はウェールズの南西端、ペンブルックシャーの海に面したセント・デイヴィッズにある。セント・デイヴィッズは人口2000人に満たない小さな町だが、シティーの格式を持つ町として有名である。それはウェールズの大聖堂の中で最も重要で格式の高いセント・デイヴィッズ大聖堂がそこにあることともちろん無関係ではない。ウェールズの守護聖人聖デイヴィッドが創設した修道院を母体として作られたのがセント・デイヴィッズ大聖堂なのである。

聖デイヴィッドは520年頃誕生したと言われており、父はケレディギオン王の息子サントで母はメネヴィアの首長の娘聖ノンであった。中世においてはアーサー王の甥にあたると信じられていた。彼は常に鳩を肩に乗せた姿で表現されているのだが、それは彼が起こした数々の奇跡のひとつにちなんでのことである。エルサレムに巡礼し、そこで司祭に叙せられた彼は、イギリスに戻ってからはグラストンベリーをはじめ12の修道院を作り、生誕の地にセント・デイヴィッズ修道院を作った。現在建っている大聖堂は1181年に着工されたものである。

1112年に教皇カリストゥス2世によって彼はウェールズの守護聖人と認められ、セント・デイヴィッズ修道院（後の大聖堂）に2回巡礼するとローマへの巡礼に等しく、3回巡礼するとエルサレムへのそれに等しいとされた。それほど篤く崇められた聖人と聖地を祭っているのがセント・デイヴィッズ大聖堂なのである。

大聖堂から遠くないところには聖デイヴィッドの母聖ノンに捧げられた、今もなお清らかな水が湧いているセント・ノン礼拝堂の遺跡や、古《いにしえ》のチャペルの代わりに1943年に再建され聖母と聖ノンに捧げられた小さなチャペルがある。

次にウェールズに点在する魅力的な教会を見てみたい。訪れたい世界遺産ランキングの上位を常に占めるフランスのモン・サン・ミッシェルに比べると、そのイングランド版のコーンウォールにあるセント・マイケルズ・マウントは世界的に名を馳せているとは言えない。ましてやウェールズ版があることなど、知る人も少ないであろう。実は、アングルシー島にはモン・サン・ミッシェルによく似た教会が存在する。つまり、引き潮のときには教会まで歩いて行けるのだが、満潮時には島となる立地条件がかの世界遺産を彷彿とさせるのである。それは12世紀に聖ケヴィンに献じられたセント・クイヴァンズ教会で、「海の中の教会」として知られている。

同じくアングルシー島にある美しいビューマリス城を見学し、帰りのバスを待つ間に偶然見つけたセント・メアリー・アンド・セント・ニコラス教会では、大サウェリンに興味を持つ私には胸が震えるような驚きがあった。教会の入り口の傍らには中世の貴婦人の姿が刻まれた石棺の蓋が立てかけられており、説明文を読むとレディ・ジョアンだということがわかったからである。イングランド王ジョンの婚外子で、大サウェリンに嫁いだ女性である。難しい外交問題では父と夫の板挟みになったが、常に夫に寄り添い続け、2国間の軋轢を和らげる役割を担い続けた。36歳で幕を閉じたその生涯は波乱に富んでいた。彼女はノルマン系貴族のウィリアム・ド・ヴァローズとの密通事件を起こし、相手のウィリアムはサウェリンによって絞首刑に処せられた。しかし、ジョアンとサウェリンの間にできた息子はこのウィリアムの娘を娶《めと》っている。普通ではあり得ないことだろう。でも、だからこそ、逆に辺境諸侯《マーチャー・ロード》とウェールズ、そしてイングランド王家との複雑な関係が見て取れようというものである。

事件後、ジョアンはアングルシーに幽閉されたものの、最終的にサウェリンはジョアンを赦した。様々なことがあったが、基本的に2人は愛し合う仲睦まじい夫婦だったという。1237年に彼女は亡くなった。サウェリンはその死を悼みフランチェスコ派修道院を作り、彼女を葬ったのだった。この修道院は後にヘンリ8世の修道院解散令で取り壊され、現在の教会に建てかえられたのである。

南ペンブルックシャーの海岸に面したボシャーストンの断崖の下の岩場にある石造りのチャペルは、14世紀に聖ゴーヴァンに捧げるために建てられたものである。聖ゴーヴァンは、アイルランドの修道士で、恩師の聖デイヴィッドを求めてきたという説、アーサー王の円卓の騎士のひとりサー・ガウェインであるとする説、さらにかつては泥棒だったなど諸説がある。ともあれ、彼は海賊に攫《さら》われ

マイサロンネン礼拝堂は、1690年代に建てられた当時の趣を現在に伝えている。(Philip Pankhurst 撮影。CC-BY ライセンスにより許諾)

てアイルランドからこの地に来たようであるが、ここで海賊の手から逃れ、岸に隠れて事なきを得た。以来地元民に海賊の来襲を警告するために住み続けたという。海沿いに建つチャペルはもはや廃墟であるが、隠者の庵には訪れる価値があろう。

ウェールズには国立公園が3つあるが、そのひとつブレコン・ビーコンズ国立公園のクムイオイにあるセント・マーティン教会は「傾いた教会」として有名である。伝説によると、キリストが磔刑に処されたとき、暗闇が覆い、地滑りが起こり、教会の屋根が2つに裂けたという。もっとも、現在のこの傾いた教会の建物は12世紀に作られたのだが、信仰とは歴史的事実をしばしば凌駕するものであることは言うまでもなかろう。

教会といえば、イメージするのはステンドグラスや尖塔あるいは鐘楼を備えたゴシック様式やロマネスク様式の建物ではあるまいか。しかし、まったく異なるもっと素朴な教会や礼拝堂も多い。1717年に建てられたラドノーシャーにあるクエーカー教徒最古のミーティングハウスは石造りの平屋で、屋根は茅葺きである。実に愛らしく親しみのある趣を持っている。また、古書とアンティークで有名な村ヘイ・オン・ワイの近くにあるマイサロンネン礼拝堂は農家を改築してチャペルにしたものである。元来は住民の居住スペースに牛小屋が隣接する長い造りの農家だった。これを礼拝堂に作り変えたわけで、いわば虚飾とは無縁の祈りの場なのである。そして、むしろこうした場所でこそ信仰の原点のようなものに触れる思いにさせられる。

（太田美智子）

7

マーサー・ティドヴィル

★ウェールズに突然出現した製鉄業の巨大な村★

マーサー・ティドヴィルは、南ウェールズ・旧グラモーガンシャーのタフ川沿いの渓谷に位置する小都市である。18世紀後半以降に急速な発展を遂げる前は人家もまばらな小村であった。現在では人口6万人余りだが、ウェールズ最大の都市だった時期もある。

18世紀初期までのウェールズは総じて農村地帯であり、生活は中世と変わらなかったとさえ評される。変化するのは18世紀後半以降である。南東部で製鉄業が発展し、都市化が進むが、とりわけマーサー・ティドヴィルにおいて顕著であった。ここには工業の伝統はなく、中世から刃物製造で名をなしたシェフィールドなどとは異なる。産業革命期に急成長したマーサー・ティドヴィルはウェールズにおける新たなパターンの都市形成の典型であり、「近代ウェールズの出発点」（ジョン・デイヴィス）であったと言えよう。その小村がウェールズのみならず、イギリスを、ひいては世界を代表する製鉄都市へと成長し、新たな時代を切り開いた。例えば、1804年にリチャード・トレヴィシックがここで最初の蒸気機関車の走行実験に成功している。ウェールズの製鉄業については第31章で触れるの

カヴァースヴァ製鉄所 （出所： J. S. Garner (ed.), *The Company Town: Architecture and Society in the Early Industrial Age*, Oxford University Press, 1992, p.24.）

で、この章では南ウェールズの山間部に出現した新しい都市に焦点を当てて見てゆこう。

かつてマーサー・ティドヴィルに聳え立っていたのが、カヴァースヴァ製鉄所である。タバコ貿易で成功したイングランド出身のアンソニー・ベーコンが開業し、１７９４年に共同経営者となったリチャード・クローシェイが引き継いだ。リチャードはヨークシャー出身の鉄商人であった。彼の下で製鉄所は巨大化し、港と結ぶ運河建設も始まった。後を継いだのは息子ウィリアムで、この父子の時代が全盛期である。その後もクローシェイ一族が経営を続けたが、19世紀後半から経営が悪化し、20世紀初めに製鉄所は売却され、１９１９年には解体された。カヴァースヴァ製鉄所の盛衰は、マーサー・ティドヴィルの盛衰と重なり合っている。

マーサー・ティドヴィルの製鉄業は、１７５９年にトマス・ルイスが年31ポンドでダウライスの地主から地下資源利用権を借り受けたことに始まる。鉱脈の存在は知られていたが、外部資本の参入で開発が進み、村は変貌するのである。１７６３年にはジョン・ゲストとアイザック・ウィルキンソンがプリマスで、１７６５年にはアンソニー・ベーコンがカヴァースヴァで、同様の契約を結んだ。やや遅れて１７８４年、すでに製鉄で名をなしていた父を持つホムフレイ兄弟がペナダレンで製鉄所を開業した（以上はいずれもマーサー・ティドヴィル、ないしその近郊の地名）。当初、カーディフまで馬やロバによる輸送がなされたが、製鉄業者たちが出資して、まもなく運河建設が始まった。１７９４年に完成するグラモーガンシャー運河である。それに最大の投資を行ったクローシェイは、若くしてロンドンの鉄卸商に徒弟入りし、主人の娘と結婚して店を継いだ。製造に関心を示し始めたところ、政府納入業者であったアンソニー・ベーコンと関係が深まり、１７７７年にパートナーシップを結んだ。カヴァースヴァ製鉄所の経営者となった彼は、ヘンリ・コートによって１７８４年に発明されたパドルで不純物を取り除く方法を導入するなど、改良を積み重ねた。19世紀初めには溶鉱炉６基、従業員２０００人以上の、当時としては世界最大規模の製鉄所を築いた。

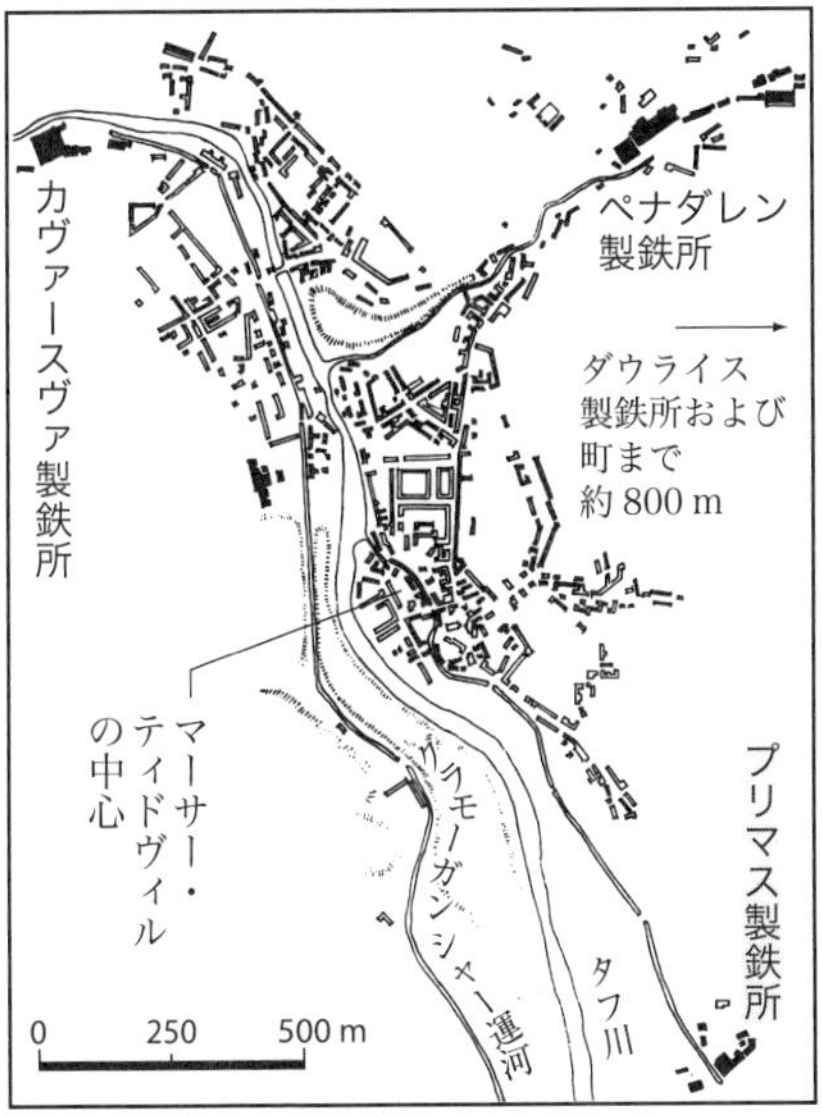

1830 年代のマーサー・ティドヴィル（出所：J. S. Garner (ed.), *The Company Town*. Oxford University Press, 1992, p.23. を基に作成）

カヴァースヴァ製鉄所の成功は他の製鉄所の発展を刺激した。１８３０年にそれを追い越したのがダウライス製鉄所である。当初、経営方針の対立などから伸び悩んでいたが、１７７６年にマネージャーとなったジョン・ゲストが経営の中心に据わると、高炉を増設するなどして生産を拡大した。息子トマスを経て、ダウライスをマーサー・ディドヴィルの代表的な製鉄所にしたのが孫

ダウライス製鉄所（出所：J. Davies, *The Making of Wales*, Sutton, 1996, p.101）

のジョン・ジョサイアである。彼は科学者のマイケル・ファラデーとも親交があり、技術革新に努めた。その成果のひとつが、1825年に開通するストックトン・アンド・ダーリントン鉄道へのレール供給であった。19世紀中盤の鉄道建設ラッシュはウェールズ製鉄業を活気づかせる最大の要因であった。レールのみならず、鉄道を開通させるには大量の鉄が必要だからである。イギリス国内のほぼすべての鉄道会社が南ウェールズ産の鉄をレールに用いたとされる。カヴァースヴァとダウライスは、アメリカ、東欧、ロシアなど世界各地にも大量のレールを輸出した。アメリカのレールの4分の3がイギリス産、その半分がウェールズ産だったと言われる。しかし全盛期は短かった。マーサー・ティドヴィルの製鉄業は19世紀後半には衰退を始める。それはなぜだったのか。

第1の理由は、1856年にイングランドの技術者ヘンリ・ベッセマーによって発明された転炉法、いわゆるベッセマー法である。これは、鉄鉱石を溶かしてできた銑鉄から鋼を安価にかつ大量に生産できる製法であった。「転炉」とは、銑鉄を鋼に転換する炉という意味である。日本刀に用いられるような炭素含有量の少ない鋼は、もともと大量生産には向かなかった。しかしベッセマーは、溶かした銑鉄の入ったひょうたん型の炉の下部に高圧の空気を吹き込み、銑鉄に含まれる不純物を燃やし、それらを取り除く方法を編み出した。燃料を用いず、短時間で大量の鋼を生産することが可能になったことで、「鋼の時代」が訪れた。「鉄の時代」の象徴マーサー・ティドヴィルは、衰退を余儀なくされたのである。

とはいえ、ダウライスのようにいち早くベッセマー法を取り入れた製鉄所もあった。１８７０年代までに6基のベッセマー転炉を稼働させたダウライス製鉄所は、買収合併の結果、20世紀初めにはＧＫＮとして、現在まで続くイギリス有数の総合機械メーカーの礎となった。しかしその過程で会社は、マーサー・ティドヴィルから、やがては製鉄業からも離れていった。現地の鉄鉱石が枯渇し、スペインなどからの輸入に依存するようになったからである。製鉄所の多くが山間部から海沿いへと移動した。産業革命をもたらした産地間競争の勝者であったマーサー・ティドヴィルは、新たな生産技術には対応できたものの、グローバルに展開されつつあった企業戦略を超える立地条件を示せなかった。銑鉄・棒鉄生産が中心で、加工はほとんどなされなかったため、職人技を要する業種も発展しなかった。労働力を安価に調達できる点は有利に働いたが、技術力で企業を引き留めることができず、原料の枯渇とともに産業が消滅する事態を招いたのである。

（久木尚志）

8

ペンブルックシャー

★ウェールズのリトル・イングランド★

ペンブルックシャーはウェールズの最南西部に位置する風光明媚な州である。この州の起伏豊かな海岸線はペンブルックシャー海岸国立公園に指定されている。また、カーマーゼン湾からカーディガンに達する海岸、約300キロはペンブルックシャー海岸自然歩道となっている。その州都はハヴァーフォード・ウェストで、その他の大きな町としてはペンブルック、ミルフォードヘブン、フィッシュガード、テンビー、ナーバースなどがある。主な観光地としては、ペンブルック城、セント・デイヴィッズ、テンビーなどがある。中でもペンブルック城は11世紀初めにノルマン人が建設した要塞に由来し、テューダー朝の初代国王ヘンリ7世が生まれた城でもある。手前の堀には王の立像が立っている。ウェールズの守護聖人を祭るセント・デイヴィッズ大聖堂はキリスト教徒の聖地で、セント・デイヴィッズへの2度の巡礼はローマへの1度の巡礼に等しく、3度の巡礼はエルサレムへの1度と同等であるとされている。また、テンビーや近くの臨海リゾート地はシーズン中、内外からの観光客でにぎわう。

言語上、この州は、南部の英語圏と北部のウェールズ語圏に分かれる。南部の英語圏は「ウェールズのリトル・イングランド」、そして南北の境界線は「ランカーライン」と呼ばれている。その由来ははるか11世紀、ノルマン人の征服に遡る。彼らはノルマン王朝を成立させると、イギリスに封建制度を導入し、多くのノルマン貴族がウェールズの支配者となった。ペンブルックやハヴァーフォード・ウェスト、カーマーゼン、キドウェリー等、南西部一帯の城は侵入者と現地人の血なまぐさい戦闘の跡地でもある。中世末期になると、多くのフランドル人がこの地方に入植し、ウェールズに毛織物技術をもたらした。この地方に入植したフランドル人が話す言葉は英語とよく似ていたため、彼らはすぐに英語をマスターした。イングランド人は、駆逐されたウェールズ人がこの地方に戻ってこないように、繰り返しフランドル人やイングランド人の入植を促進した。ペンブルックシャー南部が英語圏となったのは、イングランド人による植民政策の名残とも言えよう。

さて、ペンブルックシャーにはフィッシュガード、ペンブルック、ミルフォードヘブンといった良港が点在するが、ここではミルフォードヘブン（以下ミルフォードと略記）を中心に紹介しよう。ミルフォードは天然の良港で、古くから海との結びつきが深かった。ヘンリ2世やクロムウェルによるアイルランド遠征軍はこの港から出ていった。テューダー朝の初代国王、ヘンリ7世がイングランド遠征軍を上陸させたのもこの地である。

18世紀末には捕鯨基地として発展し、その後も漁港として栄え、20世紀になると、ニシンやタラなどのトロール漁業の基地となった。漁業は町の基軸産業となり、両大戦間時代から第2次世界大戦前後にかけて全盛時代を迎えた。ピーク時にミルフォードの遠洋トロール船は年平均4万トンもの魚を陸揚げし、魚市場は活気にあふれていた。しかし、その後の漁業の衰退は急速で、1980年にはほとんど壊滅状態に陥ってしまった。ヨットハーバー近くの海事博物館に入ると、この港の栄枯盛衰を偲ぶことができる。

だが、捨てる神あれば拾う神もあり、1960年代には、エッソ、BP、テキサコ、ガルフなど多くの石油会社が精油所を建設し、ミルフォードの町はイギリスでも有数の精油産業地、石油タンカー基地になっていった。もっとも、石油は公害の元凶で、時には大災害を引き起こした。とりわけ、1996年2月に起こったリベリア船籍の大型タンカーの座礁事故により、15万トン近くの原油が流出した。国立公園内約200キロに及ぶ海岸線が汚染され、自然環境は深刻な打撃を受けた。

ちょっとニッチな話だが、ミルフォードと東隣のネイランドはブルネルと縁の深い港町でもある。ブルネルは、ヴィクトリア時代交通革命の基軸、鉄道と海事産業で抜群の業績をあげた技師で、ミルフォードはその両方に関係している。まず鉄道だが、ブルネルがユニークなのは軌間が2134ミリもある広軌鉄道を建設したことにあった。その発端となったのがグレート・ウェスタン鉄道（GWR）で、この鉄道はロンドンとブリストルを結び、難関のボックス・トンネルの完成によって、1841年に開通した。そのウェールズへの延長線がサウスウェールズ鉄道であった。ブルネルは、セヴァーン川に橋を架け、ブリストルから直線的にフィッシュガードまで鉄道を敷き、フェリーでアイルランドと連絡する計画を立てた。ところがセヴァーン架橋は海軍本部の反対で実現せず、アイルランド大飢饉の影響で、フィッシュガードへの延長計画も頓挫してしまった。西の終点はミルフォードに変更され、ようやく1856年、チェプストウ―ミルフォード間が開通した。ちなみにブルネルの夢は、彼の死後、セヴァーン・トンネルの開通によって、1886年に実現している。

ミルフォードと東隣のネイランドはブルネルが設計したマンモス蒸気船、グレートイースタン号の基地としても利用された。この船は外輪用とスクリュー用、2基の蒸気機関を備え、帆装も施された2万トン近い巨船であった。当時、それがいかにずば抜けていたかは、この船が完成した1858年から40年間にわたって、これほど大きな船は造られなかったという事実が示している。建造のきっかけは1851年のオーストラリア・ゴールドラッシュであった。当時の技術では途中何度も石炭を補給する必要があったが、喜望峰回りの長距離航路には十分な給炭基地がなかった。そこでブルネルは、超大型船なら、オーストラリアまで移民を運び、往復航海に必要な石炭も積めるので、海外で石炭を補給する必要はなくなると考えた。彼はロンドン万博での仕事を通じて知り合った造船業者スコット・ラッセルの協力を得ることができた。しかし前代未聞の巨船の建造と進水は予想以上に困難な仕事で、ラッセルには荷が重すぎ、船会社も途中で破産してしまった。結局、この船はブルネルの指揮下、1858年1月にようやくテムズ川に浮かんだが、翌年の9月に、この船のために心血を注いだブルネルは不帰の人となった。当初、リヴァイアサンと名付けられたこの白い巨像は終始災難続きで、しかも本来の意図に反して、一度も東洋には現れず、結局大西洋航海、後には海底電線の敷設に使用された。そしてその母港となったのが、ブルネルも整備に関わったミルフォードとネイランドであった。ネイランド港には、グレートイースタン号が係留された遺構が残っており、横の公園には巨大な錨を含む構造物が展示され、ブルネルの銅像が何故か寂しげに立っている。

（梶本元信）

ネイランド港のブルネル像

コラム1

フィッシュガード
――フランス革命軍の上陸した小さな漁村

吉賀憲夫

フィッシュガードはアイリッシュ海に臨むペンブルックシャーの小さな港町である。現在、ロンドンのパディントン駅からここまで鉄道が通っており、またアイルランドのロスレー港との間にはフェリーが就航し、海路でウェールズとアイルランドを結んでいる。

1797年、まだ小さな漁村に過ぎなかったフィッシュガードのすぐ近くに1400名からなるフランス軍が上陸した。当時イギリスとフランスは戦争状態にあり、フランス軍のイギリス侵攻も考えられないことではなかったが、フランス軍は何故、よりにもよってウェールズの片田舎のフィッシュガードにやって来たのか。しかも、このフランス軍は上陸のわずか3日後、戦闘らしい戦闘を交えることもなく、あっさりと地元の民兵団に降伏してしまったのである。

フィッシュガードとアイルランドのロスレーを結ぶフェリー（小寺郁哉撮影）

コラム1

フィッシュガード

このお粗末な侵攻作戦は、実は前年に不成功に終わったフランス軍のアイルランド解放作戦の失敗から生まれた徒花であった。フランスはアイルランド解放のため、1万4450名の精鋭部隊を乗せた大艦隊を南西アイルランドに派遣したが、悪天候に阻まれ上陸できず、結局作戦は中止された。にもかかわらず、この作戦の陽動作戦として立案されたブリストル上陸作戦が単独で決行されたのである。その作戦とは、当時奴隷交易で潤っていたイギリス第2の大都市ブリストルに上陸し、これを焼き払い、イングランドの圧政に苦しむウェールズ人民の支持を得ながら北上し、チェスターやリヴァプールを攻略するというものであった。しかし、このような気宇壮大な大作戦にもかかわらず、投入された兵力といえば、わずか1400名で、またその質は劣悪で、兵士の大半は監獄から解き放たれた囚人であった。

そのフランス軍を乗せた艦隊は1798年2月にブルターニュのカマレを出港し、ブリストルを目指したが、逆風のために思うように進むことができず、結局、指揮官のウィリアム・テイト大佐は当初のブリストル上陸を諦め、2月22日にウェールズのフィッシュガードの近くのカレッグワスタッドに上陸したのであった。

上陸すると、フランス軍兵士の質の悪さがすぐに露呈した。偵察に出た兵士たちは、村民たちが難破船から盗み、家に隠していたワインを見つけ、それを浴びるほど飲み、酩酊したところを地元民に次々に捕まったのである。靴の修繕を生業とするジェミマ・ニコラスという47歳の女性は1人でそのような兵士を12人も捕らえたという。またある兵士は時を告げる大時計に驚き、それに向けて発砲した。このような兵士たちの情けない有様を見て指揮官のテイト大佐はイギリス軍との戦闘が始まればひとたまりもないと思い、被害のないうちに降伏した方が得策と考え、2月25日に無条件降伏したのであっ

《1797年2月22日のフランス軍のカレッグワスタッド上陸》
(出所：James Baker, *Picturesque Guide to the Local Beauties in Wales*, Vol.II, 1797)

た。

フランス軍の士気は落ちていたとはいえ、兵力においては2倍であった。にもかかわらずテイト大佐が降伏を選んだ背景には、彼がイギリス側の兵力を見誤ったことにある。一説によると、その原因となったのは当時のウェールズ女性の服装であったという。女性たちは伝統的な真っ赤なマントと丸いフェルト帽をかぶり、上陸したフランス軍を団体で遠くから見物していた。しかし、フランス兵にはそれが赤い軍服で有名なイギリス正規兵に見えたというのである。民兵だけでなく正規兵も到着している、これは降伏しかない、とテイト大佐は思ったのであろう。もしそうだとすれば、ウェールズ女性の「民族衣装」がウェールズを、ひいてはイギリスを守ったと言えるのかもしれない。

II

歴　史

9

先史時代のウェールズ

★様々な古代の遺跡と遺物★

ウェールズにある遺跡、遺物の数は途方もなく多い。例えば、城は現在では単なる土塁になってしまっているものなどを含めれば、数え上げることすら困難であろう。カーリアンのローマ人の遺跡や、「築城王」エドワード1世が遺した数々の城など、記されるべきものはいくつもあるだろうが、ここでは先史時代のもの、さらには比較的有名なものに限定しておきたい。

まず、カステル・ディナスを挙げておこう。これはブレコン・ビーコンズ国立公園内にある、ブリテン島で最も高い場所に位置する城跡である。元は鉄器時代（紀元前600〜紀元50年頃）の要塞としての土塁であったが、そこにノルマン人が城を築いたのである（1070〜1075年）。この城は1233年にウェールズ最後の大公サウェリン・アプ・イオルウェルス（大サウェリン）が略奪したり、またその後にイングランド王ヘンリ3世が再度要塞化したりと、様々な歴史を辿ったが、15世紀に破壊されてしまった。現在は崩壊し土にまみれた壁となっているが、鉄器時代の溝や塁壁の名残は留めている。

先史時代の遺跡ということになると、ペントレ・イヴァンを忘れてはならないであろう。これは元々ペンブルックシャーの村の名であるが、そこにはウェールズ最大の新石器時代（紀元前7000〜紀元前1700年頃）のドルメンがあり、それも同じ名前で呼ばれている。当然、上記のカステル・ディナスよりも古いものである。石の文化を誇るケルト人の末裔であるウェールズ人の土地にこのような巨石建造物が遺されていることには何の不思議もないが、このドルメンは堂々たるもので、見る者を驚嘆させる。これは紀元前3500年頃のものとされるものであり、主に7つの石からできている。冠石は長さ5メートル、幅2・4メートル、厚さ0・9メートルという巨大なもので、それが高さ約2・5メートルの丸石3つに支えられている。2本の石が入口のように建っており、残りの1本は入口を塞ぐように立っている。ペントレ・イヴァンはあらゆるドルメンの特徴を有すものと指摘する学者もいる。入念に作られたドルメンは、作った者の身分や技術を示すのみならず、すでに重要であった場所にさらに重要性を加える目的があったのではないかとの推測もなされている。

ペントレ・イヴァンのドルメン（小寺郁哉撮影）

ところで、ペントレ・イヴァン近辺のいくつかの丘は、プレセリーの丘と総称されている。この丘の大半はペンブルックシャー海岸国立公園に含まれており、公園内では唯一の高台である。この地域には新石器時代や鉄器時代のドルメン、立石、塚、住居跡など古代の様々な遺跡が点在し、あたかも「古代遺物の集積地」の様相を呈している。あまりに数が多く逐一挙げてゆくことはできないが、「ウェールズらしさ」のようなものを感じさせる事柄をひとつ記しておきたい。それは名前に「アーサー」を含むものがいくつかあることだ。ブリテン島全土にアーサー王に関わる遺跡は多いが（イングランドのティンタジェルやグラストンベリーなどは世界的にも有名であろう）ウェールズでは各地にアーサー王の墓と呼ばれるものがあり、アーサー王が葬られているとは想像できないような場所、例えばスウォンジーからオクスウィッチに向かう道中の草原にアーサーズ・ストーンと呼ばれる立石があったりする。そして、プレセリーの丘にも当然のように「アーサー」を含む名を持つ遺跡がいくつかある。ここではその名も「アーサーの墓」というベズ・アーサーを挙げておこう。これは13の石が馬蹄型に並んでいる。石はいずれも高さ60センチメートル以下で、巨石ではないが、このストーンサークルの内部にはドルメンがあったのではないかと推定されており、この種のストーンサークルのプロトタイプとも考えられている。

ベズ・アーサー（Andrew Howey 撮影。CC-BY-SA ライセンスにて許諾）

プレセリーの丘とその周辺に遺されている多くのドルメン、馬蹄形に並べられた石からは、イングランドのストーンヘンジを想起する向きもあるだろう。実際、両者には深い関係があると言われている。

例えばペントレ・イヴァンのある土塁は古代共同体の埋葬所と考えられており、ストーンヘンジは古代の天文観測所であったという説もある。したがって両者を結びつけることには無理があるように見えるのであるが、1923年、岩石学者ハーバート・ヘンリ・トマスがプレセリーの丘にある遺跡の石とストーンヘンジ内陣の石とに関係があると述べ、後の調査でカーン・メイニの巨石群の石とストーンヘンジの馬蹄形に配置されたブルーストーンとが、大きさや形状の点で同じであることが明らかになった。プレセリーの丘から現在のストーンヘンジまでの道のりは約225キロメートルである。ブルーストーンと呼ばれる石は、その約225キロメートルの道のりを、人間と牛の力で運ばれたのだとされた。

しかし近年、ストーンヘンジはウェールズから石を運んで建造されたのではなく、元々ウェールズの採石場で作られたもので、ウェールズにモニュメントとして作られたものを分解して現在の場所に運ばれたのではないかということが、有力な説として唱えられている。ストーンヘンジの建造年代については諸説あるが、上記の説や、遺跡クライグ・ロス・ア・ヴェリンにおける石の採掘跡の年代測定結果などから、最古でも紀元前2900年頃であろうとする学者もいる。先史時代のことゆえ、何が事実なのかを明らかにするにはまだ時間がかかるであろう。あるいは永久にわからないままかもしれない。ストーンヘンジの謎だけではなく、ウェールズのミステリアスな部分も、いささかも色褪せることなく、人々の関心を惹きつけながら生き続けるのであろう。それどころか、グラストンベリー・トー、ストーンヘンジ、セント・マイケルズ・マウントが意図的に1列に並べられていると言われることがあるように、ウェールズの遺跡に関連した壮大なミステリーが新たに生まれてくるかもしれない。

（太田直也）

10

カーリアン

★南ウェールズ支配のためのローマ軍団根拠地★

西暦43年、ローマ4個軍団と補助兵合わせて4万人の兵士がブリテン島に侵攻し、47年までにブリテン島南東部を勢力下に収めた。49年、シルレス族を制圧するために南東ウェールズに向かった第20軍団はグレウム（現在のグロスター）に砦を築き、さらに55年にはシルレス族の領土の深奥部ブリウム（現在のアースク）に要塞を築いた。60年には、ローマ軍は古代ブリトン人たちの精神的支柱で、反ローマ感情の元凶と考えられていた北ウェールズのアングルシー島を拠点とするドルイドを攻撃するが、時を同じくして、イーストアングリアではボウディッカがローマ軍に対し反乱を起こす。この反乱を、大殺戮をもって鎮圧したローマ軍は、かねてからのブリテン島征服の方針の下、まずウェールズのシルレス族とオルドウィケス族を平定するため、西暦74年から78年にかけてブリテン島に展開していた4個軍団のうちの3個軍団を現在のウェールズ国境周辺に集中配備した。それらの軍団は、デウァ（現在のチェスター）、ウィロコニウム（現在のロクスター）、そして南ウェールズのイスカ（現在のカーリアン）にそれぞれ軍団司令部を置いた。

それまで南ウェールズ方面担当であった第20軍団が新たに中

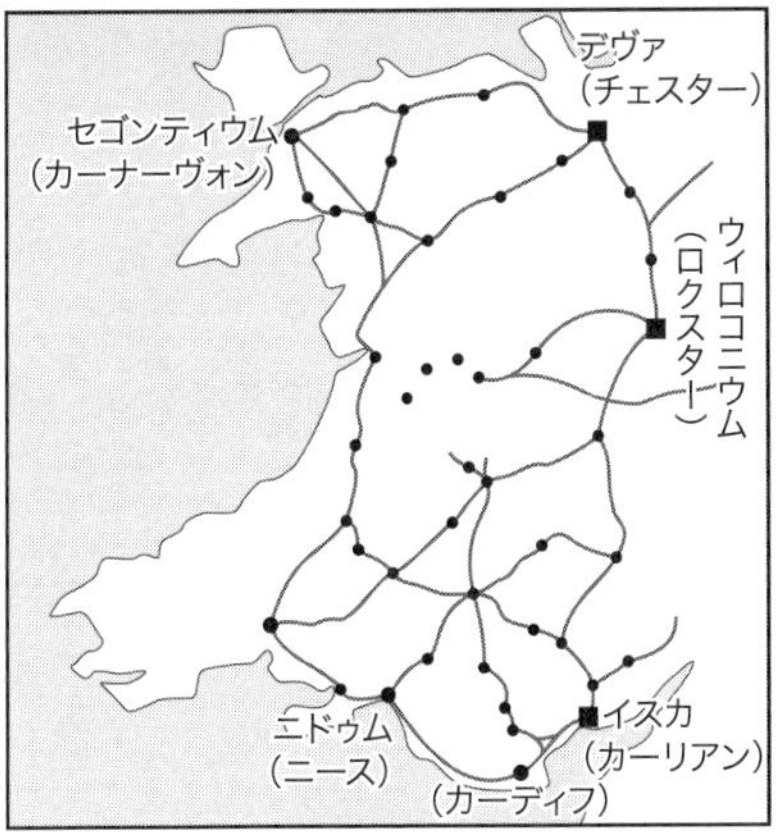

ローマ軍の要塞と砦（出所：John Davies, *A History of Wales*. Penguin Books, 1994, p.31 を基に作成）

部ウェールズの平定のためにウィロコニウムに配置換えされたため、それまで南西イングランド方面に展開していた第２アウグストゥス軍団がその跡を引き継いだ。彼らは軍団司令部としてニューポートの南のイスカ、現在のカーリアンにあたる場所を選んだ。その理由は、以前のブリウムの要塞は補給という点で問題があったが、イスカは物資を運ぶローマの船がセヴァーン川とアースク川を遡上し到達できる最奥地で、かつ防御にも適し、また川の氾濫の恐れもない場所であったからである。

イスカの要塞は西暦74年または75年に作られた。要塞自体は縦５３５メートル、横４５７メートルの長方形で、初めの頃は土と丸太で作られた城壁によって守られていたが、後にそれは石造りとなり、その城壁に沿ってV字形の深い堀が巡らされた。ローマ帝国全体では砦は何百もあったが、この規模の大軍事施設は50にも満たなかった。要塞からは直線のローマ道が伸び、１日の平均行軍距離の約20キロごとに砦が作られ、それは南西ウェールズのマリドゥヌム（現在のカーマーゼン）や北西ウェールズのセゴンティウム（現在のカーナーヴォン）など、ウェールズ全域に張り巡らされた。

ローマ軍の１個軍団の定員は５３００名で、兵士はローマの市民権を持つ正規兵と、非征服民族や同盟部族などから志願した市民権を持たない補助兵から成っていた。25年の兵役を全うすると、正規兵には土地が与えられ、補助兵にはローマの市民権が与えられた。正規兵は戦闘訓練だけでなく、道路や建物の建設・維持の技術も教えられた。兵士は全員数か月に及ぶ軍事訓練を受けた。それらの訓練には行軍、陣地設営、塹壕掘り、木材の防護壁作り、テント張りなどが含まれていた。また兵士は実際の道路や砦の建設のために派遣された。

戦闘は中部ウェールズのオルドウィケス族との間に継続していたが、第2アウグストゥス軍団が想定したようなシルレス族との大規模な戦闘は南ウェールズでは起きなかったようである。それはシルレス族との間に停戦や和平の協定が結ばれたからであった。その結果、アースク川以南の砦は西暦170年以降ほとんど使用されることはなかった。カーリアンからはウェールズの各地に治安を維持し、法を執行するための部隊が派遣された。またこの軍団からはスコットランドのハドリアヌスの長城やアントニヌスの長城の建設のために部隊が送られている。南ウェールズでは治安が良好であったため、第2アウグストゥス軍団の兵士は削減され、西暦117年以降、軍団はその定員を二度と満たすことはなかった。

カーリアンの要塞内部には司令部の建物、士官の住居、兵舎、病院、軍団浴場、食料庫などが、また要塞の外には、練兵場、円形競技場、浴場があった。練兵場のさらに向こうには民間人の住む区域が広がり、兵士の家族が住む粗末な住居、職人たちの工房、店、酒場などがあった。夜になると兵士たちはその地区に繰り出していったのであった。

要塞内では兵士は立哨、夜警、警備、訓練などの日々の任務に就いたが、非番のときにはニューポートとチェプストウの中間で、要塞の東16キロのところにある「シルレス族の市場町」を意味するウエンタ・シルルム（現在のカイルウェント）に出かけた。その町はローマ人により西暦75年に作られたシルレス族に対する行政と監督の町で、城壁で囲まれ、その中には現地の人々の住居や店や酒場があった。またそこには他のローマの都市と同様にバシリカ聖堂、公共広場、浴場、ホテル、寺院などもあった。

ローマ軍が駐屯するということは活発な経済活動と富の到来を意味した。兵士たちがその町に与える経済効果は絶大で、富と豊かさを求めて多くのシルレス族の人々がこの町にやって来た。また兵士との結婚を望む女性たちも集まってきた。兵士は結婚が禁止されていたが、非公式に結婚し、この町に家族のための小さな家を持った。ウエンタ・シルルムの人口は最盛期には3000人に達した。ウェールズ国境に近いウィロコニウムの1万人、ロンディニウム（現在のロンドン）の3万人に比べればはるかに少ない数であったが、その後1500年間、この人口を上回る町はウェールズには出現しなかった。そのような性格の町であったので、カーリアンの兵士削減はこの町に大打撃を与えた。

第2アウグストゥス軍団は290年頃にカーリアンを放棄し、撤退した。その時、要塞内の主要な建物は取り壊されたが、多くの建物はそのまま残され、ローマの支配が終わる5世紀まで、そこには人が住んでいた。その後カーリアンはアーサー王伝説の中に生きることになる。ウェールズ中世騎士物語「マビノギオン」やモンマスのジェフリーの『ブリタニア列王史』などでは、カーリアンをアーサー王の宮廷のあった場所とし、またアーサー王の円卓とはそこにある円形競技場のことだと考えられてきた。しかし人々から忘れられ、アーサー王伝説の中にのみ生きてきたこの場所が、実際に古代や中世の歴史と密接な関係のあることがわかり始めたのは1930年代から始まった考古学的発掘調査のおかげであった。今も続く発掘が当時のカーリアンの真の姿を今も掘り起こし続けているのである。

（吉賀憲夫）

Ⅱ
歴史

11

サクソン人との戦い

★アーサー王伝説の原点★

ローマのブリテン島支配は西暦43年のローマ軍のブリテン島侵攻に始まり、410年の撤退で終わる。ほぼ400年間のローマ占領期間中、ローマはウェールズに穀物、金属資源、労働力の供給を望んだ。農業は普及し、改良され、金、銅、鉛などの鉱山が開発された。ローマ軍の占領下、ブリテン島は穏やかで平和な時が流れていた。ブリトン人の貴族階級は大いにローマ化し、ローマの市民権を誇っていた。

しかしローマ軍は4世紀からブリテン島西部に対する外部からの攻撃には有効に対処することができなくなっていた。また北ではピクト人の攻撃を受け、東と南はサクソン人の海賊に襲われていた。410年にローマ軍がブリテン島から撤退すると、北からローマの征服を免れたピクト人がハドリアヌスの防塁を越えて南下し、現在のイングランド地方を荒らし回った。

ブリトン人の王ヴォーティガンはローマに援軍を3度求めた。2度は聞き入れられたものの、3度目は断られ、王は困り果てて449年にサクソン人の兄弟ヘンギストとホルサを傭兵として呼び寄せ、土地を与えた。これがきっかけとなり、サクソン人は小グループで少しずつブリテン島にやって来て、海岸や河川部に住み着き、徐々に内陸部へと入って行った。

　ブリトン人とサクソン人との間に戦いが起き、2世紀にわたって続いた。平和に慣れていたブリトン人はサクソン人に歯が立たず、敗退を繰り返し、西へ西へと追い詰められた。この間、ウェールズの将来に関わる非常に重要な戦いがいくつかあったが、いずれもブリトン人の大敗であった。577年の南グロスターシャーのディラムの戦いでは、グロスターがサクソン人の手に落ち、ウェールズは南西イングランドのブリトン人との交流を断たれてしまう。600年頃には、エディンバラの近くにあったブリトン人の小国ゴドジンの精鋭300騎がアングロ‐サクソンの国ディラに進撃したが、北ヨークシャーのカテリックで1騎を残して全滅した。詩人アネイリンはこの悲劇から挽歌「ゴドジン」を作った。面白いことにこの挽歌の一節には、ある死者の武勇を称えた後、「しかし彼はアーサーではなかった」という語句が出てくる。これがオリジナルであれば、アーサー王に言及した最初の文献となるのだが、後世に書き加えられた可能性が高い。615年または616年のチェスターの戦いでの完敗により、ウェールズと北のブリトン人との交通や、文化の交流も遮断されることになった。

　この他にアーサー王伝説に関わる12の戦いがあったという。負け続きのブリトン軍にアーサーと呼ばれる戦闘隊長が現れ、ベイドン山の戦いでサクソン軍を完膚無きまで打ち破り、その痛手でその後50年間サクソン人は進撃を停止したと言われている。この大勝利をもたらした戦闘隊長アーサーとは誰なのか？　アーサー王伝説の幕開けである。

　アーサー王伝説と関連する出来事が記載されている史料といえば、まず最初に6世紀のブリトン人修道士ギルダスにより、540年代に書かれたという『ブリタニアの滅亡と征服』がある。彼はアーサーと同世代人で、ベイドン山の戦いと同じ年に生まれたという。この史書では、アンブロシウス・アウレリアヌスが戦闘を指揮し、サクソン人に勝利したとある。また、5世紀末から6世紀初頭に起きたと考えられているベイドン山の戦いに関する初めての記述があるが、アーサーという名はそこにはない。

次の史料は9世紀のウェールズ人修道士ネンニウスの作とされる『ブリトン人の歴史』である。ここにはアーサーの戦歴が書かれている。しかしここで最も重要なのは、アーサーの地位や身分が記されていることである。そこには、アーサーはブリトン人の王とともにサクソン人と戦ったが、アーサーは王ではなく、戦闘隊長であったことが明記されている。その他、アーサーがサクソン人と12回にわたる戦いを繰り広げそのすべてに勝利し、最後のベイドン山の戦いではアーサーが一度の攻撃で960人を斃《たお》したことが記されている。10世紀中頃にまとめられたウェールズ（カンブリア）史の年表『カンブリア年代記』では、72年のベイドン山の戦いでアーサーが三日三晩キリストの十字架を両肩で運び、ブリトン人が勝利した、とある。十字架を両肩で運ぶ、は戦闘の場面としては意味不明であるが、古ウェールズ語では肩も盾も非常に似た綴りなので間違って筆写されたのではないかという説もある。すなわち十字架の描かれた盾を持って戦った、という意味なのかもしれない。この記述からアーサーがキリスト教徒であることが示唆されている。その他、93年の項にはカムランの戦いでアーサーとメドラウト（モードレッド）が倒れ、とあり、ここで初めて宿命の子モードレッドが登場し、今日のアーサー王騎士道物語への第一歩を踏み出す。

1136年にジェフリー・オブ・モンマスが『ブリタニア列王史』をラテン語で書き、ここで初めてアーサー王の生涯が描かれた。アーサーの誕生の秘密、魔法使いマーリンのこと、そしてブリテンの王となったアーサーがサクソン人やピクト人を撃破したことが語られる。彼はローマ領であったガリアを征服し、ローマに進軍しようとしていたとき、甥モードレッドの反乱の報に接しブリテン島に戻る。彼はモードレッドを破るも、自らも深手を負い、小舟でアヴァロンの島に運ばれていく。

この『ブリタニア列王史』が後世に与えた影響は大きかった。この本は各国語に翻訳され、アーサーの物語はヨーロッパ中に広まった。この物語はフランスで主にクレティアン・ド・トロワの手によってロマンス的要素が加味された。物語に宮廷風恋愛や聖杯探求のテーマが加わることにより、アーサー王物語は中世の偉大な文学の一角を占めるようになったのである。

15世紀後半、アーサー王は再びイギリスに戻ってくる。サー・トマス・マロリーはアーサー王物語の集大成版とも言える『アーサー王の死』を書いた。彼はフランスにおけるアーサー王ロマンスのもつれ絡まり合う物語を物語別に編集し直し、アーサー王伝説の新たな出発点としたのであった。

オーブリー・ビアズリー《エクスカリバーを水に投げ入れるベディヴィア》（1894）

ブリテン島におけるサクソン人との絶望的な抗争の中から生まれたアーサー王伝説は、ベイドン山や戦闘隊長アーサーという言葉を核として発展し、人間性のあらゆる部分を取り込みながら、いつの世にも読み継がれる作品群になったのである。（吉賀憲夫）

12

オファの防塁

★ウェールズ・イングランド国境★

20世紀中葉に発行された啓蒙的なウェールズ史を読むと、しばしば「オファの防塁」がウェールズ・イングランド国境との関連で紹介されている。例えば、アングロ-サクソン諸王国の中でも強大な勢力を誇ったマーシア王オファがウェールズ人勢力の進出を食い止めるために長い堤を作り、国境としたという説明である。今日でも時として見られるこうした理解はどこまで正しいのか。最近の研究を参照しながら考えてみよう。

まずこうした理解がどのように組み立てられているのか簡単に紹介する。

第1に、今日行政区画として使われているウェールズ・イングランド国境は、1536年にヘンリ8世の「ウェールズ連合法」によって、王国統治のために定められたものである。ヘンリ8世は国境域の歴史を踏まえて境界を設定したのであるが、その際古くから知られていたオファの防塁を中心的な手掛かりとした可能性が高い。実際、現在の国境線は一部を除きこの防塁に沿っている。

第2の論拠は、アッサーの『アルフレッド大王伝』（893年）に記された次の文章である。

最近のこと、マーシャに、とある勇猛な国王がいて、周辺の全ての国王と近隣諸国から恐れられていた。その名はオッファ。また、彼はウェイルズとマーシャの間を海から海へ及ぶ大規模な土防壁を造らせた。（小田卓爾訳）

757年から796年にかけてマーシア王国を統治したオファは、近隣諸国にまで及ぶ強大な権力を持っていた。そのオファがウェールズとの間に海から海まで堤を建設したのであるから、これはウェールズ国境の建設であった可能性がある。堤は必ずしも連続していないが、欠落部分は川など自然の境界を利用したと考えればよい。

第3の論拠は、東側に堤、西側に堀を配した防壁の構造である。ここから防壁は東側の軍勢が西側からの攻撃を防ぐために作られたと理解することができる。とすれば、オファは高さ2・4メートル、

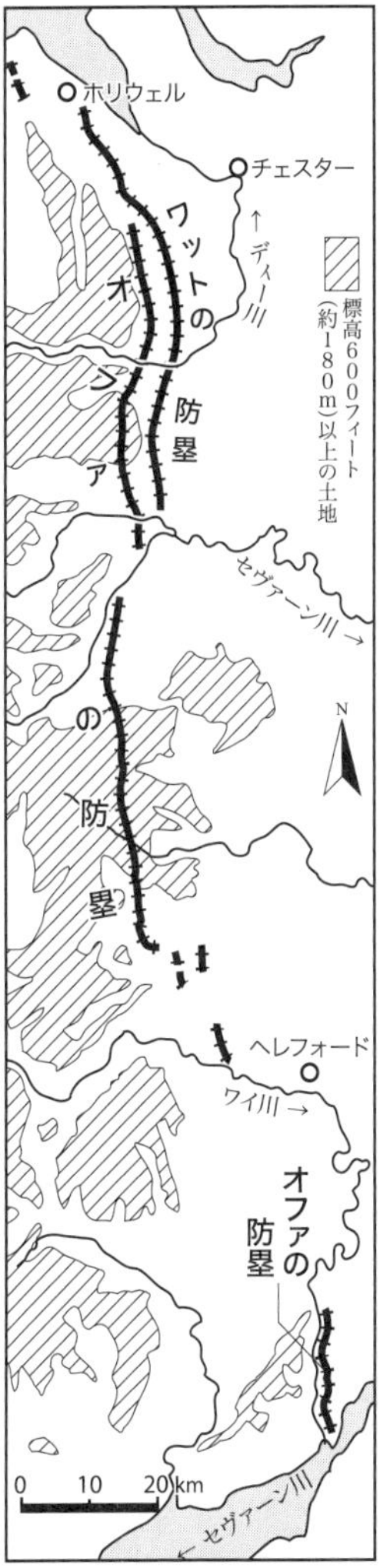

オファの防塁（出所：Davies, Wendy, *Patterns of Power in Early Wales*. Clarendon Press, 1990, p.66 に基づき作成）

幅20メートル、長さは合計130キロメートルに及ぶ堤をウェールズ人勢力の侵入を防ぐために建設したことになる。

これら3点から判断すると、冒頭で紹介した説明は明確な根拠を持っているように見える。しかし、ここにはひとつ大きな問題が潜んでいる。オファ時代のウェールズは、イングランド中部から南部までを支配下におさめていた王オファを恐れさせるほど強大だったのだろうか。アングロ-サクソン諸族によってブリテン西部へ追い詰められていたブリトン人の一般的状況とは逆の力関係であり、史料に基づく検証が必要である。

そこで現在この分野で指導的な立場にいる研究者たちの見解を調べてみると、総じて否定的である。例えばトマス・チャールズ＝エドワーズは近著『ウェールズとブリトン人、350〜1064年』（2013年）で次のように述べている。

(1) 7世紀のマーシア王は北からの攻撃に備えてウェールズ各地の支配者たちと同盟関係を結んだが、これは対等なものではなく、前者に後者が従属する関係にあった。8世紀になるとウェールズに対するマーシアの攻勢が弱まるが、9世紀に再びウェールズ諸地域への侵攻が活発となり、国境域のウェールズ人勢力は完全にマーシア王国に従属していた。

(2) 8世紀にマーシア王国の攻撃が弱まった理由として、2つの政治状況が想定できる。ひとつは国境域ポウィスのウェールズ人勢力がマーシアの支配を脱して独立していたという想定、もうひとつは、マーシア王が広くウェールズ各地を支配下に置いていたが積極的に攻撃せず、反乱防止など消極的な政策をとったという想定である。

(3)　現存の史料で前者の政治状況の根拠となりうるのはエリセグの石柱に刻まれた「エリセ（Elise）はポウィスの人々（原文Pouos. 意味はチャールズ＝エドワーズによる推定）の財産をイングランド人から奪い取った」という文章のみである。しかし、エリセはウェールズ北東地域の小支配者だったと推定されるので、この文章は必ずしもウェールズ人勢力の全面的反攻を伝えているわけではない。むしろ、マーシア王の覇権の下で、ウェールズ人の地域支配者が侵入してきたイングランド勢力を撃退したひとつの事件であった可能性が高い。

(4)　それに対して後者の政治状況を支持する史料はいくつかあり、いずれも具体的である。例えば、8世紀前半のマーシア王エセルバルドがウェールズを含む南西ブリテンを支配していたとわかる年代記の記述、8世紀後半にマーシア王がローマ教皇の使者を迎えてウェールズで開いた会議の記録などである。

現在に残る「オファの防塁」（Chris Heaton 撮影。CC-BY-SA ライセンスにより許諾）

以上からチャールズ＝エドワーズは第2の想定の方が事実に近いと判断する。彼は多様な、時として難解な史料を読み合わせた上でこのような結論に達しており、まずは尊重すべきであろう。とすれば、オファには「防塁」や国境を作る必要がなかったことになる。

では、この長堤は16世紀まで国境とまったく無縁の存在だったのだろうか。私は無縁ではないと考える。例えば、国境域の住民が長期間の住み分けによって作り上げる境界ならばどうだろうか。

冒頭に紹介した説明は国境をもっぱら2つの勢力の政治的境界と理解しており、この点ではチャールズ＝エドワーズも同じである。しかし、政治的境界はその時々の勢力のバランスによって変動する性格を持ち、少なくとも中世においてはそのように理解されていた。動くことのないオファの長堤にはなじまないのである。

他方、政治的境界とは別に、国境域に住むウェールズ人とイングランド人が互いを区別する手掛りとしていた居住境界があったはずで、オファの長堤はこちらの境界に深く関わっている可能性が高い。ヘンリ8世が国境域の歴史を踏まえてウェールズ・イングランド国境を定めたのであれば、その際この地域の住民が共有していた境界認識に配慮したと考えるのが自然であろう。住民が長い時間をかけて作り上げてきた住み分け、その結果としての境界を無理に変えると混乱が生じるからである。言いかえれば、はじめは国境設定以外の目的で、例えば王の権力誇示のために建設されたオファの長堤が、住民がこれをひとつの手掛かりとして自分たちの居住空間を区分けする中で民族の境界と認識されるようになり、それがヘンリ8世によってウェールズ・イングランド国境に仕立て直されたのである。

（永井一郎）

13

「ウェールズ法」

★人々の法からナショナル・シンボルへ★

「ウェールズ法」はウェールズの人々によく知られ、大切にされている。古い起源を持ち、今日では効力を失っているこの法が民族の貴重な財産と称えられるのはなぜか、その歴史的背景を考えてみよう。

まず「ウェールズ法」について簡単に紹介する。

「ウェールズ法」の写本は12世紀から16世紀にかけて多数作られ、その多くが今日まで伝えられている。最も古い12、13世紀の写本は4つのグループに分けられ、それぞれ「ラテン語版」、「カヴネルス版」、「ブレギウリッド版」、「イオルウェルス版」と名付けられている。各版は地域性を持っていて、「ラテン語版」のオリジナルは12世紀後半にイングランド王宮で、「カヴネルス版」は12世紀後半に南ウェールズで、「ブレギウリッド版」と「イオルウェルス版」は13世紀中葉にそれぞれ南ウェールズと北ウェールズで編集されたと推定されている。版によって内容が違うひとつの理由がこの地域性にある。

最も古い形を残していると推定される「カヴネルス版」は、序文、「王宮の法」、「国の法」、三題歌から構成されている。本文にあたるのは「王宮の法」と「国の法」で、前者は王と王族、および、王宮役人たちが享受する諸権利を定めている。後者には、犯罪と裁判、身体と物品の値、土地の相続と譲渡、土地裁判、契約と保証人、女性と結婚など人々の社会生活を支える多様な規定が含まれている。

本文の大部分は以前から存在していた法や法慣習を整理したものであり、中にはアイルランドの古い法との比較で7、8世紀にまで遡ると推定されるものも含まれている。かつては、序文の記述に従って、10世紀に南西部からほぼ全ウェールズにまで勢力を拡大したハウエル善良王が制定した法典であると考えられていたが、現在では、この序文は12、13世紀の編集者が権威づけのために創作し、追加したものであることがわかっている。

三題歌は何か共通点を持つ3つのルールを集めてひとつの規定に仕立てたもので、共通点は必ずしも法的なものではないから、今日では言葉遊びに見えるものが多い。しかし、少数であるが古い法慣習を暗唱する際に使われたと思われる三題歌が含まれていて、これは貴重な史料となる。

「ウェールズ法」を考える際に大切なのは、7世紀以降南北ウェールズの住民たちが社会生活に必要な多くのルールを作り出し、それが12世紀までにひとつの独自な法として整理、編集できる質と量に達していたという点である。支配者が上から制定したのではなく人々が育んだ法であることが「ウェールズ法」の最大の特徴である。

「ウェールズ法」が編集された12世紀後半から13世紀はウェールズ人にとって激動の、また、苦難の時代であった。11世紀末にイングランドを制覇したノルマン勢力は強大なイングランド王国を形成し、12世紀初頭になるとその矛先をウェールズに向けた。ウェールズ各地の支配者たちは多くの場合個別に撃破され、東部国境域の大部分がイングランド王に臣従するアングロ-ノルマン貴族の領地となった。かつて南ウェールズを支配していたデハイバース王国は南西の一隅に押し込まれ、イングランド王に従属する一介の領主となった。北ウェールズでも同様なアングロ-ノルマン勢力の侵攻、定着が見られた。

こうした政治・軍事的状況は法にも大きな変化をもたらした。アングロ-ノルマン領主はフランス生まれの封建制度を軸とした法制度を持ち込み、ウェールズ人は古くからの法を守っていたからである。性格の違う2つの法が、ウェールズの上層と下層で併存したわけで、実際の運用に混乱が生じても不思議ではない状況である。そこで、イングランド王権とウェールズ人支配者たちはそれぞれの立場でウェールズの法を見直す必要に迫られた。王権にとって重要だったのはウェールズ人が大切にしている法はどのようなものか知ることであり、この情報はウェールズ統治に不可欠であった。ウェールズ人支配者たちはイングランド王権が押しつける法的な要求に対抗し、自分たちの権利を守るために「ウェールズ法」の内容を確認し、手掛かりを得たいと考えた。

「ウェールズ法」の写本（推定12世紀）にみられる「王」の絵
（出所：Huws, Daniel, *Peniarth 28: Illustrations from a Welsh Lawbook*. The National Library of Wales, 1988)

「ウェールズ法」がウェールズ人のアイデンティティを示すものとして使われるようになったのは13世紀の末、北ウェールズの君主サウェリン・アプ・グリフィズがエドワード1世に対し独立をかけた決戦を挑んだ時である。サウェリンは、「我らが法を守るためにイングランド軍をウェールズから追い出そう」と訴えた。しかし、この挑戦は失敗に終わり、1295年以後ウェールズは全体としてイングランド王の支配に服することになった。いわゆる「エドワード征服」である。

独立喪失は「ウェールズ法」にとっても大きな打撃であったが、この時一挙に廃棄されたわけではない。イングランド王の下で土地を保持したウェールズ人領主が多数いて、彼らの所領では「ウェールズ法」が部分的にではあれ生き延びていた。また、各地のウェールズ人は場所や人によって適用される法が違う状況を見て、この古い法は自分たちのものであると認識するようになった。民族の指標としての「ウェールズ法」認識が社会全体に浸透し始めたのである。

他方、古い慣習法の集積である「ウェールズ法」はイングランド支配下で進む社会変化に十分対応できなかった。さらに、ウェールズ人領主の中にイングランド法の適用を特権と認識して、個別に取

得しようという動きが見られた。こうして14、15世紀の間に「ウェールズ法」は法としての効力と威信を失っていった。１５３６年の「連合法」によって裁判など公的な場での「ウェールズ法」の使用が禁止されたが、これは現状追認の側面を持っていたから、ウェールズ人の間でも大きな反対はなかった。

「ウェールズ法」が再び表舞台に登場するのは19世紀後半、人々のアイデンティティ・シンボルとしてであった。民族意識が高揚する中で、知識層を中心にウェールズ人の独自性と威信を示すものとして言語と歴史を再評価する運動が展開されたが、その際重視されたのが「ウェールズ法」であった。写本の探索、校本の編集、これを踏まえた研究が進められ、その成果はウェールズ史の啓蒙的な著作でも活用された。今日、強い民族意識を持つウェールズ人はむろん、そうでない人も「ウェールズ法」の歴史的・文化的価値を高く評価するのは当然であろう。

（永井一郎）

「ウェールズ法」の写本（推定12世紀）にみられる様々な絵。74ページ上から「判事」「鷹匠」「侮辱・傷害罪（髪を引っ張っている）」。75ページ上から「犬」「蜜蜂」「牛」。（出所：前掲書）

14

ジェラルド・オブ・ウェールズ

★イングランドとの仲介者★

ジェラルド・オブ・ウェールズ（ラテン語名：ギラルドゥス・カンブレンシス）に対する評価は今日でも極端に割れている。一方ではウェールズ征服を進めるイングランド王権の先棒を担いだと非難され、他方ではウェールズ教会の独立のために戦ったヒーローと称えられている。実際はどうだったのか、彼の生涯を政治的スタンスに注目しながら追ってみよう。

ジェラルドは1145年か46年に南西ウェールズのマノルビェで生まれ、1222年か23年におそらくリンカーンで死去した。本名はジェラルド・ド・バリであるが、通常はウェールズ外の人々がつけたジェラルド・オブ・ウェールズというあだ名で呼ばれている。

父はヘンリ1世のウェールズ遠征を支え、南東ウェールズに定着したアングロ-ノルマン貴族ウィリアム・ド・バリであり、母アングハラッドは、当時南西ウェールズを支配していたアングロ-ノルマン人の「ジェラルド一族」と、かつて南ウェールズを広く支配していたウェールズ人王家の系統を均等に引いていた。したがってジェラルドは、3対1の割合でアングロ-ノルマン貴族と南ウェールズ王家の系統に属していたことになる。

また、政治的に言えば、彼は南ウェールズで対峙していた2大勢力に根ざしていたわけで、生涯を通じてこの二元性を意識し、活用しようとしている。

ジェラルドは父の居城マノルビェで養育された後、グロスターに出て聖職に必要な基礎教育を受けた。さらに、1165年から10年間パリに留学して研鑽を積み、リベラル・アーツを中心に最新の知識、情報を身につけた。留学中に彼は故郷の教会改革に力を尽くす決意を固め、そのために南ウェールズ聖界の中心であったセント・デイヴィッズ司教になるという目標を定めた。

1174年に帰国すると、ジェラルドはカンタベリー大司教の承諾を得て直ちに南ウェールズの教会改革に着手している。彼が特に力を注いだのは当時ウェールズで広く見られた俗人支配者の教会所有をなくするための交渉であり、その際カンタベリー大司教の権威とウェールズ人支配者たちとの血縁を盛んに利用している。彼の尽力がイングランド王権の意向に沿っていたことは明らかで、大司教は1175年に彼の功績を称えて、セント・デイヴィッズ司教を補佐するブレコン助祭長の地位を与えている。また、南ウェールズの聖界も、教会財産が取り戻せるのであるから、彼の尽力を好意的に受け止めた。こうして彼は司教選定に直接関わるイングランド王権とセント・デイヴィッズ教会の支

セント・デイヴィッズ大聖堂にあるジェラルドの像
（出所：Morris, R., *Gerald of Wales*. Cardiff: University of Wales Press, 1987, p.7）

持を得て、順調に司教への道を進み、1176年には次期司教の最有力候補に推されるまでになった。この時期の彼は出自の二元性を十分に生かしている。

しかし、王宮での司教選定作業が始まると、彼は大きな障害に直面した。司教選定権を持つヘンリ2世は、ジェラルドがセント・デイヴィッズ司教の地位に就くとその出自を生かして周囲のウェールズ人支配者たちと結託し、自分のウェールズ統治を妨げるのではないかという疑いを持ち、教会の推挙を却下したのである。

そこでジェラルドは新しい方針を立てた。自分が王の忠実かつ有能な臣従者であることを行動で示し、その結果ウェールズ人支配者たちの信頼を失うことがあってもよいと覚悟したのである。王に直接訴えるチャンスは1184年に訪れた。ヘンリ2世がウェールズ政策のためにジェラルドを王宮付き司祭に登用し、リース・アプ・グリフィズなどウェールズ人支配者たちとの仲介役を務めるように命じたのである。以後彼は1194年まで王宮で2代の王に仕えイングランド王権のために力を注いでいる。彼の代表作『アイルランド地誌』、『アイルランド征服』、『ウェールズ旅行記』、『ウェールズ案内』が構想、執筆されたのはこの時期である。著作の中で彼は王権の利益を優先する姿勢を顕示しながら、ヘンリ2世に対して自分の尽力に見合う報償を与えてほしいと暗に訴えている。しかし、王は彼の願いを叶えることなく1189年に死去した。ジェラルドは最大の後ろ盾を失って再び作戦を変更せざるを得なくなった。

新しい作戦が実行に移されたのは次のセント・デイヴィッズ司教の選出が始まった1198年である。この時もジェラルドが最有力候補として王宮に推挙されたが、リチャード1世の急死で選定が遅れ、翌年次の王ジョンによって最終的に拒否された。これを知ったジェラルドはセント・デイヴィッズ教会を巻き込み、イングランド王宮の頭越しにローマ教皇に訴え出るという大胆な方法で一挙に両者の宿願を達成しようとした。具体的には、ローマ教皇インノケンティウス3世の力にすがって教会が大司教座権を獲得し、自分はその頂点に立つというプランである。セント・デイヴィッズ教会はかつて大司教座であったという伝承を12世紀初頭に作り、これを基にローマ教皇に大司教座権を認めるように求めた経験を持っていたから、ジェラルドの作戦に乗りやすかった。また、彼の考えでは、教皇は自らの権限でイングランド王国内に大司教座を設けることができれば権威の増大につながると判断し、関心を示すはずであった。ここで彼ははっきりウェールズ側に立っている。

イングランド王宮は当然ジェラルドの請願を王権侵害とみなし、教皇に却下するよう求めた。教皇は双方の主張を聞いた上で裁定を下すことにし、1200年から3年間審査が続けられた。この間教皇はセント・デイヴィッズ教会の大司教座権に関心を示す時期もあったが、結局政治的配慮を優先し、1203年春に双方の主張を退けて司教選出をやり直すよう命じた。大司教座権については言及すらなかった。ジェラルドの完敗である。

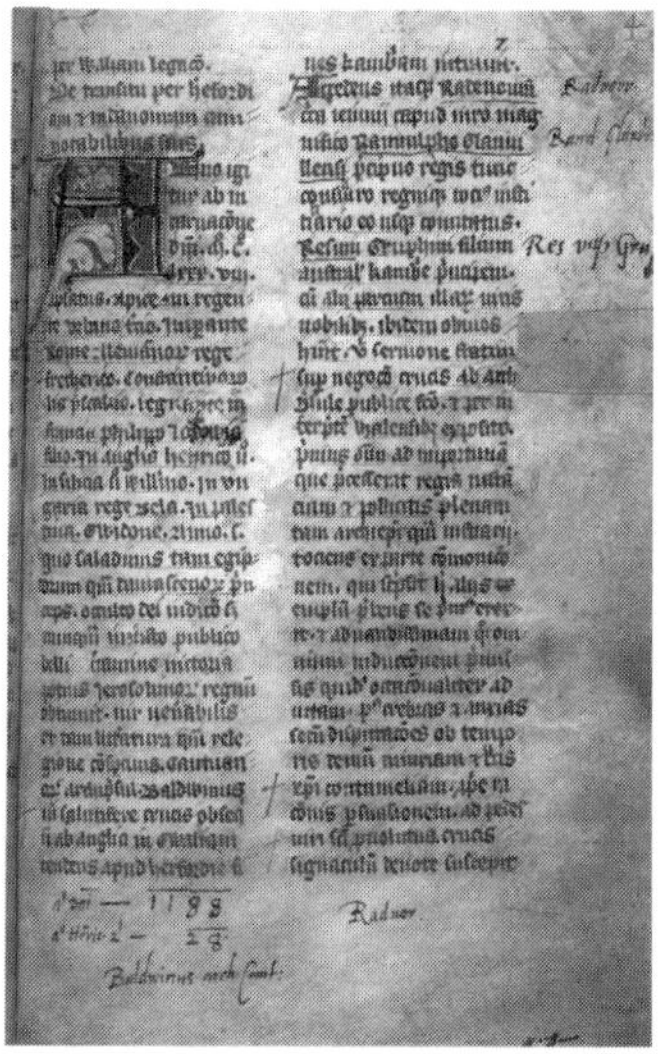
『ウェールズ旅行記』の写本（推定13世紀）

失意のジェラルドはブレコン助祭長職を辞

し、セント・デイヴィッズ教会を離れた。以後20年を超える余生は文筆活動に費やされたが、著作の中で彼は、イングランド王宮とウェールズ人支配者たちはともに自分を敵とみなし、誰も自分を正しく理解してくれなかった、誰も自分の才能を正当に評価してくれなかったと嘆いている。双方に対する絶望である。

以上のジェラルドの生涯からどのようなことが言えるか、私の考えを記そう。

第1に、ジェラルドは部分的にウェールズ人の系統に属しているが、ウェールズ人だと断定するのは難しい。4分の3がアングロ゠ノルマン人であり、征服者の子弟として養育・教育されているからである。ただし、彼は故郷である南西ウェールズ、特にセント・デイヴィッズ教会を愛しており、くわえて、この地域の古い王家につながる自分の血統を誇りにしていた。この2点で彼は南西ウェールズを自分の国と認識していたが、それは素朴な郷土愛であった。第2に、彼が一貫して追求していたのは、自分の出自の二元性を生かして南ウェールズ社会で活躍することであり、その証となるセント・デイヴィッズ司教の地位を獲得することであった。第3に、彼は自分のメリットを政治の場で生かそうとしてイングランド王権とウェールズ人支配者たちとの仲介役を務めたが、そのためには、2つの勢力の間でバランスが取れていることが重要な条件であった。しかし、政治状況は常に変化し、全体としてウェールズ征服へと向かっていることも彼は察知していた。

彼は生涯で何度も政治的スタンスを変えているが、それは出自の二元性を手掛かりに栄達を求めた結果である。

（永井一郎）

15

征服されたウェールズ

――★イングランド人のプリンス・オブ・ウェールズの誕生★――

北ウェールズのグウィネズ王国の王サウェリンは、大王と称せられるように事実上ウェールズの王としての45年間その権勢を誇った。王としてなそうとしたことはグウィネズをノルマン型行政様式の封建国家にすることであった。土地売買を極端に困難にしていたウェールズ古来の土地制度や裁判の改革にその片鱗が見られる。彼はまたイングランドとの関係を最重要視した。自らはジョン王の娘ジョアンと結婚し、息子と4人の娘を有力なノルマン人貴族と結婚させた。

そのような大王が失敗したことは、家督をつつがなく彼の相続者に委譲することであった。大王の死後、相続をめぐり内乱が起き、孫で祖父と同じ名を持つサウェリンが王となった。ウェールズ遠征の失敗やシモン・ド・モンフォールらの貴族との確執で弱体化していたヘンリ3世は彼をプリンス・オブ・ウェールズとして承認した。しかし、彼はサウェリン大王の持っていた慎重さに欠けていた。後に彼は祖父が採ったイングランド王への臣従政策を放棄してしまった。

これによりイングランドとの関係は悪化し、新たに強力なエドワード1世を敵に回すことになった。イングランドとの全面戦争が始まり、ウェールズの同盟者はサウェリンを見捨ててしまった。1281年ビルス近郊での遭遇戦で彼が戦死した時、ウェールズの政治的独立の時代は終わりを告げたのであった。この2人のサウェリンは名を同じくするものの、祖父は「サウェリン大王」または「大サウェリン」と称され、一方孫は英語では「最後のサウェリン」と表記される。しかしウェールズ語では「我らの最後の指導者」サウェリンと呼ばれており、ここにウェールズとイングランドの温度差の表れを見て取ることができる。

征服されたウェールズにおいては予想されたような報復的な戦後処理は行われなかった。行政においては、高級官僚職はイングランド人に独占されたが日常の役所仕事は従来のウェールズ人が担当した。一般大衆にとっては、税を払う対象がウェールズ人からイングランド人に変わっただけであった。しかしエドワード1世がグウィネズを取り囲むように築いた威圧的な一連の巨大な城は、ウェールズ人にとって征服されたという事実を痛いまでに思い知らされる象徴物であった。そのひとつにカーナーヴォン城がある。

カーナーヴォン城は11世紀末に最初に建設され、最後のサウェリンが戦死した後の1283年に、エドワード1世が今日の石造りの城に改築した。遠征が終盤を迎えた1284年4月25日、カーナーヴォン城でエドワード1世にひと人の王子が誕生した。エドワード1世はこの新生児を征服事業に活用した。古代ローマ時代からの歴史を誇るカーナーヴォンを北ウェールズの行政拠点とみなしていたため、妃エリナーの出産場所を入念に選定して、あえてその地で生まれるように図った上で、「この子をウェールズに差し出そう」と宣言しウェールズ人を懐柔しようとしたエピソードは有名である。

折しもロンドンに残り王位継承者と目されていたアルフォンソ王子が夭折したため、生まれたばかりの王子は王位継承者になる可能性が高まった。エドワード1世は、彼のためにウェールズの由緒ある称号プリンス・オブ・ウェールズを1301年に復活させ、与えた。これが、イングランド王位継承者にその称号が与えられた発端であった。この時、プリンス・オブ・ウェールズの称号はウェールズ人に与えられるものからイングランド人に与えられる称号に変わったのである。

　ではこのプリンス・オブ・ウェールズとは何か。プリンスには「王子」のほかに「(王国・小国の)統治者、君主、(大)公」の意味もある。すなわちウェールズ公、ウェールズ大公、ウェールズ君主というところである。したがって、元来のプリンス・オブ・ウェールズとは、ウェールズの支配者を意味した。サウェリン大王は1199年に北ウェールズ全域の「プリンス」すなわち支配者を名乗った。そして最後のサウェリンは初めて「プリンス・オブ・ウェールズ」を名乗り、イングランドのヘンリ3世はこれを公認していたのだった。

　カーナーヴォンで誕生した王子は父と同じくエドワードと命名された。彼は当初、誕生の地に由来しエドワード・オブ・カーナーヴォンとも呼ばれた。1301年にプリンス・オブ・ウェールズに宣せられた時点では、まだプリンス・オブ・ウェールズはイングランド王太子と同義ではなかった。

イングランド王位継承者として初めてプリンス・オブ・ウェールズの称号を帯びたエドワード2世。

　彼は1307年にエドワード2世として王位を継ぎ、フランス王フィリップ4世の王女イザベラと結婚した。しかし、寵臣ピアーズ・ギャヴェストンとの関係が様々な憶測を招き、醜聞の的であった。また有力諸侯との軋轢が多く、1325年にはイザベラがフランスに亡命していた辺境諸侯《マーチャー・ロード》、ロジャー・モーティマーと組み反乱を起こした。エドワード2世はウェールズに逃亡したものの、結局捕らえられ、その後議会で廃位が決議されたため退位を余儀なくされたのだった。14歳の息子がエドワード3世として即位し、程なくエドワード2世は死去したが、暗殺されたのではないかとの説が有力視されている。

ギャヴェストンとの関係をエリザベス朝の劇作家クリストファー・マーロウは『エドワード2世』で劇にした。20世紀でもデレク・ジャーマンが映画の題材とした。このように文芸的な側面である種の刺激を与えたと言えるが、軍人王で政治的にも有能だった父エドワード1世に比べ「無能王」などと仮借ない言葉で評価されているのがイングランド王室の初代プリンス・オブ・ウェールズ、後のエドワード2世である。

エドワード2世即位後36年間、プリンス・オブ・ウェールズは叙任されなかった。次にこの称号が与えられたのはエドワード3世の王子で、英仏百年戦争での活躍で名を馳せたエドワード黒太子であった。エドワード13歳の1343年のことであった。これ以降、次期イングランド国王たる王子にこの称号が与えられるのが慣例化した。1346年、16歳の黒太子は4000〜5000人のウェールズ兵を率いクレシーの戦いに勝利した。また彼は1356年に百年戦争初期におけるイングランドの勝利を決定的なものにしたポワティエの戦いでフランス王ジャン2世を捕虜とするなど華々しい武勲を立てた。しかしスペイン遠征の際に病を得て父王に先んじて鬼籍に入ったのだった。

なお、なぜ黒太子と呼ばれたかについては、黒色の鎧を着ていたことに由来するという説もあれば、百年戦争で戦ったフランス側が彼の残虐な行為をノワール（黒）と評したからだとの説もある。

（太田美智子）

16

オワイン・グリンドゥールの反乱

——★ウェールズの独立を目指した愛国者の蜂起★——

オワイン・グリンドゥールは、ポウィス王国とデハイバース王国の君主の流れを汲むデンビーシャーのグリンダヴルドウィの領主であった。彼はイングランド王リチャード2世の忠実な部下であったが、リチャード2世が廃位され命を落とすと、王位を簒奪《さんだつ》したヘンリ4世への憎悪を胸にウェールズの領地に戻ってきた。彼の領地に隣接してイングランド人のウェールズ辺境管轄官レジナルド・グレイの土地があった。問題を複雑にしたのは、グレイはリチャード2世を廃位に追いやったヘンリ4世の腹心の部下であったことだった。また2人の間には以前から領地の境界問題があった。この問題は、リチャード2世の時代にすでに裁判で決着していたにもかかわらず、リチャード2世亡き後、ヘンリ4世を後ろ盾とするグレイにより再燃させられたのである。

1400年9月6日、グリンドゥールは自らプリンス・オブ・ウェールズと名乗り、隣接するグレイの領地を奇襲し、続いてデンビー、リズラン、フリント、そしてその他の重要な町を次々に攻撃した。グリンドゥールは当初、ゲリラ戦術を駆使し、イングランド系の自由都市を焼き討ちし、略奪し、すばやく撤収した。このように、初期の戦いは小兵力によるもので、決して大規模なものではなかった。そのため、イングランド軍の攻撃には脆かった。イングランド軍は反撃に転じ、彼の壮麗な館も戦火に焼け落ちた。彼は数少ない兵士とともに中部山岳地帯に立て籠もり、奇跡的にイングランド軍を打ち破る。この勝利を機に、ウェールズ人が彼の下に結集し、この反乱はウェールズの独立を目指す戦いへと姿を変えた。さらにヘンリ4世の王位継承に異議を唱える貴族もグリンドゥールの下に結集し、共闘を始めた。

グリンドゥール軍は順調に、1404年にはアベリストウィス城とハーレック城を落とし、この地域はグリンドゥールの拠点となった。彼はこの地域内にある町マハンセスに議会を招集し、フランス、スコットランド、アイルランドからの代表団の見守る中、プリンス・オブ・ウェールズとして「公式」に承認された。彼はこの資格により、フランス王シャルル6世と同盟を結び、フランスはグリンドゥールへの援軍を南ウェールズのミルフォードヘブンに送った。

しかし、グリンドゥール軍はグラモーガンシャーやブレコンシャーの戦いでイングランド軍に大敗し、形勢は逆転し、北ウェールズに退却する。1409年、彼の立て籠もったハーレック城が陥落する。彼は城からの脱出に成功するが、その後二度とと戦いの場に姿を現すことはなかった。これにより反乱は事実上終わりを迎える。グリンドゥールを見たという最後の公式記録は1412年となっている。

1413年にヘンリ4世が死去すると、フランスとの戦いを始めようとしていた後継者のヘンリ5世は、国内問題の早急な解決を望んだ。しかしグリンドゥール陣営の守りは固く、近づくこともできない。そこで1415年にヘンリ5世はグリンドゥールとの和平交渉に入った。しかしこの交渉はグリンドゥールの死で中断されてしまった。伝説によれば、１４１５年9月20日、彼はウェールズの国境に近いヘレフォードのモニントンにある娘の家で息を引き取ったと言われている。

このイングランドを震撼させたグリンドゥールの反乱の背景には、グリンドゥールの個人的動機以上にはるかに根深い経済的、思想的、歴史的要因があった。そのひとつに、14世紀の凶作、黒死病《ペスト》、重税、そしてそれに続く農民暴動が挙げられる。また千年至福王国の思想も背後にあり、貧しい農民たちは、１４００年を境に世界が変わると考えていた、いやそれを心から望んでいたのだった。ウェールズの困窮した農民は、変革を求めていた。このような困難な状況の中で、反乱への導火線となったのがウェールズ人に人気のあったリチャード2世の廃位であり、それに火をつけたのがグリンドゥールであったと言えよう。

次に、この反乱に対する評価とグリンドゥール像の変遷を見ておく。反乱直後の15世紀前半においては、ウェールズでは反乱の傷跡も生々しく、まだ一定の評価が下される状態ではなかった。イングランドの年代記作家たちは、彼を反逆者と位置づけるだけであった。しかし15世紀後半から16世紀の初めにかけて、この反乱の重要局面に関する記述がイングランドで現れるようになった。グリンドゥール軍が行った奇襲や焼き討ちに関すること、レジナルド・グレイやイングランドの名門貴族エドマンド・モーティマーを捕虜としたこと、フランスとの同盟、そして反乱の当事者による領土分割

オワイン・グリンドゥールの国璽《こくじ》（表面）（出所：R. R. Davies, *The Revolt of Owain Glyn Dŵr*. Oxford University Press, 1995.）

計画などであった。これらから、グリンドゥールは戦争の達人、軍事の天才、勇猛な戦士と見なされるようになる。

一方ウェールズ人支配層および知識人は、当初から彼をウェールズに混乱と破壊と荒廃をもたらした悪人と見なし、それは18世紀初頭においても変わることはなかった。しかし18世紀になると、イングランド政府の公文書が公開・出版され始め、そこにはグリンドゥールの反乱に関する新事実が数多く含まれていた。それを基にして新しいグリンドゥール像が提示される時が来たのである。

1770年代になると、反逆者から民族的英雄へとグリンドゥール像が劇的に変わっていく。ウェールズの知識層である詩人エヴァン・エヴァンズや動物学者で好古家のトマス・ペナントがその役割を担った。特にペナントは心の温かい愛国者であった。彼はグリンドゥールに共感を持って相対した。彼は自著『ウェールズ旅行』においてグリンドゥールの伝記に多くのページを割き、しかも大変好意的に評価した。すなわちペナントは彼をウェールズ人の解放者として位置づけ、イングランドに屈することのなかった「我らが族長」と称えるのであった。そして、このペナントのグリンドゥール観が、今日主流のグリンドゥール像の根幹を形成しているのである。グリンドゥールはもはや悪名高き反逆者でもなく、またシェイクスピアの想像力が生み出した、どちらかというと滑稽で自惚れの強い人物でもない。今や彼は何者にも屈することのないウェールズのリーダーとして、また真に国民的な英雄として蘇り、ウェールズのナショナリズムのアイコンとなったのであった。

（吉賀憲夫）

17

ウェールズにおける新しい信仰の波

★非国教会の隆盛★

私の勤務する青山学院大学の正門を入ると、右側のビルの壁面にはめ込まれて、門をくぐる人々を見下ろすかのように立つ大きな像が見える。これは、メソジスト派の創始者ジョン・ウェスレーの像であり、ここがメソジスト派の建てた教育機関のひとつであることを示す。赴任したときに聖書とともに配付された讃美歌集には、ジョンの弟であるチャールズ・ウェスレーの作曲した讃美歌がいくつも掲載されている。私はキリスト教徒ではなく音楽に通じているわけでもないが、礼拝や儀式に参加した折に、聖歌隊が歌う讃美歌の美しい旋律を聞くと、18世紀のイングランドとウェールズの人々が聞いたのも同じ旋律ではないかと思うことがある。音楽は、時空を越えて過去の人々の感情を届けてくれる。

メソジスト派は非国教徒の一派である。非国教徒は、当初、イングランド国教会の教義と慣例に反発した、頑なな新教徒の小集団で、最も初期には長老派として16世紀末に見られ、17世紀初頭に会衆派、バプテスト、ピューリタンが出てきた。特にピューリタンは迫害をこうむり、海外植民の主力となった。これらの小集団は、17世紀後半の王政復古期の初期に法律により排除され、体制外の存在となるとともに「非国教徒」の名で呼ばれるようになった。これには、ブラウン派、クエーカー派、浸礼派、会衆派などが含まれ、18世紀になると新たにメソジスト派、ユニテリアン派が加わった。名誉革命後の1689年に、寛容法によりカトリックや急進的プロテスタントを除く信仰の自由が保証されたものの、様々な抑圧は続き、1828年の審査法の正式な廃止まで続くことになる。

メソジスト派の起源は、1729年にジョン・ウェスレーが弟チャールズとともにオックスフォード大学に創設したクラブである。ウェスレーが国教会の牧師となった後、回心体験を経て「信仰のみによる救い」に目覚めた。ウェスレーは、国教会の体制順応主義に幻滅し、国教会を再び活性化しようと、全国的な信仰復興運動に乗り出した。長い生涯にわたって改宗を勧めて絶えず旅を続け、事実上全教区を回り、巡回説教と献身的な信者の集まりを生み出した。信者は1791年のウェスレーの死後に国教会と決別するに至る。

ウェスレーの唱えたメソジスト主義は、個々の信者の内面的な確信と、神によるあがないの喜びに重点を置いていた。史上最高の讃美歌作者のひとり、弟のチャールズの助けを借りて、ウェスレーは、何人も敵視することのないキリスト教信仰の単純な精神で、イギリスのプロテスタント主義に人々の心を呼び戻した。ウェスレーの死後、非国教徒陣営は、とりわけ産業地帯の郊外でかつてないほど繁栄する。

ウェールズの宗教は、17世紀後半の王政復古以来、生来のウェールズ人ではなく不在主教たちに支配されており、ウェールズではメソジスト派は一種の宗教復興運動として起こった。1742年、

第17章
ウェールズにおける新しい信仰の波

メソジスト派の教会で「熱狂」して跳ぶ人々（出所：Wynford Vaughan-Thomas, *Wales, A History. London*: M. Joseph, 1985.）

ウェスリーとジョージ・ホイットフィールドの2人のイングランドの指導者は、神学上の問題で袂《たもと》を分かち、ウェールズ人はホイットフィールドに従い、カルヴァン主義メソジスト派となった。ウェスレーは、ウェールズ語を軽蔑していたわけではなかったが、布教の障害となると見ていた。彼の影響力の範囲は、ペンブルック南部、ブレコン東部、カーディフ周辺の一部の英語圏にとどまった。ウェスリーは無言のうちに、ウェールズ語を話す地域を、巡回説教師かつ組織者として卓抜していたハウエル・ハリスの手に委ねることに同意した。

ウェールズのメソジスト派は、神学的にはカルヴァン主義的、組織は長老派的という特徴を持ち、1750年ハリスが一時脱退するなど、内部分裂に悩まされながらも勢力を拡大してゆき、1811年に国教会からも正式に離脱して独立の宗派になった。19世紀中頃までに急速に成長し、1851年の国勢調査では、ウェールズの人々の約80％は、自分たちを非国教徒の団体の一員か、またはもっと漠然と「支持者」と思っているという結果が出た。

メソジスト派はウェールズに驚くべき影響を及ぼした。平等主義、歌唱の重視、あるいは聖職位階制に対する拒絶姿勢からか、メソジスト派は野火のように谷から谷へ広がり、2世紀の間、ウェールズは非国教徒の大きな砦となった。その上メソジスト派の教会と学校は、ウェールズ語の学習と普及に格好の場を提供した。メソジスト派の教会と学校は、聖書と讃美歌をもたらし、読み書き、学習意欲、生活改善への願望を与えた。ウェールズの炭鉱労働者は子どもを日曜学校へ送ったばかりか、自身も同伴した。礼拝堂にも行って、礼儀と服装を学び、自己改善した。

こうしたメソジスト派の隆盛は、国教会の敵意にも遭遇した。例えば、国教会の立場にある執筆者による1847年のウェールズ教育調査の報告書、いわゆる青書の一節は、「近年ではあまりに蔓延して猖獗《しょうけつ》をきわめている」メソジストのいる「少しは見た目の清潔さや見栄えの良さも期待される町」における「貧民の極端な不潔の慣習」の目に余る情景の数々、すなわち「糞尿が山となって通りや小路にあふれ」「寝起きする部屋が2つ以上ある家はない」ことは「筆舌に尽くしがたい不潔と無秩序状態になって」おり、おまけに「豚と家禽類がいつも同居して家族の一員となっている」ことを報告している。メソジスト派は糞尿、豚との同居などの不潔と無理やり結びつけられている。寝起きする部屋が1つしかないとの指摘は性的な「無秩序状態」を暗示する。

青書執筆者のイングランド人にして国教徒である調査委員にとって、国教会と国家との間の法的政治的紐帯こそ正当で必要なものであり、ウェールズ人が信じる宗教であるメソジスト派に敵意を持ったのはそれが間違った種類の宗教だったからであった。

（平田雅博）

18

巡回学校

★ウェールズ民衆教育の原点★

グリフィス・ジョーンズが、牧師を務めていたウェールズ南西部カーマーゼンシャーの教区スランゾウローで巡回学校を始めたのは1731年であった。教育機関として以前からあったグラマースクールは、地主階級や裕福な自作農の子弟のためのものであり、ジョーンズの活動は、17世紀後半以降、一般の子どもたちに教育の機会を提供しようとする様々な試みの一環ではあったが、聖書や祈祷書を読むことができるようにすることでキリスト教の教えを広めようとするものでもあった。

巡回学校の誕生以前に、1674年設立のウェールズ協会や、1699年設立のキリスト教知識普及協会などがすでにウェールズで学校を設立していた。これらの団体は学校を設立する一方で、聖書などの宗教的な出版物をウェールズ語で提供していた。国教会の牧師だったジョーンズは故郷のラーンでキリスト教知識普及協会の教師だった経験があり、その時に子どもたちが学ぶ上での課題に直面したことが巡回学校の考え方につながっているという。

すでにあったグラマースクール以来の伝統や、慈善事業を支援する地主階級が英語話者であったことなどから、ウェールズ協会やキリスト教知識普及協会の学校の多くで教えられていたのは英語の読み書きだったが、ウェールズ語しか話すことのできない子どもたちに英語で読むことを教えることは非常に困難だった。また、貧しい家庭にとって農作業などの貴重な働き手である子どもたちを通学させるのは多大な負担で、長期間定期的に通学することが難しいことをジョーンズは実感していた。そこでジョーンズは、農閑期を中心に、人々の母語であったウェールズ語で読むことを教えることを考えたのである。

巡回学校は比較的農作業の負担が少ない9月から5月に、教区の教会や農場主の家、ときには納屋や風車小屋なども利用して開校され、約3か月で生徒が自力で聖書を読めるようになると、教師はまた別の場所に移動した。一定期間を経て、同じ場所に繰り返し巡回学校が設けられることもあったという。授業料はなく無料で通うことができ、子どもたちだけではなく、農場主、職人、農場労働者など、夜間には仕事を終えた大人たちも加わって学んだという。主な教材はキリスト教知識普及協会が提供するウェールズ語の聖書や祈祷書で、活動を支援する篤志家が教師の給料を提供することで運営された。

スランゾウローの牧師だったジョーンズは、当時流行した悪性のチフスで命を落とす人々がキリスト教の教えを知らないままに亡くなっていくことに胸を痛めていた。大部分の人々がウェールズ語で生活していた南西部で人々に教えを説くには、人々の母語であるウェールズ語で説くしかない、と考え、それが巡回学校を始める動機づけとなった。

移動する一時的な学校、というアイディアはジョーンズのオリジナルな発想ではなかったし、読むことを教える目的がキリスト教の教えを広めるためであるという点でもそれまでの試みと同様だったが、当時「粗野な」言語とみなされていたウェールズ語で読むことを教えるという点で、ジョーンズの試みはそれまでのものとは違っていた。ウェールズ語での教育は、当時すでに英語化していた支配階層から批判を受けることもあったが、ジョーンズは、ウェールズ語しか話せない子どもに英語で読むことを教えるには3年かかるが、母語のウェールズ語なら3か月で読むことを教えることができ、まずウェールズ語で読み書きできるようになっている方が英語も教えやすい、という現実的な面を強調して反論したという。カーマーゼンシャー出身でおそらくウェールズ語の母語話者であったジョーンズ自身は、ウェールズ語を教える意義について、支援者たちに弁明していたように実利的な面からだけ考えていたわけではなく、自分たちの言葉に対して愛着や誇りを感じていたに違いない。

カーマーゼンシャーの州都、カーマーゼンの街並み。

1731年に最初の学校を開いて以降、1761年にジョーンズが亡くなるまでにおよそ1600か所、のべ3000校以上の巡回学校が開校され、子どもたちだけで15万人以上、大人も含めると20万人から25万人が学んだともいう。当時のウェールズの人口が50万人弱だったことを考えると、巡回学校の活動が相当の規模で行われたことがわかる。巡回学校の最大の支援者はカーマーゼンシャー選出の国会議員の夫人だったブリジェット・ベバンで、彼女の支援により、ジョーンズの死後も巡回学校は1780年代まで続いた。しかしながら、彼女が巡回学校の運営のために遺した1万ポンドは、遺族が異議を申し立てたために何年も使えないままになり、巡回学校の活動は衰退してしまった。

それでも、民衆教育の試みは続いていく。ジョーンズと同じくカーマーゼンシャー出身で、巡回学校で学んだトマス・チャールズは、ウェールズにおける日曜学校の発展に尽力する。1818年までにウェールズで315の日曜学校が開校し、約2万5千人が学んだという。巡回学校や日曜学校が、ウェールズの人々の識字率向上に果たした役割は計り知れない。その後、1833年の補助金制度以降、国民協会と非国教会系の内外学校協会による学校が設立され、普及しつつあったウェールズの学校教育の状況について批判的な報告をしたことで衝撃を与えた1847年の青書にさえ、「聖書を母語で読むことができるという点では、イングランド人の同じ［労働者］階層よりもずっと優れていた」と日曜学校の教育を高く評価する記述がある。

ジョーンズが巡回学校を開いた18世紀は、ウェールズで出版が盛んになり、ウェールズ語の出版物も手に入りやすくなった時期でもあった。18世紀だけで2500冊以上、その後1800年から1850年の間におよそ3000冊の本がウェールズ語で出版され、数十のウェールズ語雑誌があったという。これらのウェールズ語出版物は民衆教育によって培われたウェールズ語の高い識字率に支えられたものであったに違いない。

（松山明子）

19

暴動と労働争議

★産業化するウェールズ★

19世紀ウェールズでは労働に関する紛争がたびたび発生し、暴動を伴うこともあった。この章では、1831年にマーサー・ティドヴィルで起きた蜂起、1830年代末以降のリベカ暴動、そして19世紀末から20世紀初めのペンリン・スレート鉱山における大争議を取り上げる。

マーサー・ティドヴィルの蜂起はイギリスで最初に赤旗が掲げられたことで知られる。2名が死刑判決を受けたが、執行されたのはディク・ペンデリンだけで、もうひとりは終身流刑に減刑された。冤罪の可能性が高かったディクを救うため、1万筆を超える嘆願書が寄せられるなど手は尽くされた。しかし1831年8月13日、ディクの死刑がカーディフで執行された。享年23歳。その名はウェールズ人の記憶に深く刻まれたとされる。

きっかけは1829年に始まる製鉄業の不況であった。一時解雇や賃下げで多くの労働者が借金を余儀なくされ、少額債権を扱う請願裁判所への不満が高まった。町が不穏な空気に包まれる中、全国的な政治改革運動が影響を与えた。マーサー・ティドヴィルでも選挙法改正が叫ばれ、製鉄業者の一部はそれを支持した。1831年5月9日、群衆が改革反対派の商店経

マーサー・ティドヴィルの赤旗（出所：D. Egan, *People, Protest and Politics: Case Studies in Nineteenth Century Wales*, Gomer Press, 1987）

営者の自宅を襲った。しかし彼らは政治改革を求めていただけではなかった。製鉄業者ウィリアム・クローシェイ2世は改革を支持していたにもかかわらず、賃下げを断行したことで批判を受けた。居住域が階層で分断されていたことも対立に拍車をかけた。全国的な動きと地域事情が折り重なっていたのである。6月に入り、請願裁判所廃止や賃金改善を含む陳情書を国王に出すことが決まったが、事態は穏やかには進行しなかった。裁判所や個人住宅が襲撃され、裁判記録が焼かれた。製鉄所経営陣は脅迫され、治安判事はホテルへ逃げ込み、町は混乱を極めた。6月3日、ハイランド連隊が到着した。軍がホテルを解放しようとした際、群衆と衝突し、約20名の死者が出た。近代イギリスではまれにみる流血の惨事である。6月6日に多くの参加者が逮捕され、ようやく沈静化に向かった。

次に農村部に目を転じよう。1839年から1843年にかけて、貧困にあえぐウェールズ農民が「リベカと娘たち」を名乗って暴動を繰り返した。リベカ（レベッカ）とは、『創世記』に登場する、旅人とラクダのために何度も水を汲み上げるのが目に留まってイサクと結婚した女性のことである。祝福の言葉は「あなたの子孫が敵の門を勝ち取るように」であった。「門《ゲート》」がキイワードである。当時、農産物の輸送量は増加しつつあり、運河に加えて道路建設も進んだ。それを担ったのがターンパイク・トラストである。17世紀以降、道路建設・維持管理の目的で、各地にトラストが作られた。費用を捻出するため、要所にゲートが設けられ、旅行者や貨物輸送者が通行料を支払った。農民が標的にしたのはこの料金所である。１８３９年5月、ペンブルックシャーで、続いてカーマーゼンシャーで破壊行為があった。その後いったん収まるが、１８４３年に再開された。グラモーガンシャーやカーディガンシャーに飛び火し、死者が出ることもあった。カーマーゼンでは救貧院が襲撃された。「リベカ」を名乗って犯罪に手を染める者も現れた。当局は厳しい取り締まりを開始し、１８４３年末までに終息した。

《リベカと娘たち》
（出所：『イラストレイテッド・ロンドン・ニューズ』1843年）

　リベカ暴動とは何だったのか。短期的に見た場合、打ち続く不作で通行料への反発が高まったことがある。しかし動機は複合的であった。農産物価格の高騰に伴い、地主の多くが収益を上げるため、農地の集約化・大規模化を進めた結果、小規模農民が土地を失い、貧窮化した。貧困を個人の責任とし、救済水準を下げた１８３４年の救貧法改正が与えた影響も無視できない。また、非国教徒が多いこの地域の農民には、１８３６年に導入されたイングランド国教会への10分の1税に不満が募っていた。イングランド、すなわちトラスト出資者・地主と、ウェールズ、すなわち非国教徒の零細農民との社会的な亀裂が背景にあった。自力救済に訴える行為は前近代的であっても、要求は明確であった。暴動後、通行料は引き下げられ、1844年ターンパイク法で多くのゲートが廃止された。ちなみにマーサー・ティドヴィルの蜂起で標的となった請願裁判所も1846年に廃止されている。いずれの暴動も近代化への抵抗というよりも、その弊害を緩和させようとするものであった。政府は力で鎮圧したが、立法によって要求に応じてもいる。このことから当時の自由主義的改革の一端が垣間見えるとともに、労働者と地主あるいは資本家という対立が強く意識されていなかったことが見て取れよう。

時代は下って、19世紀末から20世紀初頭にかけてである。北ウェールズ・カーナーヴォンシャーのペンリン・スレート鉱山で2度にわたり労働争議が起きた。紙幅の関係で詳細には立ち入れないが、産業化に伴うウェールズの変化を反映した紛争の歴史を概観したい。

低賃金に苦しむペンリン鉱山の労働者は1865年に初の労働組合を結成した。鉱山所有者ペンリン卿は信頼関係を損なうと非難し、福利厚生の切り捨てを匂わせた。労働者はたちまち組合を放棄した。1874年、2度目の組合結成の動きが生じた。経営側は鉱山閉鎖で対抗し、約2か月で合意が成立した。労働者に有利な内容であったが、ペンリン卿は代理人を通じてしか意思表明をせず、合意は上から与える形式をとった。にもかかわらず、反発はほとんどなかった。両者は対等な当事者同士ではなく、主人と従者の関係のままであった。労働者はそれを拒否しなかった。一方で近代的な労使関係を模索しつつ、旧来の主従関係を維持しようとしたのである。高度な技能が要求される現場で自治的な慣行を黙認してもらうことが優先された。しかしそれはペンリン鉱山に競争力があり、経営に余裕があったからこそ可能なことであった。大争議はその前提が失われたために起きるのである。

1874年の合意以降、労働条件は改善された。しかしそれは近隣の鉱山開発に伴う競争と相まって、経営に負担をかけた。1885年のペンリン卿の代替わりで方針が一転し、合意は破棄された。慣習的に認められてきた休日が取り消されたことで、1896年9月、ストライキが始まった。労働者は広く支持を得るため、慣習維持を前面には出さず、副次的に争点化した「団結権」確保を掲げた。政府の仲介は功を奏さなかったが、曲がりなりにも交渉は行われ、ほぼ平和的に進行した。しかし1900年に始まる2度目の争議では、話し合いに至らないまま、スト破り排除のため暴動が繰り返され、軍隊が派遣された。対立は階級意識を巻き込んで先鋭化し、妥協点は見出せなかった。「ウェールズの伝統」とも言われる暴力の行使に19世紀前半の出来事との共通性が認められるが、産業化の進行は対立構造そのものを大きく変化させていた。1903年、力尽きた労働者の全面降伏で大争議は終結した。

（久木尚志）

20

民族主義の高まり

──★カムリ・ヴィーズ運動からプライド・カムリの活動へ★──

連合王国は、イングランドがウェールズ、スコットランド、アイルランドを合併する形で成立した、いわば寄り合い所帯である。大家にあたるイングランド以外の「3世帯」はそれぞれ独自の民族意識を持っており、民族主義の現れ方も一様ではない。

ウェールズは一番早くイングランドに併合されたこともあってか、スコットランドやアイルランドのような武力蜂起や戦闘的な反イングランド運動とはほぼ無縁だった。ウェールズにおける民族主義は、ウェールズ語や伝統文化の復興といった文化ナショナリズムの形を主にとってきたのだが、19世紀末になるとウェールズの自治を求める声が上がってくる。おりしも、グラッドストン自由党内閣のもとアイルランドに自治を与える政策が模索されていた時期である。そんな情勢を背景に、ウェールズの自治運動を展開したのがカムリ・ヴィーズの面々だ。

カムリ・ヴィーズとは、ウェールズ語でウェールズを意味する「カムリ」に、BE動詞の未来形がついた形で、直訳すれば「ウェールズは将来……になる」、すなわち「ウェールズの未来」を意味する。1840年代にアイルランド独立を目指した青年アイルランド党をモデルにカムリ・ヴィーズが結成されたのは１８８６年のことだ。中心メンバーは自由党国会議員のＴ・Ｅ・エリス、歴史家のＪ・Ｅ・ロイドとＯ・Ｍ・エドワーズらウェールズ出身者、そして後に首相となるデイヴィッド・ロイド＝ジョージである。

青年アイルランド党とは異なり、カムリ・ヴィーズの活動は穏健なものだった。彼らの目的は連合王国からのウェールズの独立ではなく、文化的・民族的アイデンティティをウェールズに確立することだったからである。こうした傾向は、同じく１８８６年に結成されたオックスフォード大学のウェールズ学友組織ダヴィッズ・アプ・グウィリム協会とも共通する。ダヴィッズ・アプ・グウィリム協会は、オックスフォードのケルト学教授ジョン・リース（フリース）を会長に戴き、Ｏ・Ｍ・エドワーズや言語学者のＪ・モリス＝ジョーンズらが主要メンバーとなって、ウェールズについてのアカデミックな研究や民衆の啓蒙活動を推進した。

Published on the 15th of each month.
JANUARY, 1895. [VOL. I. , 1.] PRICE THREEPENCE.
YOUNG WALES
A MONTHLY MAGAZINE
Contributions by
Earnest Rhys.
W. Llewellyn Williams, B.A.
Professor Anwyl, M.A.
Rev. Richard Hughes, B.A.
Contributions by
Mrs. Wynford Phillips.
Beriah Gwynve Evans.
D. Samuel, M.A.
J. Hugh Edwards.
D. LLOYD-GEORGE, M.P.
Our next number will be ready on February 15th. It will contain an important Article on "Welsh Politicians—Young and Old" by J. Gibson, Editor of the "Cambrian News"; "Gleanings from the Study" by Professor Anwyl, M.A.; "Welsh Nationalism" by R. A. Griffith; and interesting contributions by Mrs. Wynford Philips, J. H. Davies, B.A., Mr. William Jones (Oxford), Prof. D. Morgan Lewis, M.A., and others.
Editorial communications should be addressed to the Editors, "Young Wales," Aberystwyth.

カムリ・ヴィーズの機関紙『ヤング・ウェールズ』（ウェールズ国立図書館）

一方、カムリ・ヴィーズが掲げるウェールズの自治権獲得は、必ずしもウェールズのマジョリティの声を代弁したものではなかった。製鉄や炭鉱で繁栄してきた南ウェールズはイングランドと強い利害関係で結ばれていたから、同じ自由党の中でも南部の党員はロイド＝ジョージら北部を地盤とする党員とは異なり、ウェールズの自立に賛同していなかった。こうして、ウェールズ内の自由党の派閥争いに巻き込まれる形で、カムリ・ヴィーズは1896年に解体する。

1921年、ロイド＝ジョージ内閣がアイルランド自治を認め、翌年アイルランド自由国（後に独立してアイルランド共和国となった）が誕生する。片やウェールズでは、1925年にプスヘリ・アイステズヴォッド（37章参照）が開催された際、ウェールズ自治推進派らが集まり、ウェールズの政治的独立を目的にプライド・ゲネドライソル・カムリ（ウェールズ国民党）が結成される。現プライド・カムリ（Plaid Cymru: ウェールズ党）の前身である。

ウェールズの民族的アイデンティティの根幹としてプライド・カムリが注目したのが言語だった。1891年の国勢調査ではウェールズ総人口の54％を占めていたウェールズ語話者の数は1961年には26％にまで減少していた。1926年から1939年にかけてウェールズ国民党の2代目党首を務めた、文学者・評論家のソーンダーズ・ルイスは、1962年2月13日のBBCカムリのラジオ放送で、「ウェールズ語なくしてウェールズの未来はない」とウェールズ語復権を呼びかけ、これを契機に公用語としてのウェールズ語使用を求める言語ナショナリズム運動が活発になる。

戦後のプライド・カムリを率いたのがグウィンヴォール・エヴァンズである。エヴァンズは、オックスフォード時代は前述したダヴィッズ・アプ・グウィリム協会の会員だった。1945年にプライド・カムリの党首となり、ウィルソン労働党内閣のもとで行われた1966年の普通選挙では、プライド・カムリ党員として初めて国会議員に選出されている。

1960年、北ウェールズのトラウェリン渓谷をリヴァプールに水を供給する貯水湖とする計画が持ち上がった。水没地域にはカペル・ケリンというウェールズ語コミュニティが含まれていた。プライド・カムリはダム建設反対のキャンペーンを展開し、支持者を増やした。カペル・ケリンとその一帯は1965年に湖の下に沈んだが、イングランド人の利便のためにウェールズが搾取されるとの不満は反イングランド意識を高め、一部には戦闘的な民族運動も見られるようになった。

グウィンヴォール・エヴァンズは1981年にプライド・カムリ党首を辞任したが、サッチャー率いる保守党がウェールズ語テレビチャンネルを作るという選挙公約を守らなかったことに抗議してハンガーストライキ決行を宣言するなど、最後までウェールズの民族的自立に尽力した。その甲斐あって、1982年にウェールズ語放送チャンネルS4Cが開設された。

2016年の国民投票で連合王国のEU離脱支持派が勝利したことを受け、プライド・カムリはウェールズが連合王国から独立しEUに残留することを目指すと宣言している。2019年現在、ウェールズ国民議会の60の議席のうち10をプライド・カムリが占めており、労働党、保守党に続く第3党となっている。

（森野聡子）

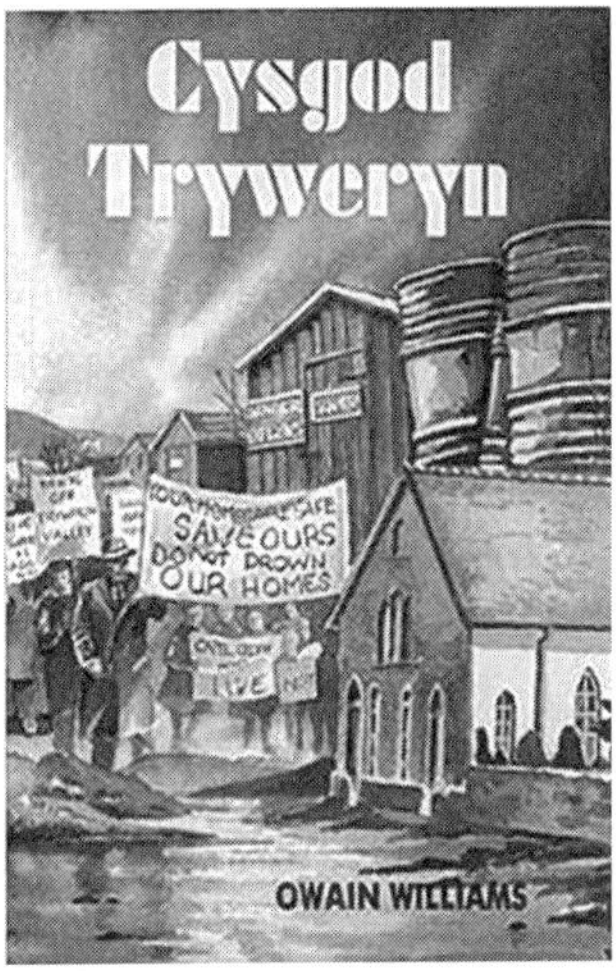

トラウェリン渓谷のダム建設を扱った、オワイン・ウィリアムズ著のウェールズ語小説『トラウェリンの影』（1995年）の表紙

Ⅱ

歴 史

21

自治権回復への道

★ウェールズ省からウェールズ国民議会政府へ★

ブリタニアの一部としてローマに統治されていた時代を経て、ウェールズは独自の法体系を持つに至った。ハウエル善良王がウェールズの大半を支配していた時代のことである。しかしその後、1066年にイングランドを征服したノルマン人がウェールズに侵入し、被征服地域（ウェールズ辺境領）ではイングランド法が適用されるようになった。1283年にサウェリン・アプ・グリフィズを破ったイングランド王エドワード1世がウェールズ全土を征服、1284年にはリズラン法により、ウェールズはイングランド王に支配されるところとなった。イングランドへの併合後はさらに支配が強まり、ヘンリ8世の治世下、「1535年―1542年ウェールズ諸法法」によりウェールズ全土の行政が統合された。ウェールズは法的にも全面的にイングランドに組み込まれたのである。諸法における「イングランド」という文言が指すものは、ウェールズを含むイングランドであった。実際、1746年にイギリス議会では1746年ウェールズおよびベリック法を採択している。これはイングランドにはウェールズとベリック・アポン・トゥイード（現在のイングランド最北の州、ノーサンバーランドの町）が含まれると明文化しているものである。この法律は1967年に廃止されているが、それまでは法的にはウェールズは存在しないに等しかったということになるだろう。

イングランドと一体のものとして処遇されてきたウェールズが、法的な自治権を回復するには500年近い時間を要した。

イギリス政府がウェールズ省を創設したのは1965年4月のことであるが、これはウェールズにおいてイギリス政府の政策を遂行するためのものであり、1964年に置かれたウェールズ担当大臣を長とし、ウェールズの住居、地方自治体、都市計画に関わる事柄を扱う機関であった。この時点でのウェールズには独自の議会もなく、立法権も与えられていなかった。言うまでもなく、自治とは他地域・他国家に統制されないことであり、自らの規範や基準を持つことである。したがって、立法権を持たないということは、自治権がないということになる。ウェールズは法的にイングランドに強く支配されていたということになる。

かつてウェールズ省が置かれたロンドンのグウィディルハウス（Stephen Richards 撮影。CC BY-SA ライセンスにて許諾）

1970年代以降、ウェールズの民族主義政党ウェールズ党（プライド・カムリ）が勢力を伸ばし、地方分権への道が拓かれていった。いわゆるサッチャー改革に代表されるように、1980年以降、イギリスでは様々な改革が行われてきたが、トニー・ブレアの労働党政権は地方分権を改革の重要政策のひとつとしていた。あるいは、否決されたとはいえ、1971年にウェールズの連合王国離脱を問う国民投票が行われたことも幾分かの影響を与えていたのかもしれないが、1997年、ブレア政権下で地方分権に関する（権限委譲を問う）国民投票が行われた。この住民投票の結果を受け1998年ウェールズ政府法に基づき、1999年にイギリス議会の承認を経て、ウェールズ国民議会が成立した。ウェールズ国民議会は60名の議員から構成される一院制の議会である。なお現在、議員は小選挙区と比例代表を併用する形で選出されており、40名は小選挙区を代表して多数代表制で、20名は5つの比例区を代表する比例代表制（ドント方式）で選出されている。任期は5年となっている。

ウェールズ国民議会が成立したため、1999年7月1日にウェールズ省は廃され、大半の権限がこの議会に委譲され、ウェールズの分権化が方向づけられたのであった。しかし、ウェールズ国民議会は立法権を付与されてはいなかった。従来通り、主権はイギリス議会にあり、イギリス政府の権限は何ら失われていなかったのである。ウェールズの議会は相変わらず従属する存在に過ぎなかった。分権が意味するところは、ある程度の責任をウェールズ国民議会に分権するということなのであった。

2006年、ウェールズ政府法が制定された。これはウェールズにとって極めて重要な法律であった。(1)立法府と執行機関の分離、執行機関としてのウェールズ政府の創設、(2)イギリス議会によるウェールズ国民議会への権限移譲手続きを立法権付与命令の形で新設し、それにより移譲された権限の分野において、ウェールズ国民議会はウェールズ法制定権限を得るものとする、(3)ウェールズ法制定権限を住民投票の結果によりイギリス議会からウェールズ国民議会に付与する、といった事柄が決定されたのである。ウェールズ政府は1998年ウェールズ政府法により創設されていたが、2006年ウェールズ政府法に基づき2007年に議会から分離された。また、ウェールズ国民議会はウェールズ法を制定する立法権を完全ではないにせよ獲得することとなったのである（ウェールズ国民議会による最初の立法は、2008年NHS救済法規であった）。そして2011年3月3日に完全な立法権を問う住民投票が実施され、ウェールズ国民議会による完全な立法権掌握が支持された。それにより、ウェールズ国民議会はイギリス議会、またウェールズ担当大臣の同意なく20の分野で立法する権限が認められたのであった。長い被支配の年月を経て、ウェールズはようやく自治権を手にしたということになる。

カーディフ湾岸地区にあるウェールズ国民議会議事堂
（(WT-shared) Cardiff 撮影）

現在でもイギリスの法律はウェールズに適用されている。また、ウェールズのみに適用される法律がイギリス政府により制定されてもいる。しかし、立法権を獲得したウェールズはイギリスの分権化をさらに押し進め、独自の文化をさらに発展させてゆくかもしれない。とりわけウェールズ語と教育に関しては独自の法を作ってゆく可能性があるのではないだろうか。

（太田直也）

コラム2

ウェールズ人の海外移住

平田雅博

ウェールズ人の海外への移住の試みは、17世紀から見られた。17世紀から19世紀の半ばまでに少なくとも11回の植民計画と実践があった。移住先はいずれもイギリスの北米植民地か「新世界」であった。実践された事例では、ウェールズ語が家庭と礼拝堂の言語となったが、新天地で成功するためには英語の知識が必要で、外部からの英語の攻勢により、入植地におけるウェールズ語は多くの場合、後退した。

そのうちの最も著名な移住は、アルゼンチンのパタゴニア移民である。1847年報告書に反発して、1849年に「[英語への]同化の圧力に抗しうるだけの強い共同体を創設するためにウェールズから特定の場所への移住」という考えにたどり着いたウェールズ人がいた。アメリカ合衆国のウェールズ教会の牧師として働

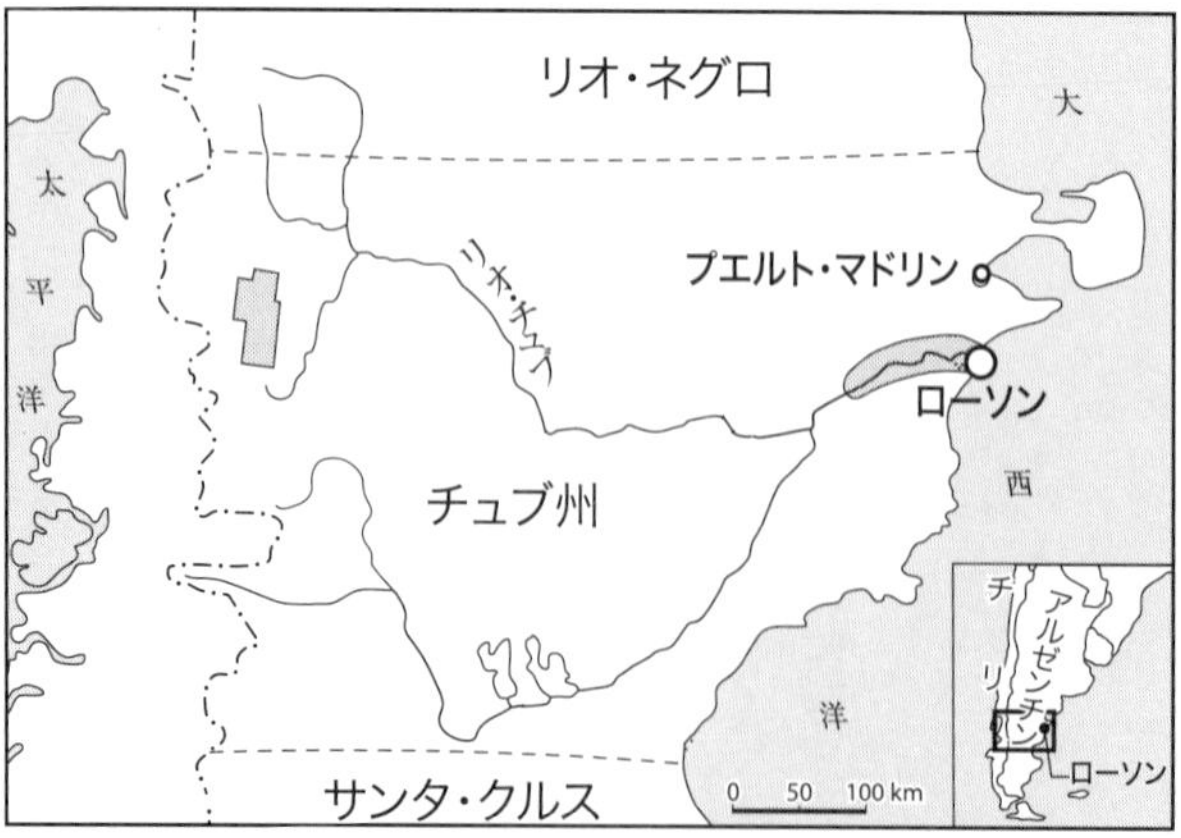

パタゴニア植民地（出所：Robert Owen Jones, 'The Welsh Language in Patagonia', in Geraint H. Jenkins (ed), *Language and Community in the Nineteenth Century*. Cardiff: University of Wales Press, 1998, p.296を基に作成）

移民が雨風をしのいだ洞穴。プエルト・マドリン、パタゴニア。(出所：Davies, J. et al. (eds.), *The Welsh Academy Encyclopaedia of Wales*. Cardiff: University of Wales Press, 2008.)

いており、このパタゴニア移住計画の祖となるマイケル・D・ジョーンズである。彼にとって、言語の喪失は、ウェールズの道徳性や宗教の喪失を招きかねず、ウェールズ社会の破壊になるのは明白であった。

1865年5月にリヴァプールから出発した最初の移民153人を運んだ船は、押し寄せる英語の洪水から免れる「ノアの方舟」さながらに、パタゴニアに着いた。最初の3年ほどは河の氾濫、干ばつなど極めて苛酷な困難や厳しい環境に苦しめられた。その後、移入民たちは運河やダムの建設に成功し、荒野のただ中に肥沃な畑、庭、果樹園を作り、村、町、道路、鉄道、礼拝堂、教育制度、「カムリ商社」すなわち協同組合を作った。

パタゴニアでウェールズ語は司法や行政の言語になったばかりか、商業の言語にもなった。1885年のカムリ商社の創設に伴い、通商と経済活動はウェールズ人の管轄下に置かれ、ウェールズ人はブエノスアイレス商人との交渉はしなくともよくなり、この協同組合に出向き、ウェールズ語で取引できるようになった。

　ウェールズ語はもちろん宗教の言語となり、教育の言語となった。19世紀末の25年間で入植者の子どもはウェールズ語の単一言語話者になった。1865年から40年間にこの植民地で生まれた子どももウェールズ語の単一言語話者で、英語やスペイン語を話す必要がなかった。

　ただこうした成功はまもなくアルゼンチン政府の反発を買った。日曜日の軍事訓練に参加せよ、スペイン語を重視して教科から格上げして教授言語にせよ（1896年に法律が通過して初等教育で実現した）とのアルゼンチンによる「国民国家」的な要請は、パタゴニアのウェールズ人も抵抗しながらも受け入れざるを得なかった。3000人ほどに達した移入民も1912年の輸送船が最後となる。1928年にカムリ商社が破産して、株主は当地の経済的指導者の地位を失った。これはウェールズ語の地位どころか、ウェールズ人の入植地パタゴニアの建設と維持の試み自体を頓挫させる契機になった。

　その後、第2次世界大戦ですっかり途絶えたウェールズとパタゴニアの接触は、1965年の植民100年記念祭に復活した。当初から行われていたアイステズヴォッド（37章参照）や残存する礼拝堂などは、21世紀初頭の今日でも当地に見られるウェールズらしさである。

III

ウェールズ語
保存の歴史

22

ウェールズ語

★英語とはまったく異なる言語★

ウェールズ語は、インド・ヨーロッパ語族ケルト語派の中のブリトン語系の言語である。同じ島で話されている英語（ゲルマン語系）と系統が異なり、発音、文字、文法、語彙がすべて異なる。

ウェールズ語の文字体系は、いわゆるアルファベットのうち、k、j、q、v、x、zを除いた20文字に、2つの文字の組み合わせ（ch、dd、ff、ll、ph、rh、th）を加えたものである。書かれた文字はすべて発音し、各文字には同じ1つの発音があるのが原則である。綴りを見れば、いわゆるローマ字読みで発音できる。例えばtad「父」は「タード」、pen「頭、終わり」は「ペン」と読む。ただし、注意すべき文字もある。例えば、「f」の文字1つではvの発音、重ね字にして「ff」とするとfの発音になる。

最も発音の難しいのが「ll」の綴りである。この綴りが表す音は、舌先を上の歯の内側の歯茎に付けたまま、舌の片側から息を漏らして発音する。音声学では「無声側面摩擦音」と呼ばれる世界的に珍しい音である。この子音を含む単語は無数にあり、特に目立つ語がllan「教会」である。カタカナ表記のしが

第22章
ウェールズ語

たい語で、「スラン」「サン」など様々な表記が試みられており、本書では「スラン」を採用している。この語で始まる地名が全ウェールズで100以上存在する。

ウェールズ語の文章や地名を見ると、y、yrというスペリングが何度も現れる。これらは定冠詞で、発音はそれぞれ「ア」「アル」となる。例えば中部ウェールズに「ペナボント」(Penybont)という村があるが、これは元々「ペン・ア・ボント」で、「その橋」(ア・ボント)の「終わり」(ペン)を表している。

ウェールズ語を含むケルト語全般の特徴に、語頭子音の変化がある。単語が特定の語の後に置かれたり、また目的語など特定の文法機能を持ったりすると、語頭子音が規則的な変化をするのである。変化の種類には軟音化、鼻音化、帯気音化の3種類があり、最も頻繁に起こるのが軟音化である。例えば、前置詞のi「〜へ」は、後続する語に軟音化を起こす。「ウェールズ」を表す固有名詞Cymru(カムリ)と結びつくと、i Gymru(イ・ガムリ)となる。イングランドから国境を越えてウェールズ入りすると「ウェールズへようこそ」とウェールズ語・英語で書かれた大きな標識があるが、ウェールズ語は「クロイソ・イ・ガムリ」(Croeso i Gymru)となっている。最初はややこしい規則に見えるが、学習して慣れれば、日本語の「1本、2本、3本」の「本」の発音のように、自然に口から流れ出てくるものである。

ウェールズ語は、後ろから前に修飾する言語である。例えば、「おはよう」を表すボレ・ダーはボレ「朝」とダー「良い」が結びついた表現であるが、形容詞が名詞を後ろから修飾している。英語とは真逆の文法である。この文法は地名にも見ることができ、上記の「ペナボント」がその一例である。他にもスウォンジーのウェールズ語名「アベルタウェ」(Abertawe)は「アベル」(「河口」の意)と「タウェ」（河川名）の2語から成り、「タウェ川の河口」を表す地名である。ここでも後ろから前に係っているのがわかる。

ケルト語はVSO言語（動詞＋主語＋目的語の語順を持つ言語）と呼ばれ、ウェールズ語も例外ではない。例えば、「私は歌を歌う」は「カナ・イ・ガネイオン」（Cana i ganeuon）と言うが、カナ「歌います」、イ「私は」、カネイオン「歌」という語順になっている。カネイオンは目的語のため、語頭子音が軟音化して「ガネイオン」となる点に注意が必要だ。

この文では、「歌う」を表す動詞（原形は「カニ」〈canu〉）が1人称単数現在形に屈折変化した形が使われている。動詞の屈折変化形を用いる構文を、屈折構文と呼ぶ。屈折構文の場合、動詞の変化形を1つ1つ覚えなければならず、学習が難しい。これとは異なる、もう少し易しい文構造もある。それは、動詞は原形のまま形を変えず、代わりに英語のbe動詞にあたるボッド（bod）の変化形を用いる構文だ。例えば「ボッド」の1人称単数現在形「ラドゥ」を用いて「ラドゥ・イン・カニ・カネイオン」（Rydw i'n canu caneuon）といえば、これも「私は歌を歌う」の意味になる。この文構造はボッド構文と呼ばれ、動詞を変化させたり目的語を軟音化させたりする必要がない。ウェールズ語の文章は主に屈折構文とボッド構文の2種類の構文が混在してできている。

ウェールズ語の語彙は主にケルト語系のものが多いが、他民族との接触の歴史を通じて、外国語から多数の語を借用してきた。ローマ帝国統治時代にはラテン語から多数の語彙が伝播した（例「ポント」（pont「橋」はラテン語ponta「橋」から）。11世紀のノルマン征服以降、フランス語からの語彙が主に地名に見られる（ビューマリス〈Beaumaris〉は「美しい沼沢地」を表すフランス語から）。しかし最も多い借

ウェールズ語の挨拶表現

おはよう。	Bore da!（ボレ・ダー）
こんにちは。	P'nawn da!（プナウン・ダー）
こんばんは。	Noswaith dda!（ノスワイス・ザー）
おやすみ。	Nos da!（ノス・ター）
元気ですか。	Shwd 'ych chi?（シュディ・ヒー）
元気です。	Da iawn.（ダー・イヤオン）
ありがとう。	Diolch.（ディオルフ）
どういたしまして。／ようこそ。	Croeso.（クロイソ）
すみません。	Esgusodwch fi.（エスギソドゥフ・ヴィ）
ごめんなさい。	Mae'n ddwrg gen i.（マイン・ズルゥグ・ゲニ）
さようなら。	Hwyl fawr!（フゥイル・ヴァウル）

用語は、何といっても英語由来の借用語である。英語からの借用はアングロ‐サクソン時代から始まっており、しばしばウェールズ語形に英語の古形が残っていることがある。例えば「鷹」をウェールズ語で「ヘボグ」(hebog) と呼ぶが、ここには英語の「ホーク」の古英語形「ヘヴォグ」が残っている。1536年のウェールズ併合以降、現在に至るまでの5世紀間に、2言語話者としてのウェールズ語話者が増える過程で、英語からの語彙借用はさらに増加する。英語の影響は、借用語だけでなく翻訳借用にも見られる。例えば「〜を楽しみにする」は「エドリヒ・アムライン・アト」(edrych ymlaen at) と言うが、これは英語の look forward to を逐語的にウェールズ語に訳したものである。ウェールズ語が純粋でなくなりつつあると嘆く人々もいるが、ウェールズ語は歴史を通じて常に外国の文化とともに外国の言語を受け入れ、新たな表現形式として上手に吸収してきた。その歴史は現在も続いているのである。ウェールズ語語彙の創造性は、ウェールズ語が生きた言語である証である。

（小池剛史）

23

ウェールズ連合法

★公用語になれなかったウェールズ語★

テューダー朝下のウェールズにとって、最も大きな衝撃は、1536年と1542年のウェールズ連合法である。連合法はウェールズをイングランドに公式に併合する法律だった。中世のウェールズでは、ウェールズ辺境領主たちによるイングランド王権の介入を許さないほどのふるまいがあったが、中世末期になると、王権は、相続や没収によって徐々にウェールズ辺境領を王領地に編入し、ウェールズ辺境領府を設けて支配を強化した。

1530年代はウェールズの歴史にとって重要な10年間だったが、統一的なイギリス国家を形成しようとする試みの先鞭となったという意味で、イギリス史にとっても重要な10年間だった。この連合法は、チェスター、ダラムといった王権州、アイルランド、カレーといった弱体性を抱えた辺境に拡散して住む人々を、国王の権威のもとにしっかり引き込むことを意図した包括案の一部だった。

時のテューダー朝は、こうした中央集権体制の推進を図り、その一環として、ヘンリ8世治世にトマス・クロムウェルがウェールズの併合を画策した。1530年代の政策立案者としてトップに立っていたクロムウェルにとって、王国全体としての統合による行政の効率性こそ重要だった。無防備で脆弱な海岸線や無法な辺境領主は、彼の目的とする効率的な統治システムにとって、深刻な治安リスクとなる可能性があった。彼の理想は、辺境領主から解放されて、イングランドのコモンロー（慣習法）の恩恵を共有しウェストミンスター（議会）への代表となりたかったウェールズのジェントリの熱望とも一致した。

まず、南東部を中心にして権力をふるっていた辺境領主の力を弱めるため、次第に裁判権を近隣のイングランド諸州の法廷に移し、１５３６年以降、一連の連合法を定めた。辺境領主領は廃止され、州統治によるウェールズ内の統一を確立する必要性に迫られた。ウェールズは、13州に分割された。そのうちの6州は、君主領として１２８２年のウェールズ法以来存在していた、アングルシー、カーナーヴォン、メリオネス、カーディガン、カーマーゼン、フリントの各州であり、新たに7州（デンビー、モントゴメリー、ブレックノック、ラドノー、モンマス、グラモーガン、ペンブルック）が設けられた。

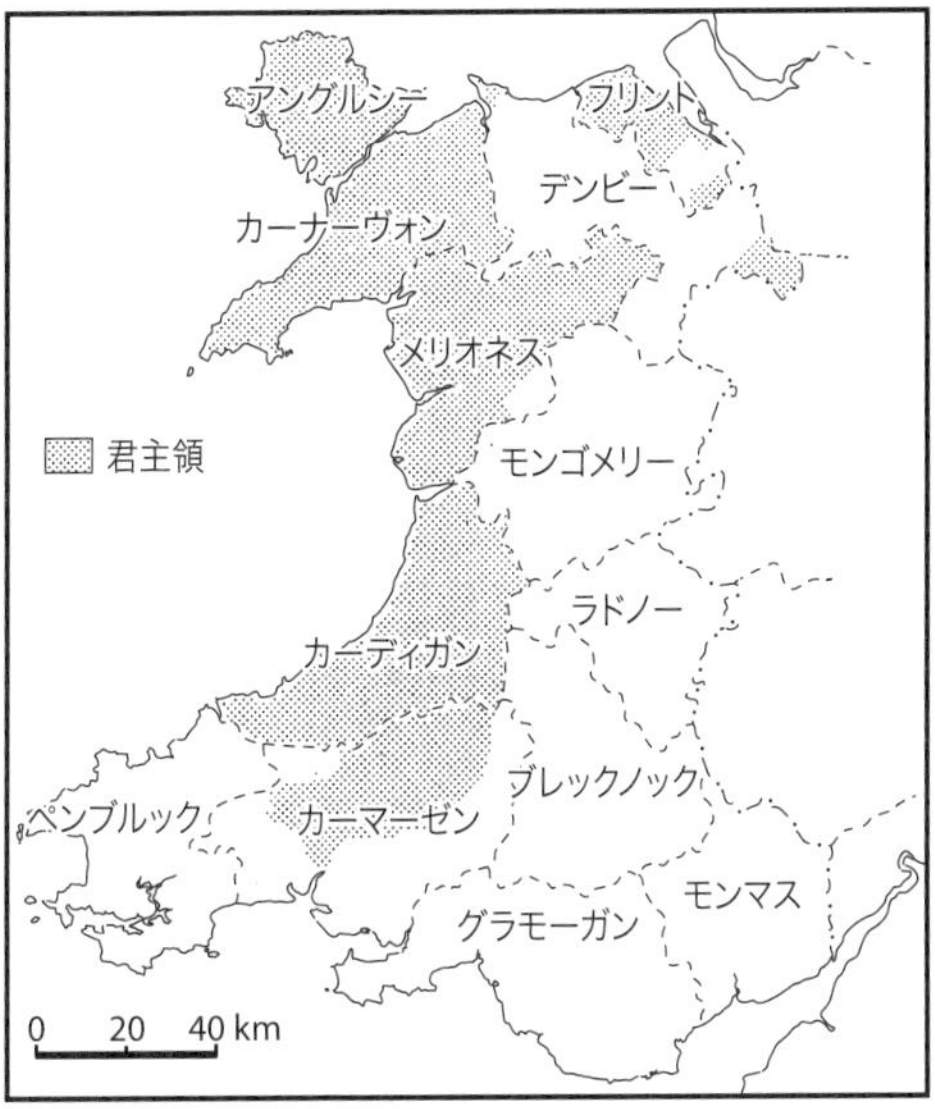

連合法以後の各州（出所：Geraint H. jenkins, *A Concise History of Wales*, Cambridge University Press, 2007, p.145を基に作成）

既存と新設の各州には下院議員選出権が認められ、ロンドンの議会にウェールズ人の代表が送られるようになったし、イングランドの州と同様、治安判事が任命されて行政にあたった。１５４３年の法は裁判制度を整え、既存の諸法を整理統合して、四季裁判所などのほかにウェールズ通常裁判所を創設した。

ウェールズのジェントリの興隆は、この時期の特徴のひとつであり、連合法は、彼らに新たな機会の窓を開いた。ジェントリは連合を実現させる鍵となったし、連合後の彼らは今やイングランドの王室と政府との相互的な協力関係構築に乗り出していた。歴代のテューダー朝の君主は王室の利害と結合させて、ジェントリの虚栄心をくすぐった。トマス・クロムウェルと彼の後継者たちは、連合から利益を引き出すウェールズの人々が喜んで同化の過程を推進することを巧みに計算した。

この政治的・法的統一がなされると同時に、英語はウェールズの行政と司法の言語となり、公用語として押しつけられた。言語に関して連合法は次のように触れている。ウェールズにおいては「種々の習わしや法、慣習が、本王国の法や慣習と大きく異なり」「人民は、本王国内で使われている生来の母語とはまったく相違する言語を使用し、粗野で無知なものが横行している」ので「国王陛下は、たぐいまれなる熱意と愛情と好意に基づき、ウェールズ臣民を完全なる秩序と法の遵守、認知のもとに服せしめ」「彼らが本王国とは異なる奇怪な風俗習慣をすべて改めることを図って、当該国ウェールズがこのイングランドに合同され、統一され、合併されることを定めた」として、以下のように続けた。「すべての裁判官ならびに官吏は、英語により職務を公告し維持すべきこと、また今後、ウェールズ語を使用する者はいかなる公職あるいは封地を有することはなく、英語を用いぬ限り当該公職ならびに封地の権利を喪失することを制定する」。

これが1536年の連合法のいわゆる言語条項である。16世紀以前にも英語は数世紀にわたりすでにウェールズに侵入していたとはいえ、ウェールズ人へ英語を強制するのに使われた厳しい手段となった。歴史家のノーマン・デイヴィスはこれ以上の「植民地文化政策」はなかなか見つかるまいと評した。ただ「公職あるいは封地」を与えられる唯一の人々は当初はイングランド化したウェールズ人かイングランド人の被任命者にとどまり、この立法は多数派に英語の使用を流布するには直接的な影響力はなかったし、ウェールズの役人をイングランド化したからといって、民衆の生活慣習が変わることはほぼなかった。しかし、この法律によって、法律や行政における英語使用が義務づけられ、英語に習熟しないものは官職に就けなくなった。反面、ウェールズ人の野心家にとっては、英語の選択はかなり魅力的なものとなった。英語を学ぶことが出世の機会につながったからだ。

ジェントリなどウェールズ人支配者の子弟は自分たちに開かれた出世の機会を利用した。イングランドやウェールズのグラマースクールで英語を学ぶと、文化的・社会的・政治的解放がもたらされる最上のルートとなると考え、英語を勉強したのである。大学に行く者も出た。1598年にケンブリッジの学寮に入ったウェールズ人学生がウェールズ語訛りの英語を口に出すと「笑いを抑えている人でも笑ってしまった」という記録がある。訛りを笑われたものの、大学を出てやがて傑出した廷臣や学者になる者もいた。

かくして、新たな体制を支持したウェールズ人ジェントリは英語を学び、2言語話者となっていった。そうはしなかった者たちはウェールズ語の単一言語話者にとどまった。

（平田雅博）

24

ウェールズ語聖書

★宗教と教育の言葉として生き残ったウェールズ語★

1282年、ウェールズの大半を支配していた最後のグウィネズ王サウェリン・アプ・グリフィズがエドワード1世率いる軍勢に敗れた時、イングランドによるウェールズ制圧はほぼ完了していた。そして、1536年にウェールズ連合法が発布され、ウェールズは正式にイングランドの支配下に入り、それにより英語を話せないウェールズ人は公職に就くことが禁じられた。つまり、16世紀以降、ウェールズのイングランド化、言語に関して言えばウェールズにおける「英語化」が進展していった。にもかかわらず、現在、ウェールズ語は「有力少数言語」の地位を保っている。イングランドと同じ連合王国を構成し、イングランドと国境を接し、人々の流入があり、何よりも英語が「世界共通語」と称されるほどになっているというのに、である。ウェールズ語がその命脈を保つことができた理由は何なのだろう。

イングランドへの併合以降、英語が支配言語としてウェールズに浸透していく中で、被支配者の「心の拠り所」である教会における言語状況はどのようなものだったのであろうか。

ヘンリ8世は1538年に教会での英語聖書の使用を、さらにその息子エドワード6世は英語による祈祷書の使用を命じた。現代に至るまで、人々を完全に支配するために言語統制を行った支配者は数えきれないほどいる。この種の支配者の狙いは、言語を奪うことにより、国土、社会的制度のみならず、心までも支配しようというものであろう。つまり、ウェールズの教会内における英語版聖書・祈祷書の使用命令は、イングランドによるウェールズ人の心の支配（完全な支配）を狙ったものであったと言える。

しかし、1588年にエリザベス1世の命によりウェールズ語訳聖書出版事業がなされる。これは、カトリックの勢力回復を阻むための、また英国国教会（イングランド国教会）の教義・礼拝・典礼の浸透と定着のためのものであったが、皮肉にもウェールズ語保護に大きな役割を果たした。

1620年に教会向けに作られたものと伝わるウェールズ語聖書（ceridwen撮影。CC BY-SAライセンスにて許諾）

ウェールズ人の祖先であるケルト人は文字による記録をしていなかった。ジェントリや富裕な農場主の子息のためのグラマースクールが何校か設立されてはいたものの（そこでの教授言語は英語であった）、ウェールズにおいて大衆教育が普及してゆくのは17世紀後半から18世紀初頭にかけてのことであった。ウェールズ語訳聖書出版当時の一般的なウェールズ人の識字率は極めて低く、多くの人が英語は言うまでもなく、ウェールズ語すら読めなかったであろうことは想像に難くない。そこでまず、教会関係者や文字を読むことができるわずかな人々により、ウェールズ語訳聖書を「教科書」としてウェールズ語教育が行われたのであった。表面上は英国国教会の布教活動であったが、実質的にはウェールズ語普及活動であったと言ってもよいだろう。もとより布教を任されたウェールズ人たちも自国への強い想いを抱いており、英国国教会の布教よりも、人々のウェールズ語の読み書き能力向上、それによる国力強化を意図していた。彼らがこの絶好の機会を逃すはずもなかった。元来、信仰心の篤かったウェールズ人の宗教的関心とイングランドに対する反発心が結びついた結果、ウェールズ語は消滅の危機を脱することができたのである。

ウェールズ語訳聖書の出版は、その後のウェールズにおけるウェールズ語の地位に多大な影響をもたらした。聖書を通してウェールズ語を学ぶことで、美しいウェールズ語が人々の間に定着し、文化全体に影響をもたらすまでになっていったのである。1630年、新たなウェールズ語訳聖書が刊行された。これは1620年に教会向けに作られたものの普及版であるが、長い時間をかけて多くの一般家庭に浸透していったのであった。

ウェールズ語訳聖書は、教会の中だけではなく、教育の場でも力を発揮することになる。まず、ウェールズ基金による学校設立である。これはトマス・グージとスティーヴン・ヒューズによって設立されたもので、ウェールズの貧しい子どもたちに教育を施すことを目的としていた。ピューリタンの商人らの援助を得た基金により設立された学校における教材の中心はウェールズ語訳聖書であった。一時は80以上もの学校が作られたが、次第に数を減らし、グージの死後にはウェールズ基金は衰退していった。ただし、この基金によって学校でウェールズ語を学んだ子どもの数は多く、ウェールズ語の生き残りに貢献したことは間違いない。

もうひとつはグリフィス・ジョーンズによる巡回学校である。これは3か月おきに場所を移動する学校であった。巡回学校以前にはキリスト教知識普及協会により学校が設立されたりしていたが、子供たちの中には極貧のあまり労働などに時間を取られ学校に行けない者も相当数いた。そこでグリフィス・ジョーンズは巡回学校というシステムを採用したのであった。このシステムの優れた点の1つは、農閑期を利用しているという点である。その期間であれば、昼は子どもに、夜は大人に教育を施すことができる。実際に巡回学校は大成功を収めた。ここでも教科書として用いられたのはウェールズ語訳聖書であったので、ウェールズ基金やキリスト教知識普及協会により設立された学校以上に、ウェールズ語の「生き残り」の過程で大きな役割を果たしたということができるだろう。

18世紀末、聖書を求めて裸足で26マイルの道のりを歩いたという実在の少女メアリ・ジョーンズの物語が知られている。

様々な文化保護運動、政治的活動によりウェールズ文化の中心としてウェールズ語保護が訴えられ、実際に保護されて現在に至っていることは言うまでもない。しかし、ウェールズ語は、まず日々の言葉として、次に宗教の言葉として、そして教育の言葉として命をつないだのであった。

（太田直也）

25

ウェールズ教育青書の衝撃

★英語習得の促進と教室でのウェールズ語禁止★

私は2006年に、ウェールズの2つの博物館でいわゆる「罰札」を見学した。ひとつは、カーディフの近郊セント・ファーガンズ村のウェールズ民族博物館である。ここはウェールズの各地から運ばれてきた建築物が、一帯に展示されている野外の博物館である。南西部の町ランピターから移築された小学校もあり、中に入ると「ウェールズ語禁止」の札があり、実際に手にして首にもかけてみた。もうひとつは、その直後に訪れた北ウェールズのバンゴール博物館である。罰札は、ガラスケースの中に展示されていたので、重さはわからないが、首にかけるには重すぎるような大きさだった。説明文には、不用意にウェールズ語を使った子の首にかけられる札とあった。同じガラスケースには、ちょうどバンゴールのところのページが開かれた1847年の政府報告書、いわゆる「青書」が展示されていた。

政府報告書は表紙が青いので「青書」と呼ばれていた。「青書」は正式には「ウェールズにおける教育状態の調査委員会報告書」と題されて出版され、ウェールズの教育、特に「労働者諸階級が英語の知識を獲得するために与えられている手段」

を調査したものだった。枢密院教育委員会から任命された3人の調査委員は、担当地域を3分割して、ウェールズ語のわかる通訳兼調査助手を従えて、野山を馬で精力的に駆けめぐって、学校を訪問しては報告書を書いた。文字通りウェールズの教育状態を徹底的に調べ上げ、ウェールズの不十分な教育事情と英語の知識水準の低さを、反論の余地のない客観的な事実として示し、のちの政策に生かそうとしたものだった。

青書には以下のような罰札の記録もあった。デンビーシャーのある学校で調査委員が見た、少年の首にひもでぶらさげられた木の切れ端には「ウェールズ語の札」と書かれていた。これはウェールズ語を口にした生徒に恥辱を思い知らせる札である。ウェールズ語を話しているのを聞かれた生徒に渡される。彼は同じ違反を犯した仲間の生徒をみると、その子に渡す。かくして生徒から生徒へ渡され、週末になってこの札を持っているものは鞭で打たれる。これが悪名高いウェールズの「罰札」である。調査委員のジョンソンははっきりと「英語の知識を推進する目的で発明された慣習」と述べている。

「ウェールズ語禁止」の札をかけられた女子生徒（上）と、「ウェールズ語禁止」（それぞれ "W.N."、"WELSH N"）と書かれた札。

青書は当時のウェールズの教育全体の実態調査となっているが、労働者階級への英語教育の調査にとって特に重要なのは、初等教育における個々の教員の英語能力の調査であった。ウェールズ語を口にした生徒を鞭で打つ教員は、英語のネイティヴスピーカーのイングランド人教師ではなく、「英語はわかっているようだが、適切には話せない」ウェールズ人の教員だった。ウェールズ全域の学校の多くの教員も、英語をろくに話せもしないウェールズ人の教員だった。「日曜学校」と区別される「平日学校」ではウェールズ語での教育は禁止され、英語がうまく話せなくとも英語で教えなくてはならなかった。

生徒の方も調査した。北ウェールズに限定した報告では、15歳以下の児童数に占める通学児童の登録者数の割合は22％しかない。さらに登録はしていても出席しているとは限らない。年間を通じて毎日出席している生徒数は登録者の65・5％である。学校教育を受ける平均期間は1・41年である。これでは学習の到達度が低いのも当然だった。

無能な教員と彼らに教えられる生徒の無惨な到達度、これが行き着く果ては、生徒のやる気の喪失である。英語ができないウェールズ人の教員が、たどたどしい英語でウェールズ語しか耳に入らない生徒にあらゆる科目を教える。あるいは、英語を母語とするイングランド人にしても、ウェールズ語しか知らないウェールズの子どもたちに英語で教える。いずれの場合も言語の壁があり、うまくはいかない。その結果、教室内には混乱と無秩序状態が生まれていることが多く報告された。

調査委員のひとりサイモンズは後にひんぱんに引用されることになる以下の文章を総括報告に記した。まず「ウェールズ語はウェールズにとり大きなマイナスであり、ウェールズ人の道徳上の進歩や商売上の繁栄にとって何重もの障害となる」と述べて、「ウェールズ語は、ウェールズ人が自分たちの文明を大いに進展させるはずのイングランドとの交流をする妨げとなり、彼らの精神的な知識を改善する道にじゃまとなる」とした。

報告書を受け止めたウェールズの人々からは、これに対する多くのかつ大きな反応があった。報告書の結論の重要な点のひとつである、英語の知識はウェールズの子供たちにとって、初等教育以後の教育を受けたり雇用されたりする上でウェールズ語よりも役に立つという報告、これは多くのウェールズの人々も認めざるを得なかった。ウェールズの学校と教員は、英語の知識の増進という目的には不十分にとどまっていたし、ウェールズ人は、このことを調査委員以上に知っていた。

ウェールズ人が望まなかったこと、あるいは、この報告書に後で付けられたあだ名「青書の裏切り」が示すような、自分たちは裏切られたとの感情を生起させたのは、報告書が教育の欠点を、非国教会、ウェールズ語、ウェールズ人の性格に、あたかも因果関係があるかのように結びつけた点であった。劣悪な教育環境については耳にも入れよう、しかし、酔っぱらいとか、汚いとか、性的にみだらで、嘘つきで詐欺師とまで言われることは、想定していなかったし期待もしていなかった。

調査委員を海に投げ入れるウェールズ婆。（出所：Wynford Vaughan-Thomas, *Wales, A History*. London: M. Joseph, 1985）

青書は宗教と言語からウェールズ人のアイデンティティが確認される契機ともなった。非国教徒の諸宗派にそれぞれの相違があったことは紛れもないが、青書の攻撃に対する反発によって、諸宗派は「共通の敵」に対してはまとまろうとしたし、人々もウェールズ語がウェールズの社会的結合性（とその結果としての社会の存続）において果たした重要な役割を深く理解できたのである。

（平田雅博）

26

ウェールズ語の教育・研究拠点

★ウェールズ国立図書館と大学の設置★

オワイン・グリンドゥールは、イングランドへの反乱に際しフランスのアヴィニョン教皇庁を味方に付けるため連絡を取っていた時、自身のウェールズ統治の考えを伝えていた。そのひとつが、ウェールズの南北それぞれに1つずつ大学を設置することであった。もちろんその夢は叶わなかったが、グリンドゥールにとっても4世紀後の19世紀末のウェールズ文芸復興時代の活動家たちにとっても、大学はウェールズの独自性の象徴的存在であった。

ウェールズで最古の高等教育機関はセント・デイヴィッズ・カレッジ（1822年設立）である。ここは、ウェールズの教区に勤める国教会聖職者を養成するための大学であった。いわゆるウェールズ大学、つまり一般のウェールズ人に教養を与えるためのウェールズの大学の設立は、19世紀後期のヴィクトリア朝時代、ウェールズでは知識人の間でウェールズの独自性、アイデンティティが強く意識されたウェールズ文芸復興運動の時代のことである。政府役人であったウェールズ人ヒュー・オウエン（1804－81）がウェールズの非国教徒の教育に深い関心を寄せ、バンゴールに師範学校を開設。その後、ウェールズに大学がないことを切に訴え、必死の運動の末、アベリストウィスにユニバーシティ・カレッジを設置した。この時、国からの助成金が得られず、ウェールズの資本家のほかに、7万人近くの一般ウェールズ人が寄付をして資金調達が可能となった。バンゴールとカーディフにも同様のユニバーシティー・カレッジが開設された。これらのユニバーシティー・カレッジには、講座は設置されても学位授与の権限はなく、ロンドン大学で試験を受け、学位を受けなくてはならなかった。1893年にようやくウェールズ大学設置の勅許状が下り、ようやく学位授与機関としてのウェールズ大学が始まったのである。ウェールズ大学は複数の大学からなる連邦制を取った。ウェールズ大学バンゴール校、アベリストウィス校、カーディフ校となり、その後スウォンジー校も、またセント・デイヴィッド校（ランピター）とニューポート校、遅れてトリニティ・カレッジ校（カーマーゼン）も新たに加わることとなったのである。

ウェールズ学黎明期の第一人者ジョン・リースの時代はまだウェールズに大学がなく、リースはオックスフォード大学ジーザス学寮でケルト学を教えていた。リースの弟子のひとり、ジョン・モリス・ジョーンズはオックスフォードで学んだ後、開設したばかりのウェールズ大学バンゴール学寮で初めてウェールズ学講座を担当している。

20世紀末になると連邦制の維持が難しくなり、様々な紆余曲折を経て、現在では個々の学寮が大学として独立している。他方、各大学に付設された研究所で特色あるウェールズ学研究がなされている。そのひとつアベリストウィス大学にはウェールズ・ケルト研究所があり、中世詩人の詩の研究およびウェールズ社会言語史の分野で数多くの論文集が出されている。またウェールズ語大辞典の編集もここで進められている。

ウェールズ大学とともに発展の歩みを進めてきたのが、ウェールズ国立図書館である。1909年にアベリストウィスのオールド・アセンブリ・ルームに開設された。その後1916年に、アベリストウィスの町やカーディガン湾を見晴らすペングライス丘の西側斜面に移設された。

国立図書館設立の最大の功労者のひとりが、ジョン・ウィリアムズである。医師として主にロンドン、スウォンジーで活躍する傍ら、ウェールズ関連の写本の収集を進めていた。ウェールズ文芸復興運動の中でウェールズ大学アベリストウィス学寮内の「ウェールズの国立図書館」を設立するための委員会に深く関与するようになったウィリアムズは、「ペニアルス文庫」を含む自身の蔵書をすべて「国立図書館」に寄贈する約束をした。ただし図書館をアベリストウィスに設置するという条件付きだった。ウィリアムズは講演、新聞記事投稿など様々な公の場で国立図書館の必要性を訴え続け、ついに1907年枢密院から勅許状が下りたのである。この時、国立図書館はアベリストウィスに、同時に国立博物館をカーディフに設置することが決まった。

「ペニアルス文庫」は元々、ヘングウルト（現グウィネズ州）に住む16世紀古物収集家のロバート・ヴォーンがウェールズ、イングランド各地から収集した膨大な写本群である。ヘングウルトの書庫に300年近く保存されていたものを、同じく古物収集家で系譜学者のW・W・E・ウィンが購入しペニアルス（現ポウィス州）の居宅に所蔵していた。この「ペニアルス文庫」には、中世騎士物語「マビノギ」、「ウェールズ年代記」、中世の「領主の詩人」「貴族の詩人」らの作品、ハウエル善良王の法律など、ウェールズの歴史そのものを定義する力を持つ重要な作品を残す写本が含まれている。未だ見ぬ「ウェールズの国立図書館」の所蔵となりウェールズの記憶が守られ続けることを見越して、私財を投じてこの「ペニアルス文庫」を購入したジョン・ウィリアムズの先見の明は特筆に値する。

１９０７年の図書館勅許状によると、ウェールズ国立図書館の主要な責務は、ウェールズ語または他のケルト諸語の写本、文献、ありとあらゆる種類の絵画、またウェールズやケルト民族に関わるもの、また他の言語で書かれたものを収集し保管することである。１９７８年の追加勅許状では、さらに音源や映像も含めて収集保存することになった。現在、国立図書館には、約４００万点の印刷物、約４万点の写本、約４００万点の証書などの文書のほかに、多数の絵画、写真、地図、音源、ビデオテープ、ＤＶＤが所蔵されている。また、多くの写本や文書の画像がインターネットで閲覧可能となっている。さらに音源、動画などのＡＶ資料についても担当部署でデジタル化が急速に進められており、英国内であればインターネット上での視聴が可能となるようにしている。

図書館入り口。スレートにウェールズ語、英語で「ウェールズ国立図書館へようこそ」、またウェールズ語の諺「すべての知識は益なり」と彫られている。

19世紀末に始まったウェールズ文芸復興運動により、ウェールズの言語、文学、歴史、文化を再評価しそれを未来のウェールズにつなぐ作業が始まり、現在に至っている。ウェールズ大学は、この再評価の作業を遂行するために必要な人材を多数輩出している。ウェールズ国立図書館は、その再評価の作業のための膨大な資料を保存し守り続けているのである。

（小池剛史）

27

ウェールズ語の話者率

★言語の将来への不安★

ウェールズ語を話す人の数や割合を知ることができる最も重要な統計は、イギリスで10年ごとに実施されている国勢調査だろう。2011年の調査では、ウェールズの人口（3歳以上）の19％（56万2016人）が、ウェールズ語を話すことができる、と回答した。ウェールズで配付される質問票にウェールズ語に関する項目が加わったのは1891年であるが、1891年のものは現在の質問とは形式が異なり、現在の質問と比較しやすい形式になったのは1901年である。1901年に49・9％だった話者率は10年ごとの調査の度に低下し、1991年には18・6％（50万8098人）まで低下してしまった。

話者の実数も全体としては減少傾向であるが、今から約100年前の1901年に93万人弱（49・9％）だった話者数が1911年には97万7000人余り（43・5％）に増加したことがある。ウェールズが石炭産業で繁栄し、人口が増加していた時代のことである。第1次世界大戦中のピーク時には、ウェールズ南部の炭鉱で5600万トンの石炭を産出し、その70％が輸出されていたという。イングランドで産出される石炭が主に国内で消費されたのに対し、ウェールズの石炭は世界の石炭輸出の3分の1を占めるほどだった。

当初ウェールズの各地から集まってきた炭鉱労働者とその家族で、炭鉱が集中したウェールズ南部のウェールズ語コミュニティーが活気づき、1880年代から1890年代にかけては、日曜学校で読み方を学んでいた読者に支えられて新聞や雑誌がウェールズ語で盛んに出版されたりもした。その後イングランドからも多数の労働者がやって来たために、南部の炭鉱は必ずしもウェールズ語のコミュニティーではなくなってしまうが、20世紀初め、最盛期には25万人もの炭鉱労働者を抱える主力産業であった。戦後、生産を回復したヨーロッパの炭鉱や賠償としてドイツから提供される石炭との競合、労働条件をめぐって相次ぐストライキ、海運や工業生産が石炭を使った蒸気の動力から石油や電気などに移行するなど、石炭産業は厳しい不況にさらされる。同じ頃、製鉄所の閉鎖や屋根を葺くのに使われていたスレート産業の衰退などで、失業率は急上昇した。1923年に4％だった失業保険対象の男性の失業率は1932年には42・8％にまで達した。

1920年代から30年代にかけて約45万人の労働者とその家族が、仕事を求めて主にイングランドへ移住していったという。この時期、ウェールズ語の話者率は1921年の37・1％（92万2092人）から1931年の36・8％（90万9261人）へとさらに低下した。第2次世界大戦中だった1941年には国勢調査が実施されず、1931年に3割を超えていた話者率はその次の1951年の調査で28・9％（71万4686人）に低下し、ウェールズ語を話す人の割合が3人に1人を割り込むことになった。ソーンダーズ・ルイスがラジオ講演「言語の運命」でウェールズ語の置かれている状況に警鐘を鳴らしたのは1961年調査の結果の発表を控えた時期のことだった。

1961年は26・0％（65万6002人）、1971年は20・9％（54万2425人）、1981年は18・9％（50万8207人）、1991年は18・6％（50万8098人）と話者の減少は続いた。この間、話者率低下の幅が少しずつ小さくなってきただけではなく、言語の継承に関わる重要な変化が起きていた。1961年の調査結果を年齢層別に見ると、年齢が上の層ほど話者率が高く、若い世代ほど話者率が低い。これは、言語が次の世代に継承されていないときに見られる典型的なパターンである。しかしながら、1971年の結果では、10～14歳の話者率が周囲の年齢層よりも高く、1981年には5～9歳にも同様の傾向が見られる。1991年にはこの傾向はさらに顕著になり、学齢期にあたる5～9歳（24・7％）と10～14歳（26・9％）の話者率は全体の話者率18・5％をはっきりと上回っている。

学齢期の話者率上昇の大きな要因とされるのは、この時期、着々と増加していたウェールズ語学校である。ウェールズ語で授業することを謳ったこの種の小学校は、1939年西海岸のアベリストウィスに設立された小規模の私立学校が最初だと言われるが、この学校の成功を経て1947年には南西部スランネスリに同種の学校では最初の公立校が設立される。ウェールズ語を話す家庭の子どもたちが母語で学べるよう設立されたこれらの学校は、その後のウェールズ語保育の普及と相まって、家庭でウェールズ語を身につける機会のない子どもたちを2言語使用者に育成する役割を担うようになる。ウェールズ語小学校の増加によって、1956年にはウェールズ語中等学校も誕生し、いわゆる「ウェールズ語学校」が増加するにつれて、ウェールズ語話者の多い地域にあった既存の学校でも積極的にウェールズ語が授業で用いられるようになっていった。

1988年の教育改革法により、学校で教えるべき科目や内容を定めたナショナル・カリキュラムの中で、ウェールズ語は5歳から16歳まで義務教育期間を通じてウェールズの学校で必修科目となった。ウェールズ語学校に加え、話者が多い地域でウェールズ語で授業をしていた学校は合わせて「ウェールズ語で教える学校」と分類され、英語・算数（数学）・理科とともにウェールズ語が中核科目として教えられることになった。英語で教える学校では第2言語としてウェールズ語が基礎科目のひとつとなり、それまで自主的、個別に発展してきたウェールズ語教育が制度化されたとも言える。小学校の場合、約１００校あったウェールズ語小学校に加えて３５０校が、中等学校の場合、ウェールズ語中等学校20校を含む約50校が「ウェールズ語で教える学校」とされた。

カーディフ中心部にある２言語表記の案内板。今日では街中でウェールズ語を見かけることも多い。

主にウェールズ語で授業を受けている小学生の割合は、現在22%にまで上昇している。ウェールズ語の話者率が初めて上昇した２００１年の国勢調査でも、5～15歳の話者率40・8%は全体の20・8%を大きく上回っており、ウェールズ語教育が学齢期の話者数に多大な貢献をしていることは間違いない。とはいえ、言語の将来はまだまだ安泰とは言えない。２０１１年の国勢調査では２００１年の20・8%からさらなる話者率上昇が期待されたものの、結果は19%、話者率を回復させ言語を復興することが困難であることを示すものとなった。次章で述べる法的整備も含め、言語の使用を推進するための様々な取り組みが今後どのような成果を上げることができるのか、引き続き見守りたい。

（松山明子）

28

ウェールズ語の法的復権

★言語法の成立★

司法や行政の言語を英語と定めた1536年の「ウェールズ連合法」以来、ウェールズ語は主に家庭や教会で用いられる言語であった。その状況に一石を投じたのは、当時スウォンジー大学講師で1925年結党のウェールズの民族政党ウェールズ党（プライド・カムリ）の党首でもあったソーンダーズ・ルイスらの逮捕であった。1936年、イギリス空軍の爆撃演習場が北西部のスリン半島に設けられたことに抗議するために放火したことで裁判にかけられたルイスらは、当然ウェールズ語で陳述することを希望したが叶わず、司法におけるウェールズ語の使用を禁じた連合法の言語条項の撤回を求める運動が起こる。このとき、25万人を超える市民が嘆願書に署名したという。

このような抗議運動を経て1942年にウェールズ法廷法が成立するが、ウェールズ語を使用しないと不利になる恐れがある場合にのみウェールズ語の使用を容認するもので、ウェールズ語を用いたいと希望する話者が任意にウェールズ語で陳述できるというわけではなかった。この法廷法によって、司法の言語を英語とする連合法の言語条項は撤廃されたことにはなるが、ウェールズ語と英語が平等に扱われるようになった、とは言えない。

その後劇作家・詩人として創作活動を続けていたソーンダーズ・ルイスは、1962年2月13日、BBCのラジオ講演「言語の運命」の中で、このままの状況が続けば、21世紀初めまでに死語になってしまう、とウェールズ語の厳しい状況を指摘した。ウェールズ語話者の割合が低下し続けると同時にウェールズ語話者のほとんどが英語との2言語話者であるという状況が進み、ウェールズ語が次の世代に受け継がれていくかどうかが危ぶまれるようになっていたためである。

ルイスは、そのラジオ講演の中で、英語の納税通知書に抗議し、地方税支払いを拒否して8年に及ぶ裁判や差し押さえを通じてウェールズ語で書かれた納税通知書を求め続けたスランネスリのビーズリー夫妻の事例に触れている。納税通知書や裁判所への召喚状などすべての公文書にウェールズ語が使われるように組織だって抗議運動を展開しようというルイスの訴えに応えて同年10月、西海岸の大学町アベリストウィスでウェールズ語協会が結成された。翌1963年2月2日、協会員ら70名が郵便局の窓や壁に「ウェールズ語を使え」「ウェールズ語に地位を」などと書かれたウェールズ語のポスターを貼り付けたり、アベリストウィスの中心部へ南側から入る主要道路A487が通るトレヴェハン橋で法廷への出頭を要請する召喚状をウェールズ語を含む2言語で発行することを要求して座り込むなどの抗議活動を通して、協会はウェールズ語の不平等な扱いにメディアの注目を集めることに成功した。

1965年10月、ウェールズ語の法的地位について調査したヒューズ・パリー委員会は、ウェールズ語でなされたことはすべて、法の上では英語でなされたのと同じ効力を持つべきであるとし、法

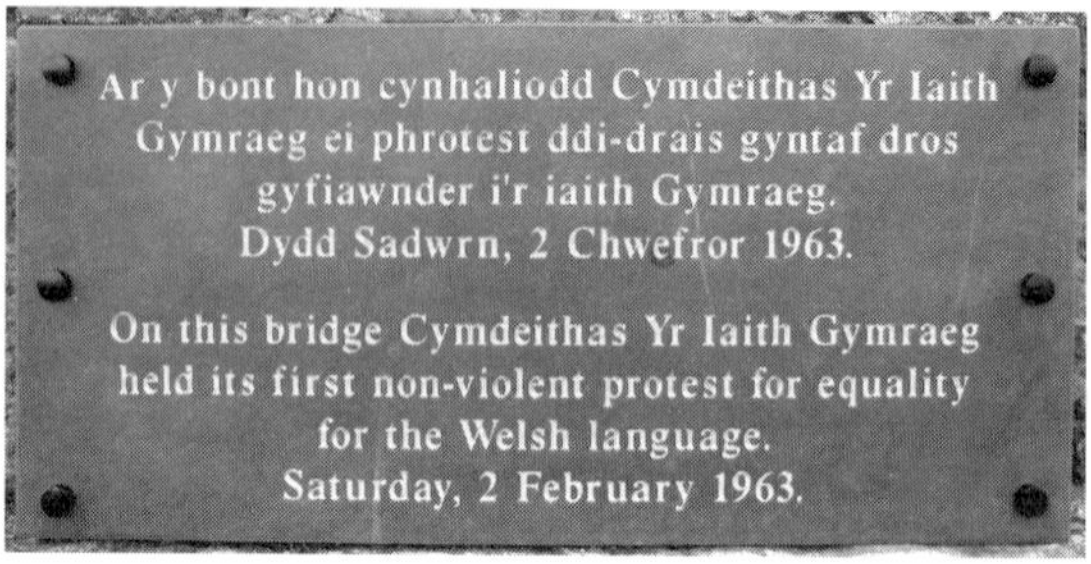
Ar y bont hon cynhaliodd Cymdeithas Yr Iaith Gymraeg ei phrotest ddi-drais gyntaf dros gyfiawnder i'r iaith Gymraeg.
Dydd Sadwrn, 2 Chwefror 1963.
On this bridge Cymdeithas Yr Iaith Gymraeg held its first non-violent protest for equality for the Welsh language.
Saturday, 2 February 1963.
アベリストウィスのトレヴェハン橋に掲げられているプレート。1963年２月２日の抗議活動のことが、ウェールズ語と英語で説明されている。

廷や公的文書におけるウェールズ語の使用を提言した。２年後の１９６７年に成立した言語法は、英語と同等の力を持つ、としてウェールズ語の使用を認めるものではあったが、積極的にウェールズ語の使用を促そうとするものではなかった。

司法や行政の場でウェールズ語が顧みられなかった長い歳月の間にウェールズ語話者は少数派となり、言語の存続が危ぶまれる状況を打開するための方策を求めて、ウェールズ語の使用を拡大するための抗議活動は続く。道路標識のウェールズ語表示を求め、英語の標識を塗りつぶしたり、破壊したりする抗議活動を経て、地名の表示はすべて２言語化されることになった。また、文書の２言語化を進めるため、納税、公共料金の支払い、テレビ・ラジオの受信料などに関して、ウェールズ語の用紙を要求してきたが、70年代になると、テレビやラジオで十分なウェールズ語放送が提供されていない状況を改善するための抗議活動も盛んになる。１９７７年にはＢＢＣのウェールズ語ラジオ局が開局する。受信料の不払い運動だけでなく、テレビ局に押し入り放送機材を壊したり、ウェールズ党の党首グウィンヴォール・エヴァンズがハンガーストライキを行うなど、過激とも言える抗議活動を経て、１９８２年にウェールズ語テレビ局、Ｓ４Ｃ《エス・ペドワル・エック》が開局する。また、１９８８年教育改革法のナショナル・カリキュラムで、ウェールズ語教育が制度化されることになるが、それについては前章で述べた。

積極的に言語の使用を推進するとは言えなかった従来の言語法に対して、1993年の言語法は、ウェールズ語の使用を促すための具体的な方策を伴うものであった。ウェールズ語を「英語と同等の地位を持つ言語」とし、ウェールズ語委員会が言語の使用を促す役割を担うことになった。1993年法は、地方自治体、警察、消防、病院、学校などの公的機関にウェールズ語と英語の2言語でのサービス提供を義務づけるものであったが、ウェールズ語委員会は各機関にウェールズ語運用計画を準備するよう働きかけ、その運用計画を承認する役割を持つ機関でもあった。新言語法によりウェールズ語委員会が廃止される2012年3月までに承認された運用計画の数は550を超えている。

1993年法をさらに推し進めた2011年の言語法は、ウェールズ国民議会の下で成立した。1997年の住民投票の結果を受けて1999年に発足したウェールズ国民議会が、2006年にはウェールズ政府法によってさらなる立法権を請求できるようになったことで実現した言語法である。1993年法との大きな違いは3つある。まず、ウェールズ語委員会が果たしてきた言語の使用促進の役目をウェールズ語コミッショナーが引き継ぐことになった点だ。次に公的機関に義務づけられていたウェールズ語サービスの提供が、通信・エネルギー・郵便・交通などの公益事業会社にも拡大されることになった。さらに、個別の機関が作成するウェールズ語運用計画に代わって、法律で決められた「ウェールズ語スタンダード」を遵守するように求められることになった。残念ながら、この規定については煩雑でわかりにくい、という指摘も上がっており、ウェールズ語の使用を促進することを可能にするための法的整備にはまだまだ課題も多い。

（松山明子）

ウェールズ人の父称と姓

コラム3

小池剛史

元々ウェールズ人の人名は個人の名前そのものしかなく、姓がなかった。しばしば父称を用いる名乗り方が用いられ、その際には自分の名前の後に「〜の息子／娘」を表す表現が置かれた。それは、父親の名前の前に「アプ」(ap, ab：「息子」を表す「マプ」〈map, mab〉が短くなったもの。map は mab の古い綴り) や「ヴェルフ」(ferch：「娘」を表す「メルフ」〈merch〉の変化形) を置いたものである。例えば、最後のウェールズ大公と言われる「サウェリン・アプ・グリフィズ」という名は「グリフィズの息子サウェリン」を表す。マビノギ四枝のひとつの題「ブラヌウェン・ヴェルフ・シール」は、「シールの娘ブラヌウェン」という人名である。

1536年のウェールズ併合までウェールズで通用していたウェールズ法によれば、人の命の値（殺人の際に殺人者の一族のメンバーから被害者の一族に対して支払われる額——ガラナスと呼ばれる）はその人の家系や社会的地位によって大きく異なり、自分の父親が誰であるか、また誰を父祖とするかを明確にする必要があった。このような法的慣習から父称による名乗り方が発達したのではないかと考えられている。場合によっては7親等まで遡って父称を述べることもあったと言われる。

ウェールズ併合以降、ウェールズの英語化と同時に、イングランドではすでに浸透していた姓が徐々にウェールズ人の間にも広まっていった。ウェールズ併合前にヘンリ8世が設置したウェールズ辺境領府の長、イングランド人ローランド・リーが、裁判所に出頭したウェールズ人に「アプ」の多い長い名前を短くするよう命じたのがその契機であるとされている。

ウェールズの人名はどのように英語化した

ウェールズのとある町の肉屋の看板にアルバート・リースとある。リース（Rees）はウェールズ人名リース（Rhŷs）が英語化したものである。

のであろうか。例えば、ダヴィッズ・アプ・ハウエルといったウェールズ人名は、デイヴィッド・パウエルとなり、グリフィズ・アプ・オワインはグリフィズ・ボーウェンとなった。ウェールズ語名のダヴィッズ（Dafydd）やグリフィズ（Gruffudd）がDavid, Griffithと英語風の綴りになる点が特徴的である。また、アプ・ハウエルからパウエルが、アプ・オワインからボーウェンが発達しているように、p、bで始まる姓が多いのもウェールズ人姓の特徴である。

これらは父称に基づく姓であるが、他にも職業名、地名、人の特徴や性格を表す語に由来する姓がある。例えば、「セイヤ」（原義は「大工」）、「トレヴァー」（地名。原義は「大きな町」）、「ロイド」（原義は「灰色、白髪」）などである。

ウェールズにおいて固定した姓が発達する時代には、子どもに与える洗礼名として、宗教改革との関わりで聖書に登場する人物名（John, David）や、王の名前（William, Richard）が選ばれており、選択肢が比較的限られていた。そして、次世代の子どもたちには、イングランドから導入された父称に所有格の-sを付加する姓の付け方に従い、ジョーンズ（Jones）、デイヴィス（Davies）、ウィリアムズ（Williams）、リチャーズ（Richards）といった姓が与えられた。その結果、これらの姓を名乗る人々の数が非常に多くなったのである。現代、ウェールズ人の姓といえば、群を抜いて多いのがこのジョーンズ。2006年3月1日の聖デイヴィッドの日、カーディフのミレニアム・センターに「ジョーンズ」の姓を持つ人が世界中から1224名集まり、『ギネス世界記録』に載る一大事となったそうである。

ただし、近代になって父称を用いる伝統的な名乗り方を好む傾向が、特に詩人の間で目立つ。2002年にナショナル・アイステズヴォッドで最優秀詩人賞の椅子を獲得した詩人マルジン・アプ・ダヴィッズも伝統的な名乗り方をしている。父称はウェールズ人の民族意識を示す象徴のひとつになっているのかもしれない。

Ⅳ

産業と交通

29

北ウェールズの鉱業

★銅鉱石採掘とスレート採石★

産業革命以前の北ウェールズ経済は、孤立し、停滞していた。しかし18世紀後半になって、北ウェールズで2つの鉱業が発展した。銅採掘とスレート採石である。イギリスで銅鉱山といえば、2006年に世界遺産となった「コーンウォールと西デヴォンの鉱山景観」が有名である。これに対し、最盛期は短かったものの、アングルシー島北部に位置するパリス・マウンテンの銅山も産業革命期の経済発展を支えた。他方、スレートはこの地域の基幹産業として、やがて「世界の屋根を葺く」と誇らしげに語られるようになる。この章では、北ウェールズにおける主要地下資源であった銅とスレートについて見てゆきたい。

18世紀前半まで、世界一の銅産出国は日本だったと考えられている。国内需要をまかなっただけでなく、オランダ東インド会社を通じたアジア間貿易でも、銅は重要な役割を果たした。18世紀後半に日本に代わって最大の銅産出国となったのがイギリスである。その中心がブリストル海峡を挟んで南ウェールズと向き合うコーンウォール地方であった。銅が蒸気機関に代表される産業革命の技術革新と結びついていたことはよく知られている。銅はエンジンを構成する各種の部品として用いられただけでなく、木造船保護のための被覆、鋳鉄に代わる大砲の素材などとしても幅広く用いられるようになった。蒸気ポンプの開発で地下水の排出が効率的に行えるようになったことも生産性の向上に寄与した。精錬は、コーンウォール産の銅鉱石と南ウェールズ産の石炭の双方にアクセスしやすい港町スウォンジーやニースで行われた。

コーンウォールの独占が続く中、アングルシー島で銅鉱石の豊かな鉱脈が見つかったのは1768年である。発見したのはローランド・ピューという労働者で、彼には一生分のウィスキーと家が与えられたとされる。品質は必ずしも良くなかったが、地表近くにあって採掘が容易だったことに目を付け、経営に乗り出したのが同島出身の法律家トマス・ウィリアムズであった。彼はその後数十年にわたり、世界の「銅王」として、モナ鉱山とパリス鉱山からなるパリス・マウンテンの開発を行った。掘り出された銅鉱石は主に女性労働者の振り下ろすハンマーで粉砕され、良質の部分がより分けられ、スウォンジーなどの精錬所に運ばれた。鉱山町アムルックも人口が急増した。銅貨不足に伴い、1787年から1817年にかけて、1000万枚もの私鋳銭も作られた。北ウェールズにとって、最初の大規模産業であり、当時の銅生産の成長率は石炭や木綿製品のそれを上回っていたという推計もある。

しかし採掘しやすい銅鉱山の寿命は極めて短かった。ウィリアムズが死亡する1802年以前に最も豊かな鉱脈は掘り尽くされ、1840年代には鉱山はほぼ放棄された。地下での採掘は20世紀初めまで継続されたが、かつての繁栄を取り戻すことはなかった。パリス・マウンテンはコーンウォールに集中していたイギリスの銅鉱石産地に多様性を持たせたものの、実質的に稼働したのはごく短期間にとどまった。その結果、北ウェールズにもトマス・ウィリアムズのような傑出した企業家がいたという事実と、長く続く環境汚染を残して、パリス・マウンテンは忘れ去られてしまった。

他方、スレートは長期にわたって、北ウェールズに影響を及ぼした。スレートは元来「広く平らな石」を意味し、粘土が変質して灰黒色化した地下資源である。屋根葺き、フローリング、習字板など、幅広く用いられた。採石後、かたまりを薄い板にするスプリットと、それを磨き上げて製品にするドレスという工程があり、その技術の大部分が北ウェールズで発展したとされる。スレートの存在はこの地域をイギリス経済に統合したのである。

18世紀前半まで、スレート採石の規模は地域需要を満たす程度であった。大がかりな開発は18世紀末に始まり、１７９３年に年産出量2万5千トンだったのが、１８７７年には年50万トン近くを産出するまでになった。多くは国外に輸出され、１８４２年のハンブルク大火後の再開発を契機にドイツ向け輸出が急成長したのち、アメリカ合衆国が主な輸出先になった。この時期には銅に代わる北ウェールズ最大の輸出産業になった。しかし１８８０年代以降、各国の保護貿易政策や労働争議に伴う減産で、フランスやアメリカ大陸産のスレートに押されるようになる。１９１８年には最盛期の２割程度に落ち込み、多くの鉱山が閉鎖された。北ウェールズで現在でも操業している鉱山はごくわずかである。

19世紀半ばに北ウェールズ経済の屋台骨となったスレートは、南ウェールズの石炭と同様に地域社会の盛衰と密接に関わった。中心地のカーナーヴォンシャーでは、19世紀後半に州内の富の約４分の１がスレート鉱山から直接生まれたと推計されている。それはまた総合産業でもあった。周辺の港まで敷設された鉄道、製品加工のための作業場、労働者向け住宅の建設などで、多くの雇用を生み出した。ただし、労働者の多くは地元出身であり、移民の存在はほとんど見られなかった。そのため、労働者は母語ウェールズ語以外の言葉を学ぶ必要に迫られなかった。この点は南ウェールズの炭鉱地帯と大きく異なる。鉱山の経営形態は2種類に大別された。ひとつは特定の一門が開発した大規模鉱山であり、もうひとつはメリオネスシャーのブライナイ・フェスティニオグに多かった小規模法人の経営によるものである。有力だったのが前者で、ペンリン鉱山やディノルウィック鉱山が代表的である。1870年代の土地所有調査によれば、カーナーヴォンシャーの大地主2名はいずれもスレート鉱山の所有者で、第2位がディノルウィク鉱山の所有者W・D・アシェトン・スミス、第1位がペンリン鉱山所有者のペンリン卿である。ペンリン卿はウェールズ全体でも第3位の大地主であった。これらの鉱山では長い間、前近代的な主従関係が支配的であり、19世紀末以降、激しい労働争議が繰り返されることになる。

最盛期のペンリン鉱山　（出所：D. Gwyn, *Welsh Slate: Archaeology and History of an Industry*, Royal Commission on the Ancient and Historical Monuments of Wales, 2015）

銅採掘とスレート採石は、農業以外に目立った産業のなかった北西部ウェールズ社会に大きな影響を与えた。しかしそれぞれの影響の与え方は異なっていた。パリス・マウンテンの銅はアムルックを成長させたものの、アングルシー島の地域社会を変える前に産業自体が崩壊したため、一時的な影響にとどまった。これに対しスレート採石は小規模ながら多数の鉱山町の成長を促すとともに、北ウェールズ労働者階級の形成に寄与した。さらに19世紀末からの大争議は彼らをイギリス全国の労働者に結びつけてゆくのである（19章参照）。

（久木尚志）

30

最高品質のスチーム炭と無煙炭

★南ウェールズ石炭産業の繁栄★

石炭は、太古の植物が微生物などによって分解される前に地中に埋没し、長い時間をかけて泥炭、褐炭、瀝青炭、無煙炭の順で石炭化を遂げた資源である。用途によって原料炭と一般炭（スチーム炭）に大別される。前者は粘結性の高い瀝青炭（炭素含有量83〜90％）で、製鉄用コークスの原料になる。後者はボイラーで蒸気を発生させるために用いられ、粘結性の低い瀝青炭と亜瀝青炭（炭素含有量78〜83％）が該当する。炭素含有量が90％以上の無煙炭も一般炭である。コークスには適さないが、火力は強く、一定の高温で長時間燃え続ける。その際、煙をほとんど出さないことから、この呼び名がある。かつては船舶のボイラー燃料として重宝された。

南ウェールズでは、主に北西部が無煙炭、南東部が瀝青炭の産地で、グラモーガンシャーのニース渓谷が両者を分かつラインであった。ウェールズ南東部の渓谷地帯は、良質のスチーム炭産地として名を馳せた。揮発分が少なく、発熱量が多いため、燃料として極めて優れていたからである。南ウェールズに限らないが、産出される石炭の種類や品質は個々の炭鉱でまちまちである。したがって、全体像を理解するには個別の研究が必須だとされるが、ここでは煩瑣を避け、南ウェールズ産の石炭の概要を見てゆきたい。

19世紀は帆船から蒸気船への移行期にあたる。1812年、イギリス初の木造外輪船コメット号がスコットランドのクライド川を航行し、蒸気船はその定時性を武器に沿岸旅客輸送の中心に躍り出た。しかし燃料を大量に積載する必要があったことから、長距離の貨物輸送は帆船が担い続けた。1843年建造のグレート・ブリテン号は世界初の実用的な鉄製大型スクリュー推進船であったが、貨物輸送には適さず、大西洋航路、後にオーストラリア航路で、旅客輸送にあたった。帆船でも技術革新が進み、長距離貨物輸送では長らく優位にあったが、1869年のスエズ運河開通で状況に変化が生じる。イギリスとアジア各地の航行距離は大幅に短縮された。インドで30〜40%減、極東で約20%減である。スエズ運河を通行可能な大きさ（スエズ・マックス）が求められたため、材料として安価になった鋼鉄が用いられ、エンジンとして多段膨張機関への移行が始まり、蒸気船の小型化・軽量化が進んだ。しかし蒸気船が貨物輸送でも帆船を凌駕するのは、19世紀末である。それまでの時期にイギリス帆船が最も活躍した分野こそ、蒸気船に必要不可欠な高品質の石炭、とりわけウェールズ産のそれを世界各地に運ぶことであった。

石炭は地球上の多くの地域で採掘可能な資源である。しかしカーディフ、スウォンジー、ニューポートなどの港から輸出される石炭は「ウェールズ炭」と総称され、多少割高であっても品質の高さが決め手となり、イギリス船舶を含む世界の船で用いられた。高い火力と煙の少ないことが求められる軍艦用燃料で優位を占めたことも手伝って、1870年代以降、ウェールズ炭はイギリスの石炭輸出の約4割を占めるようになった。20世紀初めには石炭は綿製品に次ぐイギリス第2の輸出品であっ

ロンダ渓谷の炭鉱
（出所：J. Davies, *The Making of Wales*. Sutton, 1996）

た。とりわけカーディフは、ビュート・ドックの完成（1839年）、タフヴェール鉄道の開通（1841年）以降、世界最大の石炭輸出港としての地位を確立した。ウェールズ炭が「カーディフ炭」とも呼ばれるのは、この港がロンダ渓谷などの炭鉱地帯と鉄道でつながり、石炭輸出に特化されていたからである。20世紀初頭には、カーディフはロンドン、リヴァプールに次ぐイギリス第3の港にまで成長した。この時期がウェールズ炭の最盛期であった。

日本でよく知られているのは、日露戦争時にイギリスがロシアへのウェールズ炭の輸出を停止した一方、日本には供給し続けたことが、日本海海戦の帰趨に影響したという説であろう。きっかけは、1904年10月に起きた「ドッガーバンク事件」と呼ばれる、ロシア海軍によるイギリス漁船への誤射事件であった。これに反発したイギリスは、ロシアへのウェールズ炭供給を禁止した。そのため、ロシア海軍の動きに大きな狂いが生じたというものである。ウェールズ炭が文字通りの戦略物資であったという評価はうなずける。

しかしウェールズ炭はまもなく大きな節目を迎える。1906年に進水した大型戦艦ドレッドノート号のボイラーは、石炭だけでなく重油も燃やせるように設計されていた。重油は単位当たりの火力が石炭よりも高く、積み込みも容易だったからである。すでに一部の小型駆逐艦で用いられていたが、国産石炭を大量に備蓄するイギリス海軍は全面的な転換には踏み切れなかった。決断を下したのは、ドイツとの建艦競争が繰り広げられていた1911年に海軍大臣に就任したW・チャーチルである。彼の下で潜水艦の導入と新たな戦艦での石炭不使用が決定された。その結果、当時は国産石油を持たなかったイギリスにとって、中東が死活的な意味を持ち始めた。それが「アラビアのロレンス」ことウェールズ出身のT・E・ロレンスの活動につながるのであるが、それはまた別の話である。

海軍の方針が転換したことはウェールズ炭にとって痛手であった。とはいえ、それだけで衰退に向かったわけではない。深刻だったのは、輸出競争力と生産性の低下である。第1次世界大戦を挟んで、対欧米輸出は激減した。1913年にイギリスの石炭輸出量は7000万トンを超えていたが、1920年には2500万トンにまで落ち込んだ。ウェールズが強さを発揮してきた燃料部門で石油との競争が進むとともに、産出高でもアメリカやドイツに追い越されたのである。早くから開発が始まっていたウェールズの炭鉱はおおむね設備が旧式で、機械化も不十分であった。炭層は地下深く進み、労働者1人当たりの産出量は、アメリカはもとよりドイツなども下回った。1920年代前半には第1次世界大戦による国際情勢の変化に伴い、一時的に持ち直すが、ドイツの復興が進むにつれ、1920年代半ばには中小炭鉱が次々と倒産する事態を迎えた。最もダメージを受けたのは輸出に特化していた南ウェールズであった。1926年のゼネストはこうした環境の中で発生した。しかしそれもウェールズの炭鉱にとって、起死回生の一撃とはなり得なかった。第2次世界大戦後、炭鉱は国有化され、炭鉱労働者の労働組合は強勢を誇るが、20世紀に入ってから始まった石炭をめぐる状況の変化は食い止められなかった（第35章参照）。1980年代のサッチャー政権との戦いがその栄光に満ちた歴史の最終幕となる。

（久木尚志）

31

産業革命を支えたウェールズの製鉄業

★マーサー・ティドヴィルの製鉄王たち★

イギリスは鉄鉱石に恵まれ、古くから製鉄が盛んであった。産業革命で新たに生まれた綿工場とは異なり、小規模な製鉄所は各地に存在していた。中心のひとつがイングランド南東部のウィールド地方である。「ウィールド」は古英語で森林を指すが、具体的には「クリストファー・ロビンの森」として知られるイースト・サセックスのアシュダウン・フォレストのことである。精錬で用いる燃料は、品質劣化を避けるため、高炉に近い場所で生産される必要があった。17世紀まで燃料は主に木炭であり、豊かな森林が近くにあることが必要だったのである。ウィールド地方の製鉄は16世紀にピークを迎えたとされる。それを支えたのは軍需であった。１５４３年に初の国産鉄製大砲が製造されたのがここである。

17世紀に入ると、ウィールド地方の製鉄業は森林の枯渇が原因で衰退を始めた。18世紀に燃料がコークスに転換すると、近隣に炭鉱のない場所で行われてきた製鉄業は一気に消滅に向かった。代わってバーミンガムやシェフィールドなど、伝統的に金属加工業が盛んな地域で多くの製鉄所が作られるが、木炭製鉄時代の末期から存在感を増しつつあったのが南ウェールズであった。イギリス製鉄業は「分散的性格」（T・S・アシュトン）とされるが、一部で進行した森林の枯渇、新たな燃料であるコークスと後述の新技術パドル法とが、産炭地と結びついた南ウェールズの地位を相対的に高めることになった。その前提には、石炭採掘のネックとなっていた地下水の排水が蒸気機関の発明によって容易になったことがあった。南ウェールズは動力源として産業革命を推進するとともに、その恩恵を最大限に受けたのである。

ウェールズで産出される鉄鉱石は石炭ほど高品質ではなかったものの、北東部と南部でローマ時代から採掘が行われていた。本格化したのはエリザベス朝からである。当時、南部を中心に小規模な製鉄所が数多く稼働していた。しかし長期にわたって安定した生産を続けることはなかった。森林伐採で燃料不足が生じる悪循環を克服できなかったからである。転機が訪れたのは、新たな燃料と新たな製法の積極的な採用によってであった。

18世紀初め、ダービー父子によって、石炭を蒸し焼きにし硫黄などを除いたコークスを木炭に代わる燃料として、銑鉄を作る技術が開発された。しかしなお良質の錬鉄を得られなかったイギリスでは、スウェーデンなどからの棒鉄の輸入に頼らざるを得なかった。この状況を打破するため、１７８４年、発明家ヘンリ・コートが、加熱した反射炉で銑鉄を溶かし、パドルでかき混ぜて炭素を抜いた錬鉄を取り出すパドル法を生み出した。原料である鉄鉱石と燃料となる石炭が近隣で豊富に産出される南ウェールズの渓谷地帯は、新たな技術を応用できる製鉄所の立地として最適であった。

こうして南ウェールズの経済は鉄とともに近代化の道を歩み始めた。ウェールズでは、おおむね19世紀前半までを「鉄の時代」、それ以降を「石炭の時代」と呼んでいる。「鉄の時代」の中心は、南東

南ウェールズの主要製鉄所（1830年頃）（出所：M. Atkinson and C. Baber, *The Growth and Decline of the South Wales Iron Industry 1760–1880*. Cardiff: University of Wales Press, 1987, p.2. を基に作成）

部のグラモーガンシャーとモンマスシャー、南西部のカーマーゼンシャーであった。マーサー・ティドヴィルに続き、南東部の渓谷地帯で次々とコークスを用いた製鉄所が作られた。トレディガー（１７６４年）、シホーウィ（１７７８年）、ボーフォート（１７７９年）、ブレナヴォン（１７８８年）などである。19世紀に入ってからは、北東ウェールズのレクサム周辺でも製鉄所の開業が相次いだ。ただしこの地域の製鉄の規模は小さく、１８２７年の時点で全国の３・５％のシェアを占めるに過ぎなかった。

ウェールズでは、外部から新技術が導入されただけでなく、大量生産に向けた革新も進められた。マーサー・ティドヴィルのカヴァースヴァ製鉄所では、リチャード・クローシェイが銑鉄を砕いて石灰とともにコークスで加熱する方法を採用し、生産効率を向上させた。彼はコートとも密接に連絡を取っており、１７８７年、自身のパドル炉で作られた鋳鉄1トン当たり10シリングをコートに支払う契約を結んだ。カヴァースヴァ製鉄所などで採用された工法は改良を加えられ、それらはやがて「ウェールズ・メソッド」として知られるようになる。革新的な「製鉄王」たちが南ウェールズの製鉄業を全盛期に導いたのである。

製鉄業は軍需に支えられる側面が強かったため、ナポレオン戦争の終結に伴い、１８３０年代初めまで不況に陥った。それが１８３１年にマーサー・ティドヴィルでの蜂起の原因のひとつになった（第19章参照）。とはいえ、大量生産が可能になった素材は民生用にも幅広く用いられた。鉄製の工作機械が繊維業などで広がったことも追い風となった。戦後不況のさなかである１８２０年代には、南ウェールズの銑鉄生産はイギリス全体の約４割を占めるに至った。その結果、１８２０年代後半には輸出が年50％の成長を見せている。18世紀を通じて棒鉄の輸入国だったイギリスは世紀末に輸出国に転じると、１８２０年代末には輸入量の約４倍を輸出できたとされる。それを支えたのが南ウェールズの製鉄所であった。１８２５年にジョージ・スティーヴンソンの蒸気機関車ロコモーション号がストックトンとダーリントンの間を走った際のレール、１８２６年に完成したメナイ吊橋の鎖は、いずれも南ウェールズ産であった。カーディフなどから輸出される鉄はイギリス全体の鉄輸出量の約半分を占めた。

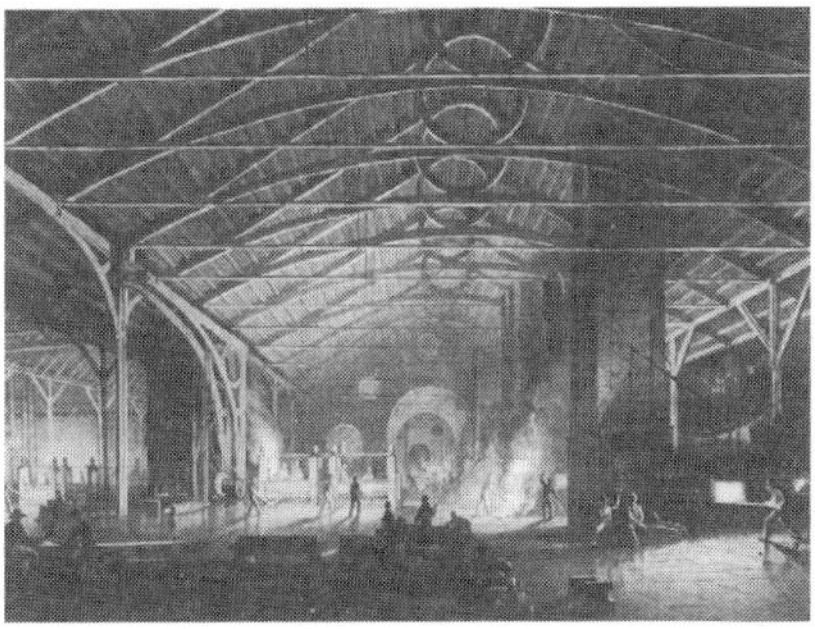
カヴァースヴァ製鉄所
（出所：J. S. Garner (ed.), *The Company Town: Architecture and Society in the Early Industrial Age*, Oxford University Press, 1992, p.24.）

しかしながら、ウェールズにおける製鉄業は19世紀後半に衰退を始める。その原因は第一に鉄鉱石の減少である。産業革命以前から見られた、原料供給地の近くに高炉が立ち並ぶ光景は、19世紀後半以降失われていった。それに加え、製鉄業全体の動向を考えた場合、構造的な変動に着目すべきだろう。マーサー・ティドヴィルのダウライス製鉄所のように、原料を輸入鉄鉱石にシフトし、沿岸部へと移動した企業もあった。また、1860年代以降に本格化する鋼生産では、くず鉄を使用することで鉄鉱石に依存する度合いが下がっていった。そうした中で、南ウェールズがイングランド北東部と並ぶイギリス製鉄業の拠点であることに変わりはなかった。しかしながら、産業革命期に南ウェールズを押し上げた条件は、もはや南ウェールズだけのものではなくなっていた。世界各地で巨大な製鉄所が稼働し始めたからである。国際市場における位置づけは「鉄の時代」と比べるべくもなかった。先駆者の陥りがちな技術革新の遅れ、競争相手であるアメリカやドイツによる保護政策もあって、ウェールズ製鉄業は相対的な衰退を余儀なくされたのである。

（久木尚志）

32

産業の爪痕

――★スウォンジーの銅産業公害とアベルヴァンの悲劇★――

20世紀のウェールズを代表する詩人、ディラン・トマスは、自らの故郷スウォンジーを「醜く美しい町」と呼んだ。この言葉は町の2面性をうまくとらえている。タヴェ川沿いの東部と西部の丘陵地域とでは、町の様相はかなり異なる。南西部の海岸沿いには大学があり、城跡があり、さらに西南はガウアー半島のリゾート地へと続いている。ちなみに大学の建物もかつては、この町の代表的企業家ヴィヴィアン家の邸宅シングルトンアビーであった。多くの金持ちの邸宅は煙害のない丘陵地に建てられた。他方、タヴェ川を挟む地域一帯はかつての産業革命の中心地で、工場の煙突が林立していた。

もっとも産業革命前夜には、長大な砂浜一帯を南イングランドのリゾート都市になぞらえて「ウェールズのブライトン」として、臨海リゾートにしようとする計画もあった。イギリス海軍のネルソン提督が愛人のハミルトン夫人とともに、この町にやって来た1802年には、そうした期待が最高潮に達した。しかし、工場が増え、町の人口が増すにつれて、排気ガスや排水で空気も水も汚染されていった。

銅の精錬業がスウォンジー一帯に広がるのは名誉革命以後で、

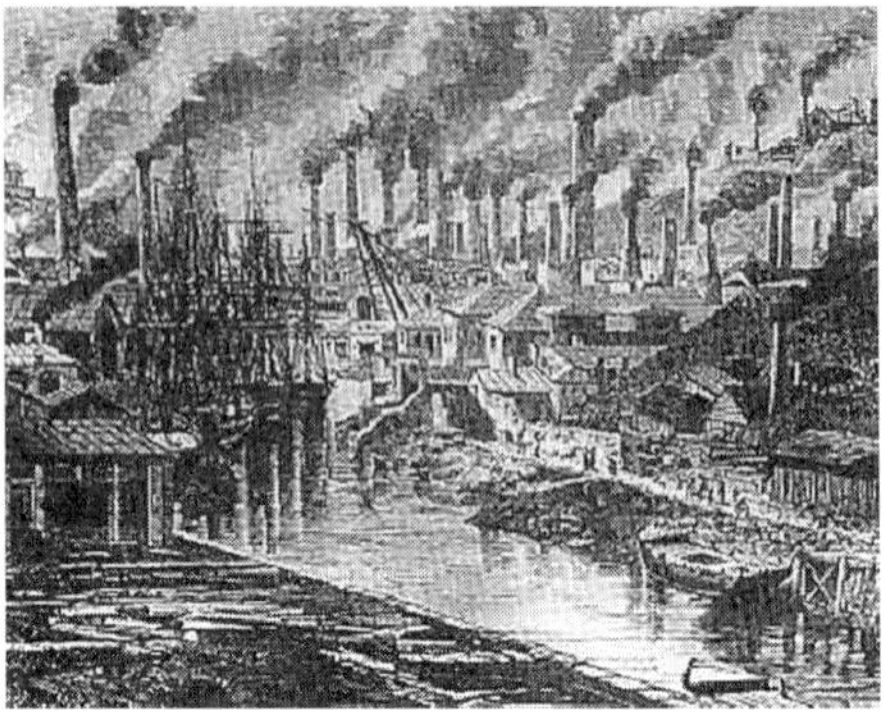

精銅業最盛期のスウォンジー（出所：Ronald Rees, *King Copper*. Cardiff: University of Wales Press, 2000）

とりわけ18世紀半ば以降、精銅業は地域工業化の牽引力となった。相次ぐ戦争がその原動力であった。当時の軍艦は木造船で、船体に銅板を張ることによって、フナクイムシの害を防ぐことができた。18世紀末にはイギリスのみならず、他のヨーロッパ諸国の軍艦もスウォンジーの工場で作られた銅板で覆われていた。船のスピードや耐久性が向上するため、銅張りは商船にも広がった。銅や銅と亜鉛の合金である真鍮はボイラーの煙管をはじめ、様々な機械の部品にも利用できた。かくして、精銅業はスウォンジー産業革命の基軸産業になった。19世紀半ばにはイギリスの精銅業の大半が街中を流れるタヴェ川下流域一帯に集中し、ピーク時の１８６０年頃には、６００もの精銅用溶鉱炉が操業していた。

銅の精錬から発生する亜硫酸ガス（二酸化硫黄）は、人体にも動・植物にも有害で、家畜や農作物に甚大な損害を与えた。農民たちは一致団結して工場経営者を相手に訴訟を起こした。とりわけ、１８３３年に近郊の農民たちがヴィヴィアン家を相手に起こした公害訴訟は当時の社会風潮の一端を知る上で大変興味深い。農民たちは煙害による家畜や作物への被害を訴え、損害賠償を要求した。しかし、カーマーゼンで開催された四季巡回裁判で彼らの訴えは退けられた。農民たちはその後何度も訴訟を起こしたが、ことごとく退けられた。

第32章
産業の爪痕

もちろん、工場経営者たちも、煙害問題を無視したわけではなかった。中でも、スウォンジー屈指の大経営者、ジョン＝ヘンリ・ヴィヴィアンと息子のヘンリ＝ハッセイ・ヴィヴィアンは労働者の教育や福利厚生のみならず、煙害除去にも尽力した。ジョン＝ヘンリは煙害除去のためのコンペを行い、満足すべき結果を出した案に1000ポンド提供すると申し出た。しかし、どの案も満足すべき結果が得られなかった。そこで、ヴィヴィアンの工場は高い煙突を建て、煙を分散させた。80メートルにも達する高い煙突はスウォンジーに入港する船舶の目印になったという。息子のヘンリ＝ハッセイは1860年代半ばに、ドイツの冶金学者が発明した亜硫酸ガス液化法の特許を購入した。この方法によって有毒ガスは硫酸やリン酸肥料に変えられ、生産物はブリキ工場用の薬品や農業用の肥料に利用された。もっとも、こうした新技術の採用は一部の大企業に限られていたため、煙害問題の解決には至らなかった。

結局、スウォンジーの煙害問題は20世紀になってようやく解決された。原因は外国産の安価な銅との競争で敗北したことにあった。外国産の銅の輸入は1890年までは皆無だったが、20世紀になって急増した。そして第1次大戦が終わると、スウォンジーの精銅業はほぼ壊滅状態となってしまった。工場跡地に新産業が誘致され、公園が配置され、町は生まれ変わっていった。

産業革命に伴う環境破壊はスウォンジーに限らず、鉱工業地帯の至る所で見られたが、時には炭鉱事故やボタ山の崩落といった大災害が多くの人命を奪った。中でもアベルヴァンの大惨事はウェールズの人々にとって忘れることのできない出来事であった。

アベルヴァンはマーサー・ティドヴィルから6キロほど南へ下ったタフ川沿いの丘陵地にできた炭

Plate 8

アベルヴァンの悲劇（イギリス政府撮影）

鉱の村で、ジョン・ニクソンというダラム出身の企業家が１８７０年代に炭鉱を開くまでは緑豊かな丘陵地であった。ニクソンがここにマーサー・ヴェール炭鉱を開くと、あたりの風景は一変した。彼はウェールズ炭の船舶用燃料としての優秀性に注目し、フランス海軍と契約を結び、大成功を収めていた。アベルヴァンの炭鉱は、１８７５年から採炭を開始した。炭鉱労働者用の住宅地はニクソンヴィルと名付けられた。採炭に伴って生じるボタが近くの土手に堆積された。

第1次大戦後の不況期は南ウェールズ炭鉱業にとって最悪の時期であったが、アベルヴァンは例外だった。だが、いいことずくめではなかった。いくつものボタ山が作られ、渓谷地帯の自然は破壊されていった。不気味なボタ山が村のすぐ横に聳え立った。最初の大きな地すべりは１９４４年に起こった。幸いこの時は、土石流はボタ山と村の間を通る運河の手前で止まった。住民の間で危険性が叫ばれたが、当局はとりあわなかった。

第2次大戦後、労働党政権が誕生した。炭鉱業は国有化され、全国石炭庁の支配下におかれた。他の炭鉱の衰退を尻目に、アベルヴァンの炭鉱は国有化後も成長し続け、ボタ山もどんどん高くなっていった。そして、運命の日、１９６６年10月21日がやって来た。その日の朝はどんよりとした雨空だった。1週間も前から雨空が続き、その日の朝も濃い霧が不気味に村を包み込んでいた。悲劇は午前9時過ぎに突然起こった。真っ黒い土の流れが丘の斜面の家をなぎ倒し、木々を根こそぎにし、廃棄された運河の水で勢いを増し、まっしぐらに村を飲み込み、小学校の校舎に達すると、悲鳴が響き渡った。犠牲者は144人に達し、学童を含む114人もの子どもが犠牲になった。直ちに事故の原因調査が実施され、裁判が行われた。裁判所は事故の責任が全国石炭庁にあると判決したが、誰も罰せられなかった。

アベルヴァンの悲劇は数多くの教訓を残した。危険なボタ山は取り除かれた。遭難者の救出作業を通じて村人たちは一致団結し、ボランティア精神が養われた。何万人もの人々が被害者に救援物資や寄付金を提供した。寄付金を元手に犠牲者やその家族のための基金が設立された。犠牲者の御霊は募金で新設された共同墓地で静かに眠っている。

（梶本元信）

事故の犠牲になった子どもたちの御霊が眠るアベルヴァンの共同墓地（Llywelyn2000 撮影。CC BY-SA ライセンスにて許諾）

33

運河・鉄道

★ウェールズの物流システム★

イギリスの運河網は１７６０年におけるブリッジウォーター運河の建設を嚆矢とし、１７６０年代後期と１７９０年代初期の２度の建設ブームを経て、19世紀初期にはほぼ完成していた。第１のブーム期にはトレント・マージー運河をはじめイングランドの幹線運河が建設された。第２のブーム期は運河熱時代と呼ばれ、全英で50社以上の運河会社が発起された。ウェールズの主要運河は第２の運河熱時代に、地域の産業革命と密接に関連して建設された。

ウェールズの運河の大きな特徴のひとつは、その地勢と同様、南北で分断されていた点である。北ウェールズの主要運河はエルズミア運河（後のスランゴスレン運河）とモンゴメリーシャー運河で、この２つの運河はお互いに連絡され、イギリスの広範な運河網の一環をなした。他方、南ウェールズの主要運河としては東からモンマスシャー運河とその延長線のブレコン＆アバガヴェニ運河、グラモーガンシャー運河、ニース運河、テナント運河、スウォンジー運河、そしてキドウェリー運河が挙げられる。これらの運河のほとんどがイギリスの運河建設の第２のブーム期の運河熱時代に建設が開始された。その端緒を切ったのがグラモーガンシャー運河で、カヴァースヴァ製鉄所の経営者クローシェイ家を中心に、マーサー・ティドヴィルで生産された鉄や石炭をカーディフ港に運ぶために建設された。南ウェールズのその他の運河も内陸の鉄や石炭、銅やブリキ製品を沿岸の港まで運ぶために建設された。

運河は産業革命時代の物流システムの根幹をなしたが、たいてい運河だけで輸送が完結できたわけではなかった。各運河は沿線から延びる馬車軌道（トラムロード、トラムウェイなどと呼ばれた）によって工場や炭鉱と連絡されていた。例えば、エルズミア運河は数多くの馬車軌道によってポントカサステ水道橋やチャーク水道橋近郊の製鉄所や炭鉱と連絡されていた。最大の馬車軌道網を有していたのがモンマスシャー運河で、それ自体の路線距離が約20マイル（約32キロ）だったのに対し、運河とつながる馬車軌道は130マイル（約210キロ）にも達した。

実際、馬車軌道は運河の補完的交通機関として、ウェールズの基軸的物流システムを形成していた。当初は牽引力として馬力が使われ、貨物輸送が主な目的であった。しかしすでに19世紀早々に、蒸気力が馬力と並んで使用され、旅客輸送も行われるようになった。機関車の走行や鉄道による旅客輸送の開始という点で、ウェールズは決してイングランドの後塵を拝していたわけではない。世界で初めて蒸気機関車の走行が行われたのは、グラモーガンシャー運河と張り合って1802年に建設されたペナダレン（マーサー）・トラムロード上においてであり、1804年にトレヴィシックが製作した機関車が世界で初めて走行に成功した。同年にスウォンジー―マンブルズ間に建設されたオイスターマウス鉄道は、馬力によってはいたが、イギリスで初めて旅客輸送を行った馬車軌道であった。

もっとも、近代的鉄道時代の幕開けとなると、ウェールズはイングランドに後れをとった。イングランドでは1830年代に近代的鉄道時代が始まったが、ウェールズ最初の近代的鉄道、タフヴェール鉄道が開通したのは1841年であった。この鉄道はダウライス製鉄会社やロンダ渓谷の炭鉱業者が中心となって、カーディフ―マーサー間に建設された。広軌鉄道で有名なブルネルが技師に雇用されたが、彼はこの鉄道の性格に鑑みて標準軌（軌間1435ミリ）を採用した。この鉄道は、地域産業の発展を支える形で支線網を拡張し、鉄道グループ化によってグレート・ウェスタン鉄道（GWR）に統合される前夜には124マイル（約200キロ）もの路線を支配していた。

ロンドンから延びる北ウェールズで最初の幹線鉄道、チェスター・ホリヘッド鉄道はロバート・スティーヴンソンが技師となって建設され、ブリタニア鉄橋の完成によって、1850年に開通した。それにより、ロンドンからダブリンまで鉄道と蒸気船による連絡が可能となった。南ウェールズでもロンドンからの幹線鉄道網が延びていった。すでに1841年にロンドン―ブリストル間で、グレート・ウェスタン鉄道（GWR）が開通していた。1850年代には、チェプストウに発するサウスウェールズ鉄道がスウォンジーを経てネイランドに達した。北中部ウェールズでも1850年代に数多くの小鉄道が建設され、1864年にカンブリアン鉄道に統合された。この頃にはウェールズの主要都市は鉄道網で連絡されていた。

他方、運河は衰退の一途を辿り、20世紀になると、ほとんどの運河が交通機関としての機能を停止していた。赤字路線の鉄道も、主要産業の衰退やモータリゼーションの進行に伴い、赤字に陥った。鉄道にとって大きな打撃となったのが「ビーチングの斧」（R・ビーチング博士を主著者とする報告書「イギリス国鉄の再建」が不採算路線の廃止を勧告したことに由来）と呼ばれた合理化政策であった。赤字路線は容赦なくこの斧で切り落とされた。

だからといって、運河や赤字路線の鉄道がすべて過去の遺物となって消えてしまったわけではない。第2次大戦後、廃止された鉄道や運河、炭鉱、工場跡を産業遺産として保存し、教育や観光などに生かし、地域活性化を図ろうとする運動が芽生えた。著名な技術史家、トム・ロルトによる1冊の本が運河保存運動の口火を切った。ロルトは2年間にわたる運河クルーズを通じて、運河とともに培われてきた伝統技術や文化を守る人々の生き様に感銘を受け、1944年に『ナロー・ボート』を出版した。この本がボランティアによる保存運動に火をつけた。スランゴスレン運河とモンゴメリーシャー運河、ブレコン&アバガヴェニ運河などが、次々とボランティアの努力で再建されていった。グラモーガンシャー運河の場合、路線の大半が道路に転換されたが、それでも水路や曳き舟道、閘門といった運河施設の一部は貴重な歴史遺産として保存され、散策やサイクリングのために利用されている。

トム・ロルトは運河だけでなく、保存鉄道のパイオニアでもあった。その始まりが中部ウェールズのタリスリン鉄道であった。彼が始めた保存運動は、フェスティニオグ鉄道をはじめ、数多くの鉄道へと波及していった。現在「ウェールズの偉大なちびっこ鉄道」として観光客を楽しませている北中部ウェールズの狭軌鉄道の多くは、もとはスレート輸送で活躍した産業用の鉄道であった

北ウェールズの狭軌鉄道。スレート輸送で活躍したフェスティニオグ鉄道の列車（ポースマドック）

（梶本元信）

34

ウェールズの交通を支えた美しい橋

★石造のアーチ橋や最新の吊橋★

中世イギリスの道路は教区と呼ばれる教会を中心とする自治体が管理し、教区民が無償で道路を維持していた。この頃の道路は教区道路と呼ばれ、1555年の公道法によって法制化された。中世に架設された石橋のうちデビルズ・ブリッジは、その名前が村の名称でもあり、古く11世紀に遡る。この橋は中部ウェールズのアベリストウィスから狭軌のライドル渓谷鉄道で10マイル（約16キロ）内陸に入った観光村の目玉となっている。また、北ウェールズのディー川に架かるスランゴスレン橋はヘンリ1世時代に遡る。中世の橋の多くは何度も改修され、原形を留めていないが、モノウ川に架かるモノウ橋はモンマスシャーの州都モンマスの入り口にあるタワー付きのユニークな構造で、1272年に架けられ、中世の要塞化された河川橋としてはイギリスで唯一今もゲートタワーごと残っている。

近世に架けられた石橋は今なお数多く残っているが、タフ川に架かるポンティプリーズの旧橋は注目に値する。この橋はタフ川に架かるアーチ歩道橋で、ウィリアム・エドワーズによって1746年から10年がかりで架設された。エドワーズは、このほかにも中部ウェールズの景勝地、ケナース渓谷に架かる橋をはじめ数多くの石橋を架設した。彼の息子たちも橋の架設で活躍し、ニューポートのアースク橋は息子たちの作品である。

産業革命時代になると、交通量も増え、教区道路では対処できなくなった。そこで利用者負担の原則に基づいて建設されたのがターンパイク道路で、ターンパイク・トラストと呼ばれる委託団体が、利用者から通行料を徴収し、その収入で道路の建設・修理費を賄うようになった。こうした新方式の採用に伴い、18世紀半ばには道路建設ブームが訪れた。ジョン・メトカーフ、ジョン・ラウドン・マカダム、トマス・テルフォードといった技師たちが道路や橋の建設に様々な革新を取り入れ、土木技術は飛躍的に向上した。

中世の城塞化された橋、モノウ橋（モンマス）
(Robin Drayton 撮影。CC BY-SA ライセンスにより許諾)

ウィリアム・エドワーズが建設した石橋、ポンティプリーズ旧橋（手前）

とりわけ、テルフォードが架設した水道橋や道路橋の中には2世紀経過した現代でもなお現役で活躍しているものもある。中でも有名なのがスランゴスレン運河のポントカサステ水道橋で、北ウェールズ観光の名所になっている。ディー川に架かるこの水道橋は全長307メートル、川底からの高さが40メートル近くに達する鋳鉄

トマス・テルフォードのポントカサステ水道橋
（Akke 撮影。CC BY-SA ライセンスにより許諾）

橋で、19本の石造橋脚で支えられている。運河船が通る水道橋本体の幅は約３・５メートルで、片側にナローボート（狭いイギリスの運河に対応した細長い船）が通行する水路が設けられており、反対側に曳き舟道がつけられている。この橋の建設は１７９５年に始まり１８０５年に完成した。運河交通の衰退後もこの運河や橋は近くの工場用水の供給に使用され続けた。この橋は運河愛好家の憧れの的であり、運河再建運動のパイオニア、トム・ロルトによるクルージングの最終目的はこの橋を通過し、スランゴスレンに到達することであった。

テルフォードが架設した道路橋ではメナイ吊橋とコンウィ橋が有名である。メナイ吊橋は全長４１７メートル、橋の支える2本の主塔間の距離１７６メートルの吊橋で、１８２６年の完成によって、ウェールズの本土側とアングルシー島の交通で最大の難関が解決された。というのもメナイ海峡は潮の流れが速く、ここでの渡船は難所中の難所だったからである。また、同年にはコンウィ橋も完成している。この橋はメナイ吊橋の規模を縮小したような形状で、世界遺産のコンウィ城と調和し、中世の城門に入る跳ね橋のような風情を与えている。メナイ吊橋は今も現役で活躍しているが、コンウィ橋はナショナル・トラストが管理する産業遺産となっている。

さて、ウェールズの鉄道橋の中でも特に注目すべきなのがブルネルの橋とロバート・スティーヴンソンの管状鉄道橋である。ブルネルは、ブリストルのクリフトン吊橋やコーンウォールのテイマー川

現在の橋の西側に保存されているブルネルのラウハー鉄道橋の一部

に架かるロイヤル・アルバート橋で有名だが、ウェールズでも数多くの鉄道橋を設計した。その多くは木造だったため、現在では写真でしか見られないが、中には産業遺産として保存されているものもある。そのひとつがサウスウェールズ鉄道、スウォンジー―スランネスリ間のラウハー川に架かるラウハー鉄道橋である。今はオリジナルの木造橋桁は一部を残すのみとなっているが、橋の西横にブルネル設計の構造物の一部が保存されている。また、マーサー―カーディフ間のタフヴェール鉄道がタフ川と交差するクエーカーズ・ヤード付近の鉄道橋の橋脚を見ると、かつて単線だった頃のオリジナルな橋脚を残しつつ、複線化に伴い橋脚が拡張されたことが、色合いの違いによって確認できる。この橋の下を流れるタフ川沿いを通るペナダレン（マーサー）・トラムロードはすでにレールも撤去され、遊歩道となっているが、クエーカーズ・ヤード付近には数多くの枕石が残っており、そこを歩くと往時の繁栄を偲ぶことができる。

ロバート・スティーヴンソンの２つの管状鉄道橋は四角い鉄管の中を列車が通るように設計され、いずれも、テルフォードの橋と並行して架けられている。その1本はチェスター・ホリヘッド鉄道路線上にあるブリタニア鉄橋で、この橋はかなり離れてはいるが、メナイ吊橋と並行して海峡の西側に架かっている。もう一方のコンウィ鉄橋はテルフォードのコンウィ橋の真横に架かり、城の上から眺めるとテルフォードの橋を中央に、右手がロバート・スティーヴンソンの管状橋、左手が現代使用されている国道の橋となっている。

最後に現代の高速道路の橋に触れておこう。イギリスでは自動車専用の高速道路はモーターウェイと呼ばれ、ロンドンを中心に四方に伸び、頭文字にMの記号が付けられている。このうちM4モーターウェイは、セヴァーン川の長い鉄橋によってウェールズとイングランドを連絡している。セヴァーン川は古くから両国の国境で、交通の難所でもあった。ブルネルがロンドンからの鉄道を南ウェールズへ延長した時でも、未だセヴァーン川は架橋されていなかった。1886年にセヴァーン・トンネルが完成して、ようやくロンドンから南ウェールズまで鉄道で直通されることとなったのである。イギリスで高速道路の建設が始まるのは1950年代以後だが、M4モーターウェイがセヴァーン・ブリッジの完成によってロンドンから南ウェールズまで延長された1966年は、ウェールズにとって画期的な年であった。その後、1996年には第2セヴァーン・クロッシング（2018年7月にプリンス・オブ・ウェールズ橋に改称）が完成し、イングランドと南ウェールズの交通はさらに便利になった。ちなみに、イギリスの高速道路は基本的には無料だが、セヴァーン・ブリッジは例外で、しかもイングランドからウェールズに入る西行きのみに通行料が課されていた。それも2018年12月には無料化されている。

（梶本元信）

コンウィ城から見た３本の橋。右がR. スティーヴンソンの鉄道橋、中央はテルフォードのコンウィ吊橋、左は現代の国道。

35

第2次大戦後のウェールズ

★石炭産業の没落と海外企業の誘致★

２０１５年11月、保守党キャメロン政権のエネルギー・気候変動相アンバー・ラッドはエネルギー政策の新たな方向性を示す演説で、２０２５年までの石炭火力発電所全廃を打ち出した。総発電量の約３割を占める石炭火電の廃止計画は、イギリスが二酸化炭素排出量削減の先頭に立とうとしていることを宣言するものであった。２０１６年４月には太陽光発電量が石炭発電量を初めて超えたという報告も出た。このようにイギリスでは脱石炭の流れが着実に進んでいるが、南ウェールズの炭鉱ははるか以前から没落に向かっていた。

イギリス経済の衰退をめぐっては、百家争鳴の感がある。しかし南ウェールズの炭鉱に関しては、事態はより単純ではなかろうか。中小規模の炭鉱がひしめき合い、設備の近代化が遅れる中で、第１次世界大戦後、最大の供給先であった国内外の船舶が動力を石油ボイラーに急速に切り替えてゆく。もろい炭層の関係で最新技術の導入が困難で、労働集約性が高く、生産性は低かった。労使関係も決して良好とは言えなかった。これら悪条件にもかかわらず品質の高さで世界市場を支配した南ウェールズの炭鉱は、最大の供給先が失われたことで、衰退の一途を辿った。1930年代の不況はとりわけ南ウェールズ炭鉱地帯で深刻であった。失業率が40%に達し、マーサー・ティドヴィルやロンダ渓谷では60%を超えることもあった。1913年、マーサー・ティドヴィルの炭鉱で働く労働者は2万4000人いた。これが1934年には約3分の1にまで減少している。多くの地域が経済破綻の淵に立っていた。労働組合や聖職者、自治体が力を尽くし、かろうじて社会関係は維持されたとされるが、炭鉱の最盛期を支えた文化は徐々に衰えていった。

しかし第2次世界大戦後、炭鉱をめぐる状況はやや好転する。1945年7月に実施された総選挙で、史上初の労働党単独政権が誕生した。アトリー首相は福祉制度の充実を進めるとともに、産業の国有化政策を打ち出した。イングランド銀行に始まり、航空、鉄鋼、電力などの企業が次々と国有化され、1946年7月には炭鉱国有化法が成立した。また、戦後ウェールズでは失業率が約3%に低下した。これはひとえに労働力不足によるものであった。戦時中、徴兵された労働者に代わって、炭鉱に「ベヴィン・ボーイズ」と呼ばれる10代から20代の若者が送られた。ベヴィンとは、ウェールズ出身の労働党下院議員アーネスト・ベヴィンである。彼はチャーチル戦時内閣で計画が立てられた当時、労働・国民サービス大臣を務めていた。この計画は1948年まで続いたが、終了後も労働力不足は解消されなかった。ドイツ経済はなお再建途上にあり、1947年冬の大寒波が石炭の重要性を改めて知らしめたこともあって、ウェールズの炭鉱は戦前のような失業問題に苦しむことなく、つかの間の繁栄を取り戻した。政府の完全雇用政策も手伝って、労働組合は交渉力を高めた。しかし産業を取り巻く環境に抜本的な改革はなされず、採算の取れない炭鉱閉鎖に対する抵抗は思いのほか弱かったとされる。

第35章

第2次大戦後のウェールズ

国有化された当時、ウェールズでは、機械採掘を行っていた炭鉱は4割未満、機械による輸送も約6割に過ぎなかった。採掘現場が地下深くなっていたため、1人当たりの生産量は全盛期の1880年の約6割に落ち込んだ。労働力の高齢化も著しかった。この時期に中東産の石油が石炭の競争相手として存在感を増し始める。イギリスの原油輸入量は1951年に1000万トンを超え、1962年には5000万トンまで増加した。象徴的なのが、1960年、ウェールズ南西部ミルフォードヘブンにエッソ石油が完成させた製油所である。続いてBPなども進出した。これらの施設は規模こそ巨大であったが、働き手の数は少なかった。戦後ウェールズの失業率は、特にこの地域を地盤としていた労働党の手厚い施策もあって、低い状態が続いた。しかし1970年代後半には8%、1980年代前半には20%近くにまで跳ね上がった。エッソの製油所も1983年に閉鎖された。従来の基幹産業が衰退し、ウェールズは新たな雇用先を模索した。そのひとつが当時、世界を席巻していた日本企業であった。

海外企業の誘致に際して重要な役割を果たしたのが、ウェールズ開発庁である。地域経済の発展を促すため、1976年に設置され、企業誘致などにあたった。1980年代から90年代初頭にかけてイギリスに投資された金額の15~20%がウェールズ向けだったとされるが、人口（イギリス全体の5%）、面積（同8・5%）と比べてかなり高いことがわかる。1990年代の保守党政権下で様々な疑惑が取り沙汰された機関ではあったが、結果的にウェールズの雇用拡大に貢献したことは間違いない。炭鉱閉鎖が続いた時期に自動車やエレクトロニクス関連の大企業が続々と進出したことで、ウェールズは持ち直すことができた。

日本企業の動向を見てみよう。製造業で初めてウェールズに進出した日本企業は合成樹脂メーカーのタキロンである。同社は1974年にカーフィリ近郊のベドワスで操業を開始した。同年、ソニーもブリジェンド工場を完成させた。ソニー誘致をめぐっては、次のようなエピソードが伝わっている。1970年大阪万博で来日したチャールズ王太子（プリンス・オブ・ウェールズ）が大使館で晩餐会を主催した際、来客のひとりソニー副社長（当時）の盛田昭夫に向かって「ヨーロッパで工場を作るなら、ウェールズを覚えておいてほしい」と話しかけたという。これが影響を与えたかどうかは定かではないが、ソニー進出後、松下、日立などが続いた。ある日本企業のカーディフ近郊のテレビ工場では、制服を着た社員、壁に貼られた業績を競うグラフ、朝礼、社員食堂など、日本と似たような光景が見られたと伝えられている。これら企業はウェールズで最終組み立てを行い、製品を輸出したが、部品調達を近隣の地域で行う傾向が強く、このこともウェールズの雇用状況を好転させた。

しかし1990年代末から、大企業を中心に従業者数の減少が見られるようになる。業績が悪化した日本や韓国の企業が撤退し、1990年代までの製造業の優位は失われた。ウェールズは「ポスト工業化社会」へ移行しつつあるという見立てもある。それは、権限移譲が進み、開発庁に代わってウェールズ国民議会が経済発展に責任を持つようになった時期と重なる。開発庁は地域全体の均衡のとれた発展をデザインすることはなかった。今後、ウェールズ国民議会は、ＥＵ離脱という難問を抱えながら、グローバル化が進む世界で地域経済の新しい見取り図を描くことに成功するのだろうか。

（久木尚志）

36

カーディフ港の盛衰と再開発

★石炭積み出し港から高級リゾート地へ★

カーディフは18世紀末まではタフ河口の小さな港町に過ぎなかった。後背地、マーサー・ティドヴィル周辺の製鉄業がその発展の原動力となった。製鉄業者が中心となってマーサーからカーディフに至るグラモーガンシャー運河が建設された。運河の終点には埠頭やドック（ウェットドック）が建設され、そこで運河船と外洋船との貨物の積み替えが行われた。しかし、その規模は小さく、海へ通じる水路も狭かったので、小型の船しか通れなかった。鉱工業の発展に伴う貨物量の増加につれて、より大規模な港湾施設が不可欠となった。

この問題を解決したのが第2代ビュート侯であった。1814年にグラモーガンシャー地方の所領を相続した侯は、地方にも広大な所領を持っていた。ドック建設によって、港湾企業心旺盛な貴族であった。彼はカーディフだけでなく、内陸収入やカーディフ市域の地価の上昇、石炭貿易の増大による鉱区使用権収入の増大など、様々な利益が期待できた。ドック建設を認可する法律は1830年7月に制定され、1839年10月にビュート西ドックの開設式が挙行された。侯爵の死後、ドック施設はビュート財団の手で拡張され、後背地の製鉄・炭鉱

カーディフ、ビュート・ストリート北辺に立つ第２代ビュート侯の立像

地帯と連絡する鉄道と相まって、カーディフが「世界のコールメトロポリス」となる上で、基軸的なインフラ施設となった。

カーディフの飛躍的発展の基礎は石炭であった。ドックや鉄道建設後の成長はめざましく、19世紀半ばにはスウォンジーやニューポートを抜き、ウェールズ最大の石炭積み出し港に躍り出た。その後も、後背地のスチーム炭開発と相まって、ウェールズのみならずイギリス最大の石炭積み出し港に成長し、文字通り「世界のコールメトロポリス」になった。

カーディフ炭輸出拡大の主因は、海軍や海運業者からの需要であった。19世紀は帆船から蒸気船への移行期であった。イギリスの軍艦は帆船から蒸気船に転換していったが、その際の課題は、いかに煙が出ず、嵩張らず、長時間燃え続ける石炭を確保するかという点にあった。海軍本部による実験の結果、カーディフの後背地、アバデアやロンダ渓谷から産出される石炭が最も優秀なことが証明された。イギリス海軍はもっぱらカーディフ炭を軍艦用燃料として採用した。１８８０年代末には、カーディフ炭がイギリスの軍艦用石炭供給を独占していた。イギリス海軍のお墨付きの効果は抜群で、他国の海軍や海運業者もこぞってカーディフ炭を燃料に採用した。こうしてカーディフ炭は世界各地に輸出されるようになった。

カーディフ海運業の概略

	1876年	1884年	1900年	1913年
海運業者数	48	79	71	69
船舶数	120	237	249	307
登録トン数	50,766	176,192	294,459	886,869

（出所）Lloyd's Register of Shipping, 1876, 1884, 1900, 1913年；梶本元信『南ウェールズ交通史研究』日本経済評論社（2000）

【注記】登録トン数の数値は1876から1900年までが純トン、1913年は総トン数で示されている。

石炭輸出の拡大に伴い、様々な関連産業が発展した。ドック地域には商社や海運業者、船舶用品店などが軒を連ね、税関や石炭取引所も設立された。タフヴェール鉄道のドック駅からシティーセンターに至る長い通り（ビュート・ストリート）沿いには「タイガーベイ」と呼ばれる、船員を中心とする労働者の住宅街が形成された。石炭商社の数は、1830年には2社に過ぎなかったが、1913年には113社に達した。例えば、コリー兄弟商会は、1908年には世界中の港に118の代理店と倉庫を所有し、すべての主要な海運ルートで石炭補給を行っていた。石炭輸出に従事する海運業者（不定期船業者）の数や彼らが所有する船舶の数も増加した。海運業者数、船舶数、トン数も上の表にように増加している。

しかし繁栄はそういつまでも続かなかった。軍艦用燃料の石油への転換、諸外国の炭鉱開発、優秀な石炭の枯渇に伴うコストの増大、労働組合によるストライキ等に伴い、第1次大戦後、南ウェールズからの石炭輸出は激減した。炭鉱業は深刻な不況に直面し、多くの炭鉱が操業を停止した。かつて繁栄を謳歌したアバデアやロンダの炭鉱地帯では失業者が巷にあふれ、将来に望みを失った人々はウェールズを離れていった。繁栄の基盤が失われると、それに付随して、海運業など

タフヴェール鉄道のかつての本社ビル（ドック駅）

多くの関連産業も衰退を余儀なくされた。

だが、第2次大戦後になると新たな芽吹きも生まれてきた。1955年にカーディフが正式にウェールズの首都になると、町には活気が戻り、炭鉱跡地に産業が誘致された。1966年にはセヴァーン・ブリッジが開通し、ロンドンからの高速道路が拡張されると、イングランドとの自動車交通も飛躍的に発達した。そして、1980年代にはカーディフ湾の様相を一変させる大変革が行われた。河口堰プロジェクトがそれである。その計画は旧産業の衰退によって荒廃した港を再開発し、新たな商業施設や住宅を建設し、港湾地域を一大繁華街に変えようというものであった。根幹をなしたのが巨大な河口堰の建設であった。もちろんこのプロジェクトには反対がなかったわけではない。当時の首相マーガレット・サッチャーや一部の議員が反対した。計画の実行にはあまりにも巨大な費用がかかるというのがその理由であった。タフ川沿いに住む住民も水位の恒久的上昇に伴う住宅被害を懸念した。環境保護団体は、カーディフ湾の沼地に住む稀少生物の棲息地が河口堰建設によって失われるとして反対した。だが、こうした反対にもかかわらず計画は実行された。湾全体を囲む巨大な河口堰の建設計画が立てられ、1987年にはカーディフ湾開発会社が設立された。河口堰の建設作業は1999年に終了し、タフ川とエリ川河口を囲むかつての湾岸地区は巨大な真水の湖と化した。筆者が初めてカーディフへ旅した1995年には潮位差が10メートルもある湾であったが、2回目に旅した時には巨大な湖に変わっていた。

21世紀になると、カーディフ湾岸地区は、新たなアミューズメントスポットとして生まれ変わった。飲食店やショッピングセンターが建ち並び、遊歩道ができ、開放的な雰囲気が醸し出された。2004年に開業した多目的ホール、ミレニアムセンターは、ロンドン以外ではイギリス最大級の規模で、連日オペラやバレエ、ミュージカルが催され、地元住民や観光客を魅了している。その反面、古き良き時代、「コールメトロポリス」時代の面影はほとんど消えてしまっている。石炭船を収容したドックはすでに大半が消え去り、港の繁栄の歴史を偲ばせていた産業・海事博物館や筆者が通ったその付属資料館も取り壊され、その向かい側のカーディフ・ドック駅に建つ、かつてのタフヴェール鉄道本社ビルは荒れ果て、ぺんぺん草が生えている。繁栄の象徴であったピアヘッドビルの横にはミレニアムセンターが建ち巨大な観覧車が設置されている。

（梶本元信）

現代のカーディフ港（中央のレンガの建物がピアヘッドビル）

コラム4

蒸気機関車の発明者トレヴィシックと日本

梶本元信

そのイベントは、リヴァプール－マンチェスター鉄道が開通するより四半世紀も前の1804年2月21日にウェールズで行われた。当時、世界最初の蒸気機関車の走行である。世界最大の製鉄都市、マーサー・ティドヴィルからカーディフに至る運河沿いに建設されたマーサー・トラムロード（ペナダレン・トラムロード）上、約14.5キロの区間（マーサー－アベルカノン間）においてであった。1台の機関車が10トンの鉄と70人の乗客を乗せた5両の列車を牽引し、4時間余りで走破に成功した。

この機関車を製作したのがリチャード・トレヴィシックであった。彼の出身地、コーンウォールとウェールズは、ブリストル湾を挟んで古くから交易が盛んで、コーンウォールの鉱山で採掘された銅やスズが南ウェールズへ運ばれて精錬され、南ウェールズ炭鉱の石炭がコーンウォールに運ばれていた。人の交流も盛んで、トレヴィシックも1802年にマーサーの製鉄業者、サミュエル・ホンフレイに招かれ、ペナダレン製鉄所内でエンジンを製造していた。トレヴィシックは子どもの頃から近くの鉱山の蒸気機関に慣れ親しんで育ち、やがて、コンパクトで高性能な高圧蒸気機関を発明し、特許を取得した。彼は、ウェールズでの走行実験後も、蒸気機関車の改良に取り組み、その発明はやがて北東イングランド地方で実を結んだ。だが、彼自身は幸運の女神からは見放され、後に「蒸気機関車の父」と呼ばれはしたが、企業家としては成功しなかった。

そんな彼も子宝には恵まれていた。彼には4人の息子と2人の娘がいたが、息子のうちの2人が鉄道技師になった。とりわけ、長男のフランシスはイギリス最大の鉄道となるロンドン＆

コラム4

蒸気機関車の発明者トレヴィシックと日本

ノースウェスタン鉄道会社の機関車工場主任に登り詰め、機関車の改良に貢献した。フランシスには7人の息子と3人の娘がおり、息子たちのうち末っ子のエドガー以外はすべて技師として活躍した。四男のフレデリック・ハーヴェイはエジプト国鉄の機関車主任となったが、長男のリチャード・フランシスと三男のフランシス・ヘンリはともに日本にやって来た。彼らは、チェルトナム工業専門学校で技師としての教育を受けたのち、グレート・ウェスタン鉄道のスウィンドン工場で訓練を受け、技師として巣立っていった。先に日本にやって来たのは三男のフランシス・ヘンリであった。彼は日本政府の募集に応じて来日し、1876年に神戸工場で機関方の頭取に着任した。1880年には、新橋駐在汽車監察方兼機関車頭取となり、1893年には横川―軽井沢間のアプト式機関車の運転に成功した。その間、日本人の女性と結婚し、長男の奥野由太郎はのちに日本郵船の船長になった。

ペナダレン製鉄所近辺のトレヴィシックの機関車のモニュメント

長男のリチャード・フランシスが日本にやって来たのは、フランシス・ヘンリより遅く、1888年に神戸の鉄道工場で汽車監察方に就任し、機関車の設計と工事を監督した。日本に来るまでは、セイロン国鉄の汽車監査方として、植民地の鉄道建設に関与していた。来日した彼は技術習得のために機関車製造を提案して承認され、森彦三や太田吉松らを指導して、1893年に国産第1号機関車を完成させた。トレヴィシック兄弟をはじめとするイギリス人技師の役割なくして、黎明期の日本の鉄道は語れない。

V

祭典と伝統

37

中世のアイステズヴォッド

★吟唱詩人たちの就職試験？★

現在ウェールズで毎年夏に開催される文化祭典としてのナショナル・アイステズヴォッドが誕生したのは19世紀のことだが、その原型は中世に遡ると考えられている。

「アイステズヴォッド」とは「すわる」を意味するウェールズ語の「アイステズ」から作られた語で、原義は「すわること」、そこから転じて一同が座をともにする「集会」・「会議」、そして吟唱詩人（バルド）の集まりを指すようになった。

1523年と1567年に北ウェールズのカエルウィスで開催された例が、アイステズヴォッドの名を冠したバルド集会の確認できる最初の記録である。カエルウィス・アイステズヴォッドでは、バルドの職階や活動に関する規則が改めて定められた。この背景には、13世紀末、ノルマン朝イングランドのエドワード1世がウェールズを平定した後、ウェールズでバルドの伝統が衰退し、技芸の継承や職業詩人としての特権の維持が困難になっていたという事情がある。なお、エドワード1世軍によってウェールズのバルドが根絶やしにされたという伝説が後に生まれ、トマス・グレイの詩「バルド」（1757年）の題材になるとともに、多くの画家がグレイの詩に想を得て「最後のバルド」の絵を描いている。

エドワード1世によるバルド虐殺がまことしやかに信じられた背景には、ウェールズのバルドが歴史・伝統の伝承者として、ウェールズの民族意識を支える重要な存在だったことがある。実際、バルドは、パトロンである君主の血統や武勲を讃え、その死を悼み、戦の前には士気を鼓舞する詩を歌い上げる役目をもち、王宮の24人の廷臣のひとりに数えられた。

こうした宮廷付きバルドとは別に、「ペンケルズ」（直訳すると「技芸の長」）と呼ばれるバルドがいたことも中世の文献から知られている。中世ウェールズ物語『マビノギオン』のうち「マソヌウィの息子マース」と呼ばれる作品には、マース王の甥であるグウィディオンが部下とともにバルドの一団に変装して南ウェールズのプラデリ王の宮廷を訪れる場面がある。プラデリから物語を所望されると、グウィディオンは「初めて貴人を訪問する晩はペンケルズがお相手するのが習い」と応じ、様々な物語を語って宮中を沸かせたとある。

エドワード1世軍を呪詛する最後のバルド（出所：エドワード・ジョーンズ『ウェールズのバルドの音楽と詩拾遺』1784年より、フィリップ・ジェイムズ・ド・ラウザーバーグ原画に基づく扉絵）

このエピソードから、異国のバルドをもてなすことは、君主の美徳とされる気前良さや度量を示すために宮廷の慣行になっていたことがうかがえる。また、中世ウェールズで編まれた年代記によれば、南ウェールズ随一の勢力者であるリース・アプ・グリフィズ王が、1176年のクリスマスにウェールズ中のバルドや楽士を招き、カーディガン城で詩と音楽の競技を催した。詩の部門では北ウェールズのグウィネズから来たバルドが優勝、音楽部門ではリースの宮廷の若者が優勝し、2人にはそれぞれ栄誉の椅子が与えられたという。

さらに時代は下ってノルマン朝統治下の1451年頃、南ウェールズの有力者グリフィズ・アプ・ニコラスの肝いりで、カーマーゼンにおいて詩の競技会が開かれ、ウェールズ語の韻律を規則化した功績により、ダヴィッズ・アブ・エドムンドに銀の椅子が贈られた。

バルドに与えられる最高の栄誉が名誉の椅子を得ることだったのは、中世ウェールズ法の記述からもうかがえる。中世ウェールズ法では、祝宴の最初に吟唱する権利を持つバルドは「バルズ・カデイリオグ」、すなわち「椅子（カダイル）に座すバルド」と呼ばれ、宮廷付きバルドとは区別されている。「バルズ・カデイリオグ」は、前述のペンケルズを指すと思われる。廷臣のひとりであるバルドが大広間の下座にすわるのに対し、ペンケルズには、客人として、王に近い、より名誉な「席」が与えられたのだろう。

現在のアイステズヴォッドにも、この伝統は継承されている。定型詩部門の優勝者に栄誉の椅子を贈る儀式は「カデイリオー」と呼ばれ、その年の「バルズ・カデイリオグ」に選ばれた詩人はメディアに取り上げられ、一夜にしてウェールズの国民的ヒーローとなる。

ウェールズの古事研究家トマス・ペナントは1770年代に北ウェールズを周遊し、各地の故事来歴や史跡をまとめた旅行記を出版した。カエルウィスを訪れたペナントは、過去のアイステズヴォッドを偲ぶとともに、「ブリテンのオリンピック」とキャッチーな呼び名をつけている。中世のアイステズヴォッドは、ペナントが考えるような競技会だったのか。もしそうだとしたら起源はいつごろなのか。不明な点は数多い。だが前述したリース王の例から、少なくとも12世紀には詩のコンテストのようなイベントがあったことは確かだ。また、複数の王侯に仕えた詩人の存在も確認できることから、アイステズヴォッドで優勝し栄誉の座を得ることが、中世のバルドにとって名声を確立し、ひいては、より有力なパトロンを得るための道のひとつだったのかもしれない。

そういえば、ウェールズの伝説的バルドとして名高いタリエシンの若き日として、次のような話が伝わっている。少年タリエシンは、自分の主人であるエルフィンが、マエルグン王（6世紀に北ウェールズのグウィネズを治めていた大王）の不興を買い囚われたと知ると、自ら王宮に出向き、マエルグンに仕えるバルドの一団の口を魔法で封じた後、世界の奥義を語る詩を次々に披露して宮廷をうならせ、エルフィンを救い出したという。

中世の宴（出所：フランスの13世紀写本より、ブリティッシュ・ライブラリー MS 28162 f.10v）

以上は16世紀に書かれた『タリエシン物語』によるものだが、同じ頃、カエルウィスでバルドの伝統や地位を維持するためにアイステズヴォッドが開催された事実を思い合わせると、中世のアイステズヴォッドの実態が何であれ、バルドの栄華の記憶はアイステズヴォッドを通じて現代にまで受け継がれていると言えないだろうか。

（森野聡子）

38

アバガヴェニ・アイステズヴォッド

★ヨーロッパ文化の源流を求めて★

18世紀末にロンドン在住のウェールズ出身文化人を中心に起こったウェールズ文芸復興運動は、民族文化の祭典としてアイステズヴォッドを再生させる原動力となった。1860年代にアイステズヴォッドがウェールズ全体のナショナル・イベントに統一されるまで、ウェールズ各地で大小様々なアイステズヴォッドが開催された。これらのうちでも、ウェールズ伝統文化復興の上で特に重要な役割を担ったのが、1834年から1853年にかけてアバガヴェニで開催された10回のアイステズヴォッドである。

ウェールズ南東部、イングランドとの境界にも近いマーケットタウン、アバガヴェニに、ウェールズ文化復興を旗印に掲げ、カムレイガジオン協会が創設されたのは1833年11月22日のことだ。カムレイガジオンとは「ウェールズ語に精通した人々」を意味し、会のモットーも「ウェールズ語よ永遠なれ」だった。

地元の好古家たちのサークルだったカムレイガジオンを大きく発展させたのがトマス・プライスとレディ・スラノーヴァー（オーガスタ・ホール）の2人である。近隣の教区牧師で当代一のケルト学者として尊敬されるプライスが会の学術的活動のブレインだったとすれば、資産家にして国会議員を務めたこともあるベンジャミン・ホール（ロンドンのウェストミンスターにある「ビッグ・ベン」はホールの名をとったという説もある）を夫に持つレディ・スラノーヴァーは、夫とともに会の主催するアイステズヴォッドを財政的に支え、広い人脈を活用してプロモーションに力を注いだ。またレディ・スラノーヴァーはウェールズの民族衣裳やトリプル・ハープによるウェールズ民謡の演奏を広めるのにも尽力している。発行部数6万部以上を誇る人気週刊紙『イラストレイテッド・ロンドン・ニューズ』が1845年のアバガヴェニ・アイステズヴォッドを画像とともに大々的に取り上げたのは、レディ・スラノーヴァーの存在があったからだろう。

アバガヴェニ・アイステズヴォッドでトリプル・ハープを演奏する民族衣裳の女性
（出所：『イラストレイテッド・ロンドン・ニューズ』1845年10月25日号）

カムレイガジオン協会の第一の功績は、アイステズヴォッド開催を通じて、ウェールズ語とウェールズ語文学の歴史的重要性をウェールズ内外、イングランド、そして大陸ヨーロッパの知識人にも知らしめたことだ。

アバガヴェニ・アイステズヴォッドでは、「ウェールズ伝承がヨーロッパ文学に与えた影響」をテーマにした懸賞論文のコンクールが1836年、1838年、1840年と3回、行われている。論文はウェールズ語、英語、フランス語、ドイツ語、イタリア語、ラテン語、その他の言語については翻訳を付すという形で、広く公募された。

3回のうち特に注目されるのが1840年のコンクールである。フランスからは、ブルターニュの民謡集『バルザス・ブレイス』を1839年に上梓したばかりのラ・ヴィルマルケも参戦したが、栄冠を手にしたのはドイツの中世文学研究者アルバート・シュルツだった。中世アーサー王ロマンスのルーツはウェールズにあるとし、ウェールズ伝承がドイツ、フランス、スカンジナビアでどのように受容・変容されていったかを論じたシュルツのドイツ語論文は、ベンジャミン・ホールの妹であるベリングトン夫人によって英訳され、翌年の1841年にはウェールズのスランダヴリにあるトン・プレスから出版された。この時、審査を担当したのが、レディ・スラノーヴァーの姉の夫であり、プロイセンの外交官として渡英していたオリエンタリスト、ブンゼン男爵である。

1842年のアバガヴェニ・アイステズヴォッドでは、ブンゼン男爵の提案のもと「ケルト諸語におけるウェールズ語」というテーマで論文が公募され、ドイツのカール・マイヤーが優勝した。審判を務めたジェイムズ・カウルズ・プリチャードは、ウェールズ対岸のブリストルに住む医学者・人類学者で、ウェールズ語を含むケルト諸語がインド=ヨーロッパ語族のひとつであることを初めて主張したことでも知られる。マイヤーの論説は、プリチャードの見解を踏襲するものだった。

1848年に開催されたアバガヴェニ・アイステズヴォッドでは、「12世紀以降のウェールズ語文学」をテーマにした論文部門にヴィクトリア女王がプリンス・オブ・ウェールズ（後のエドワード7世、当時はまだ6歳だった）の名のもと25ギニーの賞金を出すことが話題となり、錚々たる顔ぶれが競技に臨んだ。10月12日、ステージに上った審査員長が「ウェールズ文学界に本日、新星が現れた」とおもむろに述べたあと、優勝者のバルド名を呼ばわった。観衆が息をのむ。再びバルド名が告げられるなか進み出たのはひとりの青年、マーサー・ティドヴィルの薬剤師で弱冠27歳のトマス・スティーヴンズだった。審査員長が、この論文はぜひ出版すべきだと勧めるのを聞き観衆はまたどよめいた。翌年、トン・プレスから刊行されたスティーヴンズの『カムリの文学』は中世ウェールズ文学を学問的に論じた最初の文学史であり、彼の名声はヨーロッパそしてアメリカ合衆国にも広まったという。

カムレイガジオン協会は、アイステズヴォッド以外でも、ウェールズ文化復興に大きく貢献している。1836年にはプライスら会の主要メンバーによってウェールズ写本協会が創設され、『スランダフの書』ほか中世ウェールズの貴重な写本の校訂本が刊行された。

シャーロット・ゲストが英訳した中世ウェールズ物語集『マビノギオン』はウェールズの文学伝統を広く紹介する契機となったが、イングランド貴族の家に生まれた彼女の功績の陰には、トマス・プライスの協力があった。一方、夫の鉄鋼王ジョン・ゲストは、前述した『カムリの文学』出版を経済的に支援している。

シャーロット・ゲストは1849年の『マビノギオン』の序文で、カムリはインド＝ヨーロッパ語族の最古の血統を受け継ぐ民族であり、後世、他民族に追われるものの、古の英雄の偉業や伝承は侵略者の間にも広がった、よって、カムリこそ「ヨーロッパのロマンス文学揺籃の地」であると記している。カムレイガジオン協会のウェールズ文化復興運動の根底に、「ヨーロッパの言語・文化の源流はウェールズにあり」という強い思いがあったことがうかがえる一文である。

（森野聡子）

39

現代のアイステズヴォッド

★新しいウェールズの総合文化祭典★

中世に吟唱詩人たちのランクを定めるために始まったとされるアイステズヴォッドだが、今ではウェールズの言語と多彩な文化をコンセプトにしたサマーフェスティバルだ。毎年8月の第1週から第2週にかけて、北と南で隔年に開催地を交代しながら、野外に会場を設営して行われる。

期間中のハイライトは、ゴルセッズ・セレモニー。アイステズヴォッドの開催前に募集したウェールズ語による自由律詩、散文、韻律詩のそれぞれの審査結果の発表と、優勝者を称える儀式だ。登壇するのは、ドルイド僧のような格好をしたバルド《ゴルセッズ》のゴルセッズ《・ア・バイルズ》という集団。詩人、作家、芸術家のほかウェールズに多大な貢献をした人たちで構成されている。過去の優勝者たちもメンバーだ。

式典はゴルセッズの長であるアーチドルイドが司り、4人がかりで抱える長剣を使った平和の確認や、野花の花冠をかぶった少女たちのダンス、角杯に満たされた美酒の献上など、ケルトの祝祭イメージが濃い。ゴルセッズは1861年からずっとアイステズヴォッドに不可欠な役割を担ってきたが、それはこの祭典が全国規模となった当時、英国でロマン主義が台頭し、ケルトへの関心が高まっていたことと関係するのだろう。なにかにつけてイングランド人から見下されてきたウェールズ人にとって、我らはケルトの末裔であると宣言するようなこのページェントは、自尊心の大きな支えとなり、愛国心を鼓舞する高揚感をもたらしてくれたのに違いない。

文芸コンテストの主役の方に話を戻すと、自由律詩の部門では冠が、散文部門ではメダルが、そして創作がいちばん難しい韻律詩の優勝者には、アイステズヴォッドの由来に基づき、このためだけに制作された木製の椅子が賞品として贈られる。作品の審査は厳格で、どの応募作品も期待されるレベルに達しなかったと授与が見送られるときもある（最近では2013年にこの事態が起きた）。こうしてコンテストの質の低下を防いでいるわけだ。晴れて最優秀と認められた作品は、講評とともに出版される。

ゴルセッズ・セレモニーの「平和の確認」。最優秀詩人の背後に長剣を掲げて行われる。まだ勝者の椅子に座ることは許されない。

一方、そもそもの始まりで吟唱詩人とは別に楽人の腕比べもあったほどだから、現代のアイステズヴォッドでも音楽のコンテストはもうひとつのメインイベントだ。こちらは期間中に連日、パビリオンと呼ばれる主会場で行われる。性別、年齢、人数ごとに区分した独唱や合唱、様々な楽器演奏、ブラスバンド、さらにフォークソング、讃美歌、ミュージカルと、部門の多さは〝歌の国〟と呼ばれるウェールズならでは。中でも「ケルズ・ダント」は、ハープが奏でるメロディに応えて別の旋律を即興で歌うというウェールズ独特のもので、コンクールの花形だ。また音楽に限らず、近年はダンス、朗読、漫談の部門まであり、舞台で行われるものなら何でもというくらい、ジャン

ウェルシュロック専用会場「マエスB」でのナイトライブ。20以上のバンドが演奏し、若者たちの熱気であふれかえる。　© Crown copyright 2019 Visit Wales

ルが増えている。

だが、競い合うのは日中だけ。夕方からのお楽しみは、観劇やコンサートだ。地元の劇団によるコメディ、有名歌手のリサイタル、本邦初公開の楽曲など、意欲的なプログラムが並ぶ。若者たちにはウェルシュロックとポップミュージック専用の会場が設けられ、サウンドが炸裂する。今やビッグネームとなったバンドの多くが、その第一歩をこのステージで記した。

舞台芸術だけではない。会場内には絵画や彫刻、工芸品のギャラリーもあり、ウェールズ全土から4000人を超えるアーティストが作品を展示する。スポーツエリアや科学技術館もある。今やアイステズヴォッドはアート&カルチャーに限らず、ウェールズのあらゆる側面を祝う祭典なのだ。

もうひとつ、アイステズヴォッドで忘れてはならないのが、ウェールズ語の振興というコンセプトだ。官民が一体となった施策で若年層の話者が増えているとはいえ、最近までユネスコの絶滅危惧言語リストに載っていたほど、ウェールズ語は保護と促進を必要としている。このサマーフェスがすべてウェールズ語で行われるのは、そのためだ。特設会場はウェールズ語に関する最新情報の集積地で、レベルに応じた教材や資料が手に入る。ネイティブスピーカーとの交流の場や、学習意欲が高まるワークショップなどもある。ウェールズ語が話せると表明しているウェールズ人が全体の30%に満たない現状で、このウェールズ語第一主義の意義は大きい。

だが、この趣旨が前面に出るあまり、ウェールズ語を話せないウェールズ人たちに居心地の悪い思いをさせてきたことも事実だろう。私は2000年に首都のカーディフで4軒のホストファミリーと暮らしたが、どこも英語話者の家庭で、アイステズヴォッドが話題にのぼることはなかった。2004年にニューポートで開かれたアイステズヴォッドに行くために再訪したときは、「もの好きねえ」というリアクションだった。

このようにウェールズ語話者でないウェールズ人たちには人気のないアイステズヴォッドだが、これには主催側も危機感を抱いているらしく、最近は「ウェールズ語が話せなくても楽しめる！」というアピールを積極的に行っている。以前からパンフレット類は英語との2言語表記だったし、メイン会場では同時通訳があり、野外でもあちこちにバイリンガルの案内人がスタンバイしていたが、それらに加えて、最近はウェールズ語放送局のキャラクターショーがあったり、科学技術館で参加型の実験やゲームがあったりと、子連れで楽しめるイベントが多いのだ。さらに、近年ウェールズでは地産地消の材料を使った食も注目されていて、人気レストランのシェフが屋台を出すなど、フードフェスのような楽しみも加わった。

2018年に首都カーディフの湾岸地区で行われたアイステズヴォッドでは、初めて既存の建物を利用し、会場を囲む柵を設けず入場無料とし、ITを積極的に活用するなど、実験的な試みが次々になされた。結果として、前年の約3倍にあたる50万人の来場者を記録し、大成功だったという。そのために警備費がかかって29万ポンドの赤字も出したが、これらを受けて、今後のあり方が検討されていくのだろう。将来のアイステズヴォッドはどうなっているのだろうか。また訪ねてみたい。

（廣野史子）

40

セント・デイヴィッズ・デイ

★いちばん大切なウェールズの祝日★

キリスト教が生活習慣のベースになっている地域には、守護聖人という思想がある。聖人とは存命中キリストの教えに忠実に従い、実行し、今は天国にあって人々の祈りを神に取り継いでくれると教会が公に認めた人たちのこと。そして守護聖人とは、個人の場合は洗礼名や誕生日の聖人が、特定の職業や活動、病気、さらに町や国にはそれぞれにゆかりの聖人が、特別に目をかけて神にとりなしてくれる、というものだ。

英国を構成する4つの国のそれぞれの守護聖人は、イングランドが聖ジョージ、スコットランドが聖アンドリュー、アイルランドが聖パトリック、そしてウェールズが聖デイヴィッドだ。このうち聖デイヴィッドだけが生まれ育った国の守護聖人で、竜退治の伝説がある聖ジョージは中東の出身、聖アンドリューはキリストの十二使徒のひとり、クローバーの葉で三位一体を説いた聖パトリックは西ウェールズ生まれという説もある。

なぜ聖デイヴィッドがウェールズの守護聖人になったかというと、それはもちろん、彼が母国でのキリスト教の布教に多大な貢献を果たしたからだ。キリスト教はイングランドよりも先にウェールズで人々に受け入れられ、彼が生まれた5世紀後半にはすでに修道院も建てられていた。ケレディギオンの族長の息子だったと言われるデイヴィッドは修道院に入って聖職者となり、仲間たちと布教の旅に出る。そして、訪れた集落や村で人々を改宗させていった。彼はとても禁欲的な人物で、食事も野菜とパンと水しか口にしなかったため、〝水の男〟と呼ばれた。自己節制と修練は弟子たちにも求められたが、このような厳しさにもかかわらず、彼の清廉さと慈愛深さは多くの人々を魅了したという。

西暦530年頃、ウェールズの最南西端にある故郷の谷に、デイヴィッドは活動拠点となる修道院を開設した。ここが現在はセント・デイヴィッズと呼ばれる地で、その祈りの場は大きく発展し、セント・デイヴィッズ大聖堂となっている。デイヴィッドは589年もしくは601年の3月1日に永眠し、遺体は聖堂内に埋葬された。

セント・デイヴィッズ大聖堂内にある聖デイヴィッド像。右肩にハトがとまっている。

死後も彼の徳性を偲ぶ人は絶えず、多くの巡礼者がセント・デイヴィッズを訪れたため、1120年にローマ教皇はデイヴィッドを聖人と認定。次いで、ウェールズの守護聖人となることも宣言した。さらにセント・デイヴィッズへの2回の巡礼はローマへの巡礼に、3回ならばエルサレムへのそれに等しいとまで定められた。

ところで、聖人には奇蹟譚がつきものだ。聖デイヴィッドにも、修行中に盲目の師の目を見えるようにした、あるいは、遠くの群衆にも彼の説教が聞こえるようにと聖霊が白いハトの形になって肩に止まり、拡声器の役割を果たした、などの伝説がある。そのため、彼の聖画には肩にとまるハトが描かれていることが多い。また、ウェールズのシンボルであるリーキ（セイヨウニラネギ）は、サクソン人との戦いの際にかぶとにリーキを付けて敵味方を見分けろと、デイヴィッドがアドバイスしたことが由来とされている。

もちろん、6世紀の人物なので彼にまつわる話のどこまでが史実なのかはわからない。祈りが聞き届けられるよう聖デイヴィッドにとりなしを頼む人も、現代では少ないだろう。それでも守護聖人の祝日である3月1日は、ウェールズ人にとって〝我らの国の日〟であり、自分たちのアイデンティティを確認する大切な一日だ。これは、英国の他の3人の守護聖人と違って、聖デイヴィッド自身がウェールズ人であったことも関係しているのではないだろうか。この地に生まれこの地で育ったという同胞への親しみが、愛国の日という意識を高めているような気がする。

先に少し触れたが、聖人の祝日はその聖人が死んだ日、つまり帰天した日である。誕生日の聖人を守護聖人とするのは、その日に天から降りてきた赤ん坊がその聖人の生まれ変わりであるとも考えられるからだ。私は1990年から1991年にかけて首都カーディフの郊外にある小学校で日本の文化や現状を紹介する活動をしていたのだが、赴任してすぐ、児童たちに「好きな食べものは？」とか「兄弟は？」など、子どもが知らない人に訊ねるであろうお定まりの質問攻めにあった。その中にあったのが、「誕生日は？」。何の屈託もなく「3月1日」と答えたその瞬間、職員室に大きな歓声があがった。意味がわからず驚いていると、校長先生が「セント・デイヴィッズ・デイよ！　あなたはウェールズに来るように運命づけられていたんだわ！」。そのときには聖デイヴィッドはおろか、そ

セント・デイヴィッズ・デイに民族衣装で正装した少女たち。
Photo courtesy of The Photolibrary Wales

の祝日の重要性もわからなかったので、ただ面映ゆいだけだったが、3月1日の当日には先生や子どもたちはもとより、教会の牧師さま、父兄の人たちまでが一緒に誕生日の歌をウェールズ語で歌ってくれたことは、今でも胸が温まる思い出だ。

さて、セント・デイヴィッズ・デイの祝い方としては、まず民族衣装を身に着けること。これは小学校の女子生徒たちに多く、ウェールズ産のフランネルで作ったスカートとエプロンと肩掛け、それにフリルの付いた山高帽がお約束だ。男の子には特徴的な民族衣装はないが、みなウェールズのシンボルであるダフォディル（黄色のラッパ水仙）かリーキを胸に飾る。また、学校や市町村の単位でパレードやコンサートが行われたり、家庭では伝統的なウェールズ料理を楽しんだりする。ウェールズ内に点在する古城の多くはウェールズ旗を掲げ、入場無料となる。黒地に黄十字のセント・デイヴィッズ旗も、そこかしこに翻る。

首都カーディフでのイベントは年々盛大となり、ナショナル・セント・デイヴィッズ・デイ・パレードには多くのグループが旗を掲げて参加する。民族や宗教とは無関係の、ウェールズの歴史と文化を称えるための行進だ。沿道の観客の歓声も大きく、パレードが始まると一気にお祭りムードに。終点では特別コンサートも催される。

残念ながら、スコットランドとアイルランドの守護聖人の祝日とは異なり、セント・デイヴィッズ・デイは休日ではない。ウェールズでは公休日にしてほしいという請願がウェールズ人の約90％もの賛同を得て２００７年に英国政府に提出されたが、当時の首相で労働党党首だったトニー・ブレアは法律改正を拒んだ。だが、10年後の総選挙前に同党党首のジェレミー・コービンは「わが党が政権を奪還した暁には、イングランドとウェールズの守護聖人の祝日をそれぞれの国での休日とする」という公約を発表した。保守党の勝利でこの公約は果たされなかったわけだが、近い将来、３月１日は愛国の日として公休日になるかもしれない。それこそが、ウェールズ人にとっての独立記念日だろう。ＥＵからの離脱などではなく。

（廣野史子）

首都カーディフで行われるセント・デイヴィッズ・デイ・パレード。この日のために作られたペンブルックシャー・バナーを掲げて行進するフィッシュガード・アート・ソサエティー。©Fishguard Arts Society

41

ウェールズの守護聖人の祭り

★宗教色を取り除いた民衆文化としての祝祭★

ウェールズ語で「教会」は「スラン」と言うが、ウェールズには聖人の名を冠した教会名がそのままその地域の地名になっている場所が多々ある。例えば、スランダイロは「聖テイロ教会」という意味の地名であり、またスランゴスレンも「聖コスレン教会」を意味する地名である。そのような守護聖人の名を冠した教会を持つ村には、その聖人にちなむ教区独特の「祭り」があった。ウェールズはプロテスタントの国でありながら、中世のカトリックの祝祭日を思わせるような祭りが19世紀の中頃まで民衆文化として続いていた珍しい地域であった。

この守護聖人の祭りは、英語ではウェイク、ウェールズ語では文字通り「守護聖人の祭り」を意味するグウィール・マブサント、または単にマブサントと呼ばれた。英語でウェイクといえば、まずは宗教上の「徹夜」を意味するが、このウェイクは守護聖人の祝祭日の前夜に村人たちが教会に集まり、徹夜で飲み、食い、歌い、踊る徹夜祭（ウェイク）のことであった。しかし、後にウェールズではこの徹夜祭が聖人の祝祭日から切り離され、秋の収穫を終えた頃にウェイク（マブサント）として行われるようになった。

北ウェールズの国境の町で始まったこの宗教色を取り除いた祭りは、定期市や縁日の複合体のようなもので、規模は大きく、地元だけでなく遠くからも多くの人々がやって来た。1633年7月の日曜日にデンビーシャーで行われたウェイクには4000人が集まったという。一方、南ウェールズでウェイクが行われるようになったのは1650年以降のことであった。このウェイクは18世紀には町から村へと広がり最盛期を迎え、ウェールズの各地の教区や、単独の教区で開催できないところでは共同で19世紀の中頃まで行われた。

民衆文化としてのウェイクでは、聖遺物のパレード、飲食、太鼓やフィドルに合わせて踊るモリスダンス、力自慢や腕自慢の競技、600人ぐらいが参加する乱闘に近いフットボール、競馬、ボート競争、ボウリング、闘鶏、インタールードと呼ばれる道徳劇、民間療法、占いなどが行われ、他の村からやって来た人々との喧嘩と乱闘はウェイクにはつきものであった。

ウェイクは日曜日から開始されたが、実はこれが大きな問題であった。というのは、日曜日に祭りを行うことは、神聖な安息日を汚す行為であり、牧師たちはそのような祭りを非難し、止めさせようとした。裁判になったウェイクもあった。中には、教区民に5シリングを払い、月曜日から行うようにさせた牧師もいたという。ウェイクが行われなくなり、姿を消していったのは、そのような牧師たちの非難によるとも、またその祭で起きる喧嘩や乱闘、そして野蛮なフットボールに原因があるとも言われている。

ウェールズでは宗教改革が比較的早く達成されたので、巡礼やマリア崇敬にまつわる行事は早々と失われた。しかし18世紀のウェールズの教区には、聖遺物のパレードが残っていた。それは、日曜日に聖人の遺物を先頭に村中を練り歩くパレードで、その日は「聖遺物の日曜日」と呼ばれた。その日は熱気にあふれ、気分は高揚し、喧嘩や非行が横行した。アングルシーのスラネイリアンでは、参拝客は酒に酔い、大騒ぎをして、地元に多大の迷惑をかけたが、当局はそれを取り締まらなかった。何故なら、彼らの奉納金が莫大な金額になり、その教区は救貧税を徴収しなくてもよいほど、財政的に潤ったからであった。

ウェイクの多くは収穫期に行われたので、食事と酒がたっぷり振る舞われた。1760年のカーディガンシャーでは、穀物の刈り取りに従事した人々に食事が与えられた。19世紀初頭のデンビーシャーのある教区では、裕福な農場経営者は、貧しい教区民のために家を開放し、食事を振る舞う習慣があった。南ウェールズのガウアー半島の祭りでは、プラムプディングが出された。モントゴメリーシャーのある教区では、裕福な人にも貧しい人にも等しく食事が与えられ、特に貧しい人々に施された食べ物は「ウェイクの肉」と呼ばれた。

「ウェイクの市長」もいた。この「市長」には、ウェイクの期間中の4日間一度も家に帰らずパブに入り浸り、酩酊状態にある男が選ばれた。この基準を満たす人物が発見されると、その男はリボンと花輪で飾られ、椅子に座らされ、右手にビールの入った大きなジョッキを持たされ、彼が来年のウェイクまで「ウェイクの市長」であることが宣言された。

ウェイクは世俗の祭りとしてウェールズに根付いたが、それ以外にもウェイクには教区民の団結や連帯感を強化するという側面があった。その

ホリヘッドのウェイク（出所：Edward Pugh, *Cumbria Depicta*, 1816.）

ような例を5月3日に南ウェールズのスラントウィット・メイジャーで行われた「ジョン・オニールの城」という行事に見ることができる。これはこの村を襲ったアイルランド人の海賊ジョン・オニールを村人たちが撃退した故事に基づいているともいう。これは外敵に対して村民が団結することの重要性を表しているのである。

外敵は共同体の団結を促すというのがジョン・オニールの城のメッセージであった。一方、共同体の団結の基となっている聖人が民衆から虐待され、追放される対象となったウェイクもある。19世紀のモントゴメリーシャーのある教区では、聖テューダーを追い払う「テューダー叩き」という奇祭があった。その祭りでは、ひとりの少年が聖テューダー役に選ばれる。その少年は竿または枝を肩に担い、村中を歩かされる。村民はこぞってその少年の後を追い、彼の担った枝などを打ち、それが済むと、その後は飲めや歌えの大騒ぎとなり、終日スポーツが行われたという。ブレコンの近くで行われたウェイクでは、聖カノッグが村から追放される。聖カノッグの役には、よそ者や教区の嫌われ者などが金で雇われた。彼は椅子に座らされ、村中を引き回され、教区民の嘲笑の中、最後には川に投げ込まれる。教区民は、なぜ彼らの守護聖人を川に投げ棄てるのか、その理由を知らない。

守護聖人の追放は、内なる敵を排除して共同体を守る、ということにほかならない。村人たちは、教区に生じた実生活においては簡単に解決できない矛盾や問題、例えば救貧税への不満などを守護聖人に託し、祭りの中で象徴的に追放、排除したのであった。祭りと実生活は互いに補完し合うものだと言われるように、実生活のレベルでは不可能なものでも、祭りのレベルでは可能になる。そのような側面もウェールズの祭りにはあったのである。

（吉賀憲夫）

42

ウェールズ旗

★レッド・ドラゴンの伝統★

ウェールズの「国旗」は緑（下側）と白（上側）を背景に、4本足の赤い龍が向かって左を向き、前足を上げているものである。あたかも咆哮しているかのような赤龍の鋭い眼は、何を睨んでいるのだろう。

「イギリス」と呼ばれている国、すなわちグレート・ブリテン及び北アイルランド連合王国は、4つの国からなり、ユニオン・フラッグと称される国旗はそれらの国の旗を組み合わせたものということになっている。しかし、実際には「イギリス国旗」にウェールズの国旗は一切反映されていない。つまり、ユニオン・フラッグに関する限り、この連合王国を構成する国は3つになっているのである。これはなぜだろうか。

ユニオン・フラッグについての素朴な疑問の答えは極めて簡単だ。ユニオン・フラッグ成立（1606年）以前にウェールズがイングランドに併合されていた（1536年）からである。ユニオン・フラッグ成立時にはウェールズは――ウェールズ人がどう考えていたかは別として、少なくともイングランドでは――イングランドの一部・一地域と扱われていたということになる。だが自らの文化に強い誇りを抱くウェールズの人々がその状況を快く思っているはずもない。彼らの国旗にはどのような意味があり、どのような想いが込められているのだろうか。

現在のウェールズの国旗が、エリザベス女王により正式に国旗として認可されたのは、1959年のことである。しかし、それ以前にすでに赤い龍はウェールズの象徴として用いられており、中世にはすでに完全に定着していたと言われている。その歴史を辿ってみよう。

ブリテン島には有史以前から龍が「存在」していた。ケルト人が遺した様々な工芸品や硬貨などに龍が描かれていたことはその証左のひとつと言えるだろう。しかし、ブリテン島に軍事目的で龍を持ち込み、それを定着させたのはローマ人であった。スキタイ人、ペルシア人、パルティア人、ダキア人などに勝利したローマ軍は、龍が描かれた敵軍旗を持ち帰った。175年頃のことである。時のローマ皇帝トラヤヌスはこれをローマ軍旗に取り入れたのだったが、3世紀頃にはこの旗は主として歩兵隊に用いられた。これがブリタニアにもたらされたのである。そしてローマ軍が撤退した後も、この龍が描かれた旗はブリテン島に残ったのであった。

このような経緯で、「ドラゴン」は「兵士」、さらには「指導者」の意味を持つ語となった。例えばアーサー王の称号ペンドラゴンは「龍の王」の意であるが、これは「偉大な兵士」「兵士たちの王」「指導者の中の指導者」を指す。

ローマ軍撤退後、新たに渡来したサクソン人とアングル人によって島の西端に追いやられ、「よそ者」と呼ばれながら、なおも自らの国を守ろうとするブリトン人（ウェールズ人）にとって、龍は国のシンボルとなってゆく。龍が兵士を指すことからすると、他民族の侵略に抗う人々が、龍を自らのシンボルにしたことは当然のことであったのかもしれない。

では、その龍が赤であった理由は何であろう。赤龍がブリトン人の、白龍がサクソン人とアングル人の守護神であったという伝承が数多くあるが、それがシンボルとしてのレッド・ドラゴンの起源を明らかにしている。例えばウェールズの説話集『マビノギオン』の中にも2頭の龍が争うという物語（「スイッズとスェヴェリスの物語」）があるし、ジェフリー・オブ・モンマスの『ブリタニア列王史』にも見られるが、おそらくそれらの基となったネンニウスの『ブリトン人の歴史』に同様な話が記されている。それはスノードンに砦を築こうとしたが建設作業が進まないことを不思議に思ったヴォーティガン王が、その場所の地下に2匹の蛇がいることに気づくというものである。それは白と赤の蛇で、この2匹が争い壮絶な戦いの後に赤い蛇が勝利を収める。アンブローシアという少年が、これはブリテン島に2頭の龍がおり、現在は優勢を保っているのが白い龍（サクソン人、アングル人）、やがて赤い龍（ブリトン人）がそれを駆逐するという意味であると語る。

このような話は伝承、説話であり、これらをもって赤い龍がウェールズのシンボルになったとすることはできないであろう。しかし、これらの話がサクソン人、アングル人、あるいは国としてのイングランドに対するウェールズ人の心情を代弁していることは言うまでもないであろう。様々な話が語り継がれていく間に、ウェールズの人々は赤い龍に心を寄せるようになり、赤龍は国のシンボルとしてウェールズに定着していったのであろう。

赤い龍が国のシンボルとして地位確立のさらなる推進力となったのは、19世紀のウェールズ文化再評価運動であろう。イングランド化の進展に伴う自国文化、あるいは自国そのものの消滅への危惧、

1953年から1959年までのウェールズ旗に描かれていた意匠

自らのアイデンティティ喪失への危機感がウェールズの人々の愛国心を高揚させた。そして１８０７年、ウェールズ大公の印《しるし》は前足を上げた赤い龍にすべきだとの申立てがなされたのであった。エドワード7世がそれをプリンス・オブ・ウェールズの印として認めたのは約１００年後の１９０１年のことであった。その後、その印に「赤龍は先頭に立つ」というモットーが加えられ、白地にこの印を戴くものがウェールズの旗とされた。１９５３年のことである。しかし、１９５８年に赤い龍だけのものをウェールズの旗にしてほしいとの要望が出され、前述の通り、翌年、女王はこれを認めたのであった。こうして緑と白の地に赤い龍を載せた旗がウェールズの国旗になった。ウェールズ人の土地と魂のシンボルは連合王国内でも公的にも認められたのである。

２００７年のウェールズ国民議会選挙の際、「ドラゴンは『ヨハネの黙示録』12章3節に記されている龍（悪魔の化身）を想起させるため、ウェールズの国旗は聖デイヴィッドの旗（黒地に黄色の十字）に変更する」という公約を掲げる政党（ウェールズ・キリスト教徒党）が現れた。彼らが議席を得ることができなかったことは、赤い龍を征服されることのない魂のシンボルとしてきたウェールズの人々の心情を見事に表しているのかもしれない。

現在もウェールズでは、公共施設のみならず、家々の玄関や車に当たり前のようにレッド・ドラゴンが飾られている。ウェールズ魂を侵略しようとする者を寄せつけないよう、至る所でレッド・ドラゴンは睨みを利かせているのである。

（太田直也）

43

ウェールズ女性の山高帽とガウン

★民族衣裳か創作か★

ウェールズの絵葉書やみやげ物にレッド・ドラゴンとならんで使われるのが、男性のかぶる山高帽のような黒い帽子（ビーヴァー・ハット）に赤やチェックのフランネル（「ネル」とも呼ばれる、薄手の毛織物）のスカートにベドグンというガウンを重ねた、民族衣裳の女性である（208ページ写真参照）。

このウェールズの民族衣裳の創案者とされるのがレディ・スラノーヴァーことオーガスタ・ホールだ。レディ・スラノーヴァーは、1834年のカーディフ・アイステズヴォッド論文部門「ウェールズ語とウェールズ民族衣裳を保存することの利点」で優勝、そのとき発表した農村女性のスケッチがウェールズの民族衣裳を有名にするきっかけとなったというのが通説だが、実際には地方ごとに別々のデザインになっていて、今日、一般化しているウェールズ民族衣裳そのままの図は12枚のスケッチの中には見当たらない。

現実的に見て、イングランドや他のヨーロッパの農民たちとまったく違った「個性的な」衣服をウェールズ民衆が着用していたとは思えない。カーディフ・アイステズヴォッドが「ウェールズ民族衣裳の保存」をテーマに取り上げた背景には、

糸車と民族衣裳を着た糸紡ぎの女性の絵葉書（筆者蔵）

ウェールズ独自の民族伝統の存在をアピールし、イングランドとの差別化を図ろうとする、ウェールズ文化人の意図があった。そして地域振興および労働者教育の一環として民族衣裳を戦略的に利用したのがレディ・スラノーヴァーとその周辺の人々だったとは言えないだろうか。

レディ・スラノーヴァーが後援するアバガヴェニ・アイステズヴォッドやスラノーヴァー家での舞踏会で出席者が民族衣裳を着ていたという記録は残っているが、彼女が民族衣裳の普及に熱心だった裏には、もっと現実的な関心があった。

１８４８年のアイステズヴォッドでは、ウェールズのウール手織り機の実演とともに、ウール製品のコンペティションも行われたようだ。初日の晩餐会では、次のようなスピーチがあった（発言者は不明）。いわく、ウェールズの羊の毛を使った、本物のウェールズ製ウールは肌合いが柔らかく織りが細かいうえに、ウェールズの伝統的なチェックや縞柄はデザインも豊富なのに、今日では質の劣る、イングランドやスコットランド製のまがい物ばかり出回って、自分のところの小作人や使用人にウェールズのウールを着用させる地主も少なくなり、ウェールズの地場産業は消滅の危機に瀕している。また、ウェールズの伝統的文様や色合いが「オリエンタル」であることに旅行者たちが注目していること、遡れば東方起源なのではないかと、そのエキゾティックな魅力も強調されている。

さらにスピーチは続く。ウェールズのウールは、産業革命の時代にあっても昔ながらのやり方で、水力で糸車を回し、手織り機で織り上げ、工場ではなく広々とした農家で作られている。仕事を手伝うのは近所の健康な子どもたち。夕飯には、親方の妻が作った「おふくろの味」を子どもたちにも振る舞うのが習わしだ。ウェールズの伝統的ウール生産が、こうした素朴な慣習のもと守られていることが述べられている。

レディ・スラノーヴァーの夫ベンジャミン・ホールを含め、南ウェールズの支配階級には製鉄業や炭鉱経営からのし上がった資本家が多かった。1830年代には、これらの工場や鉱山労働者による暴動が勃発している。ウェールズの民族衣裳は、地主や雇い主を父親のように慕い黙々と働く、純朴な労働者が身に着ける「制服」であり、民族衣裳の推奨は、こうした労働者像をモデルとすべきだという支配層のメッセージでもあったわけだ。

ウールは女性だけでなく男性も着るものだから、「民族衣裳保存」の主眼はウール製の衣服の方にあった。けれども皮肉なことに、人目を引く帽子、それも農家の女性がかぶる男物のような山高帽の方が、ウェールズの民族衣裳の特徴として外部には認知されていった。

18世紀末、フランス革命やナポレオン戦争などによってヨーロッパを巡るグランド・ツアーができなくなった上流階級や富裕な中流階級は、スコットランドや湖水地方、そしてウェールズの壮大な自然の魅力に目覚め、これらの秘境ツアー、いわゆるピクチャレスク・ツアーが流行する。19世紀に入って道路が整備され、さらに鉄道も開通するようになると、ウェールズ観光はどんどん大衆化し、それにつれてウェールズ観光ガイド、紀行文、さらにはウェールズの風景や習俗を題材にした絵や版画が次々に出回るようになった。

面白いことに、時代が下れば下るほど、こうした画像に登場するウェールズ女性のビーヴァー・ハットの「山」はどんどん高く、どんどんとがっていって、しまいには煙突のようにそそり立つ「チムニー・ハット」をかぶった女性たちがウェールズの農村風景を彩るようになった。ちなみに、筆者が以前、ウェールズの民族衣裳について学会発表した際、手作りの民族衣裳をあつらえてみたことがあった。チェックのスカートや上着は似たような市販品でごまかせたが、困ったのがビーヴァー・ハットだ。ウェールズの通販サイトで調べると子ども用のものしか販売されていなかったので、プラスチック製ゴミ箱（！）に黒いフェルトを貼り、黒いつばの帽子の上に乗せて接着剤でくっつけ、接合部分には黒いリボンを巻いて隠し、つばには白いコットン・レースをつけて、それらしきものを作った。ゴミ箱を頭に乗せて学会発表した研究者は、そう多くはないだろう。

本題に戻る。同じ山高帽でも、紳士がかぶるシルクハットは円筒形だから、ウェールズ女性が頭に乗せている、とがったビーヴァー・ハットは、19世紀末の絵葉書の時代にはウェールズの地方色を演出する記号として盛んに使われ、今では帽子だけでもウェールズのアイコンとして通用するに至っている。

ウェールズ女性の民族衣裳は19世紀のウェールズ文化復興の中で生み出された「創作」であり、今日、土産物店以外で見ることができるのは、ウェールズの守護聖人聖デイヴィッドを祝う、3月1日のセント・デイヴィッズ・デイくらいだろう。

（森野聡子）

44

ブリテン島のバルドのゴルセッズ

★現代に蘇った古代のドルイド★

ウェールズの文化大祭、ナショナル・アイステズヴォッドに行ったことのある人なら、白や緑、あるいは青の長衣に被り物で頭を包んだ、まるで古代の神官のようないでたちの男女の不思議な姿を見たことがあるだろう。彼らは「ゴルセッズ」のメンバーで、ウェールズ語の定型詩・自由詩および散文の3部門の表彰式を執り行うほか、アイステズヴォッドが開催される1年と1日前に、ゴルセッズ・ストーンと呼ばれるストーンサークルにおいて、次のアイステズヴォッドの開会を厳かに宣言する。ゴルセッズはウェールズ文化に貢献した文学者・学者などの組織であるが、現在ではウェールズ出身の著名なスポーツ選手や俳優などもメンバーになっている。

アイステズヴォッド自体は中世の詩人バルドの集会あるいは競技会に由来すると考えられているが、ゴルセッズなる組織や関連する儀式は中世には存在しない。いかにも古式ゆかしいゴルセッズを創造／捏造したのが、イオロ・モルガヌーグのバルド名で知られる南ウェールズ出身の石工、自称バルドのエドワード・ウィリアムズである。

ウェールズ語伝統文学の収集や翻訳に取り組み、ウェールズ文芸復興運動の立役者となるイオロの最大の関心は、古代ケルトの神官ドルイドの伝統の復活だった。

そこでイオロが思いついたのが、ドルイドの儀式の「再現」である。式典は1792年6月21日の夏至の日、そして同年9月21日の秋分の日にロンドンのプリムローズ・ヒルで開催された。プリムローズ・ヒルはリージェンツ・パークの北側にあり、ウェスト・エンドが一望できるという海抜65メートルほどの丘陵地である。この丘の上にストーンサークルが設置され、祭壇に見立てた石の上に置かれた抜き身の剣を「ブリテン島のバルドたち」（その正体は、イオロの知人である在ロンドンのウェールズ人である）が鞘に収める。平和の使者であるバルドは人前では決して抜き身の武器を持つことはなく、またバルドの面前で武器を抜くことも禁じられていたということを示すパフォーマンスである。続いてイオロが古代のバルドの秘蹟についての詩を朗誦した。

古代ギリシャ・ローマの記録では神官ドルイドと詩人バルドは別のものとされていたが、イオロは、2つは同じものであり、バルドの伝統はドルイドの奥義を伝えるものだと主張、こうして蘇ったドルイド団は「ブリテン島のバルドのゴルセッズ」と命名された。

ドルイドとバルドの同一視は、厳密に言うとイオロの発案ではない。18世紀、ヨーロッパにケルト・ブームが巻き起こる。主役のひとりは、カエサルが記したような、おぞましい人身供犠を行う野蛮な祭司ではなく、古代ケルトの賢者、哲人として理想化されたドルイドである。ローマ教会設立以前の神の教えを伝える者、ローマ帝国の侵略に抵抗した自由の士といった、様々なドルイド像とともに、ストーンヘンジなどの巨石遺跡をドルイドの神殿とみなす説も登場する。一方、ノアの大洪水の後、ヨーロッパに住み着いたノアの子孫をケルト人とみなし、ウェールズ人はブリテン島最古の住民にしてケルトの流れを汲む民であるという言説がウェールズの古事研究家の間では広く受け入れられていた。そうした文脈の中で、ローマ帝国によって異端視されたドルイドの伝統がバルドに受け継がれていったという考えも生まれてきたのである。その一例としてエドワード1世によるウェールズのバルドの虐殺という伝説をテーマとしたトマス・グレイの詩にインスピレーションを受けた、ウェールズの画家トマス・ジョーンズの《バルド》（1774年）という絵を見てみよう。北ウェールズ山中が舞台

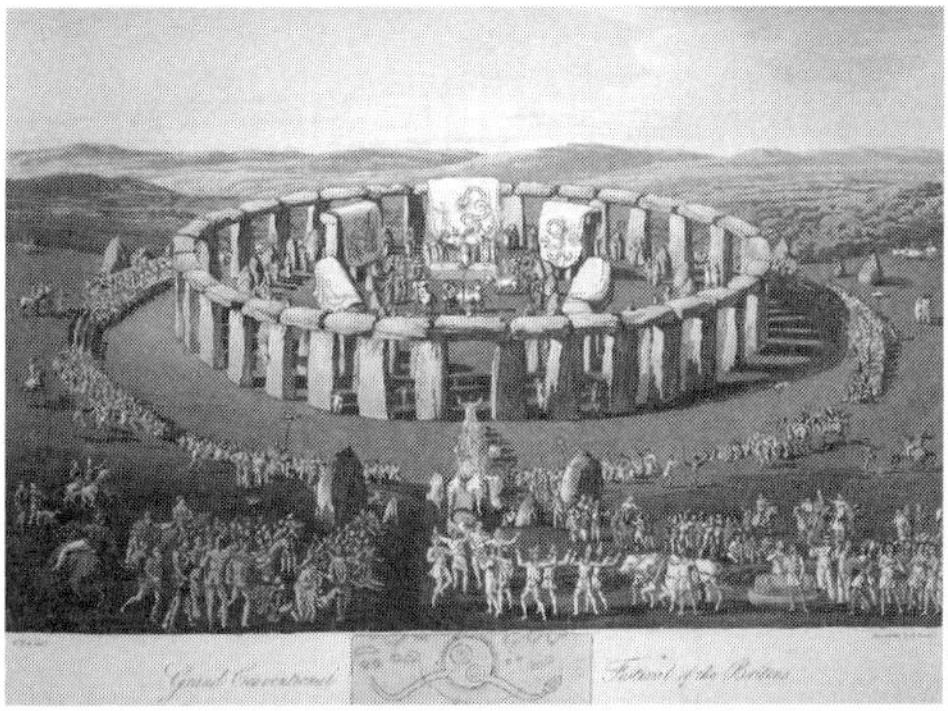

ストーンヘンジにおけるドルイドの大集会の想像図
（出所：『ブリテン島の原住民の装束』1815年）

のはずなのに、最後の生き残りのバルドの後ろにストーンヘンジらしき遺跡がちゃっかり描き込まれている。イングランド人に抵抗するバルドと、ローマに抵抗するドルイドが同一視されているのが明確に見て取れるデザインである。

　イオロは、ドルイド＝バルド像に、もっともらしい細部を付け加えていった。例えば、春分・夏至・秋分・冬至という太陽の運行から見た4つの節目の日の日の出とともにバルドはストーンサークルの真ん中で集会を行った、口に出すのもおそれおおい神の名の表象「/|\」はこれら4つの日に昇る太陽の光線、かつ愛・正義・真実を表す「光の眼」である、などなど。また、アイルランドでかつて用いられていたオガム文字にあたるドルイドのアルファベットがあったとして、イオロはそれを「バルドのコエルブレン」と呼んでいる。

ウェールズ人の祖？ヒュー・ガダルン。まわりにはバルドのコエルブレンで「カムリをブリテン島に引き連れるヒュー・ガダルン」と書かれている。
(出所：1880年代の雑誌)

こうしたイオロの粉飾の中でも最大のものがゴルセッズである。ゴルセッズは「塚山・墳丘」、「玉座」、さらには「法廷・会議」といった意味では使われていたが、バルドの集会と結びついた用例は過去には存在しない。けれども、居酒屋で行われるアマチュア詩人の腕比べも「アイステズヴォッド」と呼ばれていた当時、イオロが、より古式豊かな響きを持つ名称を選び、さらにドルイドと結び付けた演出をしたことが、「バルドのゴルセッズ」のその後の命運を決定することになった。

1819年、ウェールズのカーマーゼンに古事研究家、詩人、音楽家などが集まり、中世のバルドの伝統文化復活を目的にアイステズヴォッドが開かれる。アイステズヴォッド最終日の7月10日、会場となったアイヴィ・ブッシュ・ホテルの庭に進み出たイオロは——当時としては高齢の72歳だったが、まだかくしゃくとしていた——ポケットからおもむろに小石を取り出すと丸を描くように並べ、その真ん中に祭壇用の石を置いた。ドルイド、バルド、オヴェイトの3階級からなるゴルセッズのメンバーが見守る中、ゴルセッズ参入の儀式が行われた。ドルイドが白、バルドが青、オヴェイトが緑を着用する慣行は、カーマーゼンで彼らが着けた腕章の色に由来する。こうして初めてウェールズに紹介されたゴルセッズと、彼らに付随するシンボリズムやセレモニーは、19世紀後半にアイステズヴォッドがますますページェント化するにつれ、壮麗さや伝統を演出する装置として積極的に活用されていくようになり、現在ではアイステズヴォッドに欠かせないものとなった。

イオロはゴルセッズだけでなく多くの古文書を捏造している。例えば、ブリテン島の最初の住民であるカムリ（ウェールズ人）の父祖は東方の「夏の国」の太陽英雄ヒュー・ガダルンで、ヒューはカムリに農耕技術と詩作を教えたという伝承の裏付けとして、中世のテクストをでっち上げたのもイオロだ。イオロによればヒューはガリアで信仰されていた神エスス、そしてイエスのことであるという。スコットランドでジェイムズ・マクファーソンが古代のバルド、オシアン作という触れこみで詩の英訳を発表した際には贋作疑惑がすぐに浮上したのに対し、イオロの捏造が問題視されるのは19世紀末のことだ。ウェールズの古事研究家にとって最大の悲劇は、エドワード1世のウェールズ征服によってウェールズ伝承の多くが失われてしまったことだった。ウェールズが独立を保っていたならば存在していたはずの作品、それを「発掘」したのがイオロだったのである。

（森野聡子）

コラム5

今に続く奇習――マリ・ルイド

岩瀬ひさみ

クリスマス時期の夜になると、カラフルなリボンと鈴で飾り立てられた白い馬が家々やパブを巡る。白い馬はよく見ると馬の頭蓋骨と白いシーツでできている。これがマリ・ルイドである。ウェールズ語の「マリ」は「牝馬」を、「ルイド」は「灰色」を意味する。マリは聖母マリアという説もある。馬の頭蓋骨の眼窩にガラス瓶の底やツリー飾りのガラス玉をはめ込んで目にし、耳は黒い布でできている。白いシーツの中では、馬の頭蓋骨に差し込んだ棒を人が持ち、顎を動かして口を開け閉めする。かつては南ウェールズ中で見られたようだが、今でも旧グラモーガン州のいくつかの地域で行われ、スランガンウィッド村では毎年元日にこの行事が行われている。19世紀半ばのウィリアム・ロバーツ師の記録によれば、馬の頭蓋骨（マリ・ルイド）を持つ男に「リーダー」と「サージェント」と「道化師」と「パンチとジュディ」が付き添う。道化師は時にフィドルを弾くことがあり、パンチとジュディはぼろを着て顔を黒く塗っている。ジュディはほうきを持っている。一行は家の玄関口で、伝統的な即興の歌を歌って中に入れてくれと頼む。現在のグラモーガン諸州で歌われる歌いはじめは次のようなものだ。「さあおれたち来たぞ／おやさしい友よ／歌を歌う許しを請いに」。

家の中の人々も歌で応戦し、一行を家の中に入れるのを拒むふりをする。互いに相手を馬鹿にする即興の歌で競い合う。この即興の歌の競い合いはプンコと呼ばれる。歌が終わると、ようやくマリ・ルイド一行が家に入ることを許される。家に入ると、マリは若い娘たちを追い回し、道化師がフィドルで芸を披露し、ジュディはほうきで暖炉を掃除するふりをする。踊りと歌と馬鹿騒ぎが終わると、一行は食べ物と酒でもてなされる。家を出るときには一行はまた歌う。その家の人々の新しい1年を通しての健康と幸せを祈る歌を。

ちなみに、スコットランドのハイランド地方ではかつて大晦日の夜に、牡牛の皮をかぶった少年とそれを取り巻く少年たちの一行が家々を訪れるという行事があった。皮には角もひづめもついたままで、牛役はそれらを揺らしながら恐ろしげに家のまわりを回り、残りの少年たちが棒でその皮をやかましく叩きながら歌を歌った。その後一行は家の中でもてなされた。この行事もやはり新年の健康や幸福を祈願するものだ。

マリ・ルイドの様子を描いた絵葉書

すたれつつあったマリ・ルイドにリバイバルの動きがある。南部だけでなくウェールズの他の地方でもマリ・ルイドが始まり、イングランドやヨーロッパ、アメリカにも広まっているという。南部のクムアヴォン村はかつて行われていたマリ・ルイドを1991年に復活させている。近年新たに始めたところも多く、ここ10年ほどでその数はぐっと増えているという。南部の町チェプストウが2005年から始めたイベントでは各地から7つ以上のマリ・ルイドが集まるという。新しいマリ・ルイドでは即興で歌を作るのは難しいため歌詞カードを見ながら歌う。ウェールズの伝統音楽や舞踊を振興する団体は、手に入れにくい馬の頭蓋骨の代わりに頭蓋骨をデザインしたペーパークラフトを作り、学校などでワークショップを開いている。

チェプストウの街角に現れたマリ・ルイド
（Andy Dingley 撮影。CC BY-SA ライセンスにて許諾）

Ⅵ

絵画・スポーツ・音楽・生活

45

ピクチャレスクなウェールズを描いた画家たち

★リチャード・ウィルソンとその周辺★

1738年に出版されたウェールズ旅行記集の中で、ある旅行者はウェールズの山岳地帯を「ノアの洪水後の瓦礫の山」と表現している。これは、この書物が出版された18世紀前半にウェールズを旅した人々が共通して抱いたウェールズの自然観であった。しかし、18世紀後半になるとこの自然観に変化が現れた。ピクチャレスクの登場である。ピクチャレスクとは文字通り「まるで絵のような」という意味だが、それはサルヴァトール・ローザ、クロード・ロラン、ニコラ・プサンの描いた風景と同様の、「まるで絵のような」風景が現実の中にあるのだという逆転の発想であり発見あった。かつて瓦礫の山にしか見えなかったウェールズの山が、当時の美と崇高という美学的・哲学的議論を経てピクチャレスクという審美理念に到達し、鑑賞の対象となったのである。それは風景の中に、洗練されたものと粗野なものとの組み合わせを楽しむという新しい趣向であり、風景画や当時の観光旅行に強い影響を与えた。ウィリアム・ギルピンが南ウェールズのワイ川のピクチャレスクな美を1782年の著書で紹介して以来、この本をガイドブックとして、ウェールズに新しい美を求めて人々が押し寄せてくるようになるのである。

　ウェールズが多くの画家たちの興味の対象となる前に、ウェールズではすでに、後にイギリス風景画の父と称される画家リチャード・ウィルソンがウェールズの風景を描いていた。彼は、中部ウェールズのペネゴエスで生まれ、1750年から1757年にかけイタリアで風景画の修行をした。帰国後、《ウィンスティ近郊の風景》や《スランゴスレンから見たディナス・ブラーン城》などのウェールズの風景を描くが、有力な後援者もなく、ロンドンでの生計は成り立たなかった。彼は故郷のデンビーシャーに戻り、貧困のうちに翌年そこで没した。しかし彼の死後、古典的形式を保ちながら、その中にロマンティックな感情を湛《たた》えた彼の風景画はコンスタブルやラスキンの称賛するところとなった。彼は《ナントル湖から見たスノードン》をはじめとして、ウェールズやロンドン近郊の風景を描くことにおいて、イギリス風景画の発展に大いに寄与したのであった。

リチャード・ウィルソン《ナントル湖から見たスノードン》

　リチャード・ウィルソンの弟子トマス・ジョーンズは近年特にその評価が高まっている画家である。彼は中部ウェールズの地主の家に生まれ、オックスフォード大学に進むが中退し、ウィルソンの弟子となった。1774年にはトマス・グレイの詩「吟唱詩人」に基づいた同名の作品を描いている。彼は1776年から1783年までイタリアに滞在し、風景画を描いた。代表作に《ナポリの家》などを含む連作「ナポリの眺め」がある。彼は帰国後も絵を描き続けたが、1785年以降は画家を本業とすることはなかった。

18世紀後期になると画家や裕福な地主層がピクチャレスクな美を求めてウェールズにやって来た。これら富裕層の人々は旅の記録を残すために画家を伴うこともあった。画家たちは新しい美をまとったウェールズの風景を描いた。それらは版刻されることにより書物の挿し絵として、また画集として広く一般に流布した。

画家たちが旅で使用した画材は水彩であった。水彩は持ち運びが手軽であっただけでなく、イギリスの変わりやすい天候や、水や空気の流れ、変化に富む地形や風景を素早く的確に表現することのできる最適の媒体であった。水彩風景画は17世紀の地図作成技術のひとつであったが、やがてそれが地誌学的な情報以上のものを伝えることのできる芸術であるということがわかると、上流階級の上品なたしなみのひとつとなった。

ウェールズの風景画を残した画家たちは数多くいる。ヨークシャー生まれのサミュエル・バックと弟ナサニエル・バックの兄弟は、1774年にイングランドやウェールズの城や遺跡を描いた3巻本の『バックの遺跡集』を出版した。これらの絵は、芸術的かどうかは別として、イギリスの城や修道院の絵画的資料として貴重なものである。

ポール・サンドビーは陸軍所属の地図製作者であった。スコットランドに派遣されていた時、水彩で風景を描くようになり、後に「イギリス水彩画の父」と呼ばれるようになる。また彼は明暗対比の効果に優れた腐蝕銅版画技法のひとつであるアクアティントをイギリスに紹介した画家として知られている。彼は1770年と1773年に南ウェールズを旅し、1775年に『南ウェールズ12景』を、翌年に『続・南ウェールズ12景』を出版した。

ウェールズ人の画家モーズィズ・グリフィスは、動物学者であり旅行家でもあったウェールズ人トマス・ペナントの使用人であった。ペナントは絵心のある彼を従者兼記録係として旅に同行させ、風景、遺跡、遺物などを描かせた。グリフィスの描いたこれらの絵は、挿し絵や図版としてペナントのウェールズ旅行記やスコットランド旅行記を飾っている。

27歳で夭折したトマス・ガーティンはターナーの友人でありライバルであったが、ターナーをして「もしガーティンが生きていたら、私は食っていけず、餓死していただろう」と言わしめたという天才画家であった。彼は水彩画を油彩画などと並ぶ表現形式のひとつとして確立させるために重要な役割を果たした。1796年以降、各地をスケッチ旅行し、1798年と1800年にウェールズを訪れている。

ポール・サンドビー《ダディズ・ホールとペンブルック城》

J・M・W・ターナーは1792年から1798年の間に5回ウェールズを訪れたが、その間彼は《ティンターン大修道院翼廊》《ワイ川にかかるライヤダー・グワイ橋》《南から見たコンウィ城》などの水彩スケッチを描いた。その中でも1795年の南ウェールズ旅行の時のメモと鉛筆スケッチに基づいて制作され、1797年の王立美術院展に出品された水彩画《ユーウェニー修道院》は批評家に絶賛された。

プリマス生まれの水彩画家サミュエル・プラウトは１８０３年から１８１３年にかけて出版された『イングランドとウェールズの美』の挿し絵を制作し有名になった。デンビーシャーのリシンで生まれたエドワード・ピューは１８１６年に旅行記『カンブリア素描――北ウェールズ紀行』を出版したが、そこには彼の描いた70点以上に及ぶ絵が挿し絵として掲載されている。ウェールズ人のヒュー・ヒューズは１８２０年から１８２１年にかけてウェールズをスケッチ旅行し、１８２３年に『カンブリアの美60景』を出版した。

（吉賀憲夫）

46

オーガスタス・ジョンとグウェン・ジョン

★20世紀のウェールズを代表する姉弟画家★

有名なウェールズ人の画家の名を挙げるとすれば、まず前章で触れた「イギリス風景画の父」と称されるリチャード・ウィルソンであろう。さて次はとなると、彼に匹敵するビッグネームを探すのは少々難しい。これはウェールズ人が芸術的才能に欠けていることを意味するわけではなく、ウェールズの歴史的、社会的要因に由来するのである。

歴史的にみれば、ウェールズは古くから声の文化や口承文化の強く根ざした農耕社会であった。ウェールズの吟唱詩人（バルド）は彼らの属する部族の君主の徳と戦士たちの武勇を称え、また彼らの死を悼む詩を作った。そのようなこともあり、視覚文化は、ケルト十字架の精緻な文様や、また貧しい農村の若者が恋人のために木を彫って作ったラブスプーンなどの民芸品に見られるだけで、絵画のような視覚芸術はウェールズでは発達せず、また根付かなかった。ウェールズの裕福な地主階級はイングランドやヨーロッパの巨匠たちの絵を購入し、彼らに肖像画を描かせたのであった。産業革命以前に活躍したウェールズ人画家はリチャード・ウィルソンと若干の画家を除いて皆無であったと言ってよいであろう。

このような状況が一変したのは産業革命以降で、特に20世紀になってからであった。1913年には36人のウェールズの画家や彫刻家の作品が展示された「ウェールズ生まれ、またはウェールズ出身の現代美術家の作品」展が開かれた。また1936年には「同時代のウェールズ美術」という展覧会が開催され、ウェールズ人美術家の水準の高さを示す202点の作品が展示された。この2つの展覧会にはイギリスにおけるポスト印象派を代表するウェールズ人画家オーガスタス・ジョンの作品がそれぞれ出展されていたが、特に後者の展覧会では彼の作品がその中核をなし、すでにイギリス美術界に確固たる地位と名声を築いていた彼の実力者ぶりを示したのであった。

オーガスタス・ジョンは1878年に、南ウェールズのテンビーで生まれた。彼は地元の美術学校で学んだ後、1894年にロンドンのスレイド美術学校に進む。彼には2歳年上の姉グウェン・ジョンがいたが、彼女もまたオーガスタスに1年遅れて、当時イギリスで唯一女性を受け入れたこの美術学校に入学し、画家の道を歩むことになる。

さて、オーガスタスの作品は学内で高く評価され、その才能を認められる。彼は特に人物デッサンに秀でており、後に肖像画家として花開くことになる。卒業後は王立美術院への登竜門とも言えるニュー・イングリッシュ・アート・クラブに定期的に作品を出展するようになり、1903年には同クラブの会員に選ばれた。

1901年、彼はリヴァプール大学の系列下にある美術学校の教員となった。そこにはわずか1年半しかいなかったが、その時に後にリヴァプール市長となる人物の肖像画を描いたことから、肖像画家として名を上げ、第1次世界大戦が終る頃までにはイギリスのトップクラスの肖像画家となって

オーガスタス・ジョン
(G. C. Beresford 撮影)

いた。彼は2人の妻や友人たちを描いた数多くのデッサンや油彩画を残しているが、その他に小説家のトマス・ハーディー、詩人のW・B・イェイツ、ウェールズ人の政治家デイヴィッド・ロイド＝ジョージ、アラビアのロレンスことT・E・ロレンス、ウェールズの詩人ディラン・トマスなど同時代の著名人の肖像画も数多く描いた。時として、彼の描く肖像画には、そこに描かれた本人を狼狽させるほどの、また残酷なまでの「真実」が描かれていた。イェイツもオーガスタスの描いた自分の肖像画にはかなり当惑し、不満を示したという。

彼は1921年に王立美術院の準会員、1928年には正会員となり、1933年にはテイト美術館の評議員となった。このように彼の名声と地位が増すにつれ、彼の作品は高価なものとなり、美術館も購入をためらう事態が発生した。そのような彼を援助したのが同じウェールズ人で篤志家のグウェンドリン・デイヴィスであった。彼女は彼の絵やデッサンやエッチングをコレクションに加え、後にウェールズ国立美術館に寄贈した。ウェールズ国立美術館は1000点以上のデッサンを含むオーガスタス・ジョンの作品を収蔵する世界でも有数の美術館となったのである。

オーガスタス・ジョンは1961年に死去した。彼の派手で活力に満ちた絵画は大衆に愛され、受け入れられた。しかし、生前の名声と評価が高すぎたこともあり、死後、彼の評価は下落し、特に1970年代にはどん底にあった。その同じ頃、オーガスタスの姉グウェンの評価は、弟のそれとは反比例してうなぎ登りに上がった。グウェンは弟オーガスタスとはあらゆる面で好対照をなしていた。彼女は社交的でカリスマ的な弟とは対照的に控えめで、物静かな存在であった。弟が多作な画家であったのに

グウェン・ジョン《自画像》

対し、彼女は寡作で、158点の油彩画などが知られているだけである。

　1904年、グウェンはパリで画家としての活動を始める。生計を立てるため、芸術家たちのためのモデルにもなったが、その中に彫刻家のロダンがいた。彼女はロダンと愛人関係になり、その不毛の関係は長く続いた。パリではマティスやピカソなどと出会ったが、当時の画壇の影響を受けることはなかった。彼女は子どもや女性の肖像画を数多く描き、そのほかにも静物画や室内画を描いたが、室内画には彼女の才能が遺憾なく発揮されている。

　1913年にパリ近郊のムードンに転居し、猫を友として独居し始めた。この頃彼女はカトリックに改宗している。1919年にパリのサロンに作品を発表し、1920年代半ばまで定期的に出展した。1926年には彼女の唯一の個展がロンドンで開かれたが、その後は、彼女はますます世捨て人の感を強め、作品もほとんど制作しなかった。1939年9月10日、彼女は遺言書を書き、旅に出て倒れ、病院に運ばれ、そこで死去した。

　晩年のオーガスタス・ジョンは姉グウェンに言及し、「私が死んで50年もすれば、私はグウェン・ジョンの弟としてのみ記憶されるであろう」と言っている。この言葉から、オーガスタスが姉グウェンをいかに高く評価していたかがうかがえる。しかし同時に、そこには芸術的才能に満ちあふれた作品を描きながらも、ほとんど無名のまま、薄幸の運命を終えた姉を思う弟の気持ちが込められているように思える。ウェールズはこの2人の姉弟画家に代表されるように、美術の世界でも大いに貢献できるようになったのである。


（吉賀憲夫）

47

ウェールズ国立美術館

★ウェールズ人美術愛好家による愛蔵品の寄贈★

ウェールズ国立美術館はカーディフ国立博物館（旧名ウェールズ国立博物館）の建物の中にある。この博物館がウェールズの首都カーディフに建てられた背景には、当時のウェールズに満ちあふれていたウェールズ人の強い国民意識があった。1886年にウェールズ自治という政治目標を掲げるカムリ・ヴィーズ（青年ウェールズ派）の運動が起きるが、この運動は1895年に突然瓦解し、その政治目的を果たすことはできなかった。しかし、ウェールズ人の間に高まったナショナリズムはその後教育や文化に注がれ、ウェールズ選出国会議員団の強力な陳情活動により、ついにウェールズに国立の図書館と博物館を設置するというイギリス政府の内諾を得ることができた。1905年、政府がウェールズにこれら2つの国立機関を置くことを発表すると、その立地をめぐってアベリストウィスとカーディフが熾烈な誘致活動を行った。その結果、図書館がアベリストウィスに、博物館がカーディフに設置されることが決まり、1907年に設立勅許状が下りた。

国立博物館は1907年に建設が始まり、第1次大戦中の中断を挟み、1922年には一部を残し完成し、展示品の公開が始まった。この博物館のために裕福な人々は建設用地や高価な絵画を寄贈した。またこの種の寄付には稀なことだが、労働階級の人々からも多くの寄付が寄せられた。そこにはウェールズが「独立国家」であるという高揚したナショナリズムが大きく関わっていたのであった。

博物館内には美術、考古学、植物学、動物学、地学、自然史など多くの部門があるが、この博物館の華は何と言っても美術で、それを展示・収蔵する部門を特にウェールズ国立美術館と言う。この美術館は日本ではあまり知られてはいないかもしれないが、実は１９８６年に「英国・国立ウェールズ美術館展」が横浜、大阪、姫路、広島、岐阜、福島、東京、宮崎で行われている。そして２０１７年には「英国ウェールズ国立美術館所蔵――ターナーからモネへ」という展覧会が広島、松山、熊本、岡崎、静岡、福井の６都市で開催された。またこの間、１９９８年に岐阜県美術館で「ウェールズ紀行――歴史と風景（ウェールズ国立美術館所蔵、英国水彩画１６７５―１８５５）」展も行われている。これらの展覧会からもわかるように、この美術館は、ウェールズ人芸術家の作品の収集は当然のこととして、特に印象派の作品やウェールズの風景や風物を描いた水彩画およびその版画の収集に特徴がある。

実は、この美術館が収蔵する水彩画は、国立博物館のカーディフ誘致の成功に一役買っているのである。ウェールズ人の誇りとなる国立図書館をウェールズで一番古い大学のあるアベリストウィスに奪われてしまったカーディフは、残った国立博物館の誘致に向け、他の候補地と熾烈な誘致合戦を行った末、ついにそれに成功する。その時、誘致成功の要因のひとつになったのが、カーディフ無料図書館がすでに所蔵していた水彩画などのコレクションであった。国立博物館をカーディフに建てれば、これらのコレクションを中核として新しい美術部門を容易に立ち上げることができるからであった。

そのコレクションとは、カーディフに拠点を置くイングランド人実業家で美術コレクターのジェイムズ・パイク・トンプソンがカーディフの図書館に寄贈したものであった。そこにはウェールズの地誌学的水彩画や版画として、フランシス・プレイス、ポール・サンドビー、トマス・ガーティン、J・M・W・ターナー、ジョン・セル・コットマンなどの作品があった。またそのコレクションには、16世紀から17世紀のオランダ絵画、そして19世紀のフランス絵画も含まれていた。南ウェールズのダウライス製鉄所の支配人ウィリアム・メンローズも19世紀のベルギー、フランス、ドイツ、イタリアなどの油絵からなるコレクションをこの図書館に寄贈している。

カーディフ国立博物館

ウェールズ国立美術館はトンプソンとメンローズのコレクションを軸にスタートするが、第2次大戦後、質、量ともに両者のコレクションを凌駕する個人の美術コレクションが寄贈および遺贈された。それらは現在のこの美術館を代表する作品群となり、それまでのこの美術館の性格とムードを根底から変えてしまうほどのインパクトを与えた。それらの寄贈者は中部ウェールズのトレギノンの近くのグレギノック・ホールに住むグウェンドリン・デイヴィスとマーガレット・デイヴィスの裕福な姉妹であった。彼女らは、ロンダの石炭で巨万の富を築いた実業家で国会議員のデイヴィッド・デイヴィスの孫であった。

2人は20歳代で絵画収集を始め、美術アドヴァイザーの意見を聴きながらも、自分たちの好みに合ったものを次々に購入していった。彼女らのコレクションにはエル・グレコの《聖衣剝奪》やボッティチェルリ工房の《聖母子と聖ヨハネ》などがある。またゲインズバラ、ターナー、リチャード・ウィルソン、オノレ・ドーミエ、ミレー、コロー、ルノワール、ピサロもあった。モネの《ルーアン大聖堂》、セザンヌの《ティーポットのある静物》、ゴッホの《オーヴェールの雨》などの有名な作品も含まれている。また、ドラン、ボナール、ユトリロ、そしてロダンの彫刻もあった。

博物館内の美術セクション（美術館）に入ると、デイヴィス・コレクションの中の逸品、ルノアールの青いドレスを身にまとった優雅で上品な等身大の《パリジェンヌ》が来館者を迎えてくれる。その心地良い衝撃は、もはやウェールズ国立美術館が辺境の美術館ではないことを教えてくれるのである。デイヴィス・コレクションはこの美術館の収集方針に大きな影響を与えた。美術館は過去の巨匠たちの作品に目を向けるとともに、このコレクションを補完する作品を購入し、それを発展させ、オーガスタス・ジョンをはじめとするウェールズ人画家の作品を体系的に、また精力的に収集している。

このように、ウェールズ国立美術館はウェールズの人々の寛大な心と援助に支えられて今日に至っている。デイヴィス姉妹の貴重なコレクションの寄贈は彼女らの寛大でおおらかな心から来るものであろうが、そこにはもうひとつ別の意識が働いていたと言えるかもしれない。すなわち、祖父デイヴィッドがロンダの谷から得た莫大な富をウェールズに、またウェールズの人々に還元したいという決意がそこにあったように思えるのだ。この美術館に真の生命を与え、血の通ったものにしたのは、人それぞれのウェールズへの思いなのである。

（吉賀憲夫）

48

ラグビー

★ウェールズの第2の宗教★

「五郎丸ポーズ」が大流行した2015年、イギリスで行われたラグビー・ワールドカップで、日本代表チームが強豪南アフリカを破り、「史上最大の番狂わせ」などと報じられた。その翌年、カーディフでの対ウェールズ戦では、僅差で敗れはしたが大善戦し、7万人の観衆から大喝采を浴びた。2019年のワールドカップ開催を控え、日本では一大ラグビー熱が起こっている。このように近年、日本のラグビーはにわかに世界の注目を浴びるようになったが、ラグビーの老舗といえばウェールズ、ラグビーの聖地といえばカーディフである。それはどのような事情によっているのであろうか。少し歴史を振り返ってみよう。

はるか昔から、各地で村民が大勢参加するボールゲームが行われていた。ウェールズでは17世紀初頭にペンブルックシャーの2つの村で行われたゲームがラグビーの起源と言われている。それは、ありとあらゆる手段を用いて、敵方の村にボールを運び込むのを阻止するというゲームで、延々何時間にもわたって丘や谷、川を越えて続けられ、最後には何百人もの住民が、満身創痍となって足を引きずりながらも、笑いながら家路についたという。もっとも、近代的ラグビーといえば、イングランドのラグビー校のエリス少年がボールを抱えて走った1823年に始まると言われている。ウェールズに伝わったのは1850年頃で、1870年代には各地でクラブが結成され、19世紀末にその数は70以上に達していた。

この頃ラグビーは大英帝国諸国やヨーロッパ各国にも普及した。1871年には全英組織、ラグビー・フットボール・ユニオン（RFU）が結成され、その支部が1873年にはスコットランド、翌年にはアイルランド、そして1880年にはウェールズでもウェールズ・ラグビーフットボール・ユニオン（WRU）が立ち上げられた。

ウェールズでラグビーがいかに人々を熱狂させるかは、ちょうど、甲子園球場での巨人戦に勝ったときの阪神ファンの風船飛ばしと「六甲おろし」の大合唱を連想すればよい。カーディフでの対イングランド戦でウェールズがイングランドを打破するとなると、スタジアム全体が歓喜の渦に巻き込まれ、ウェールズ国歌「我が父祖の地」をはじめ、ウェールズ人の愛唱歌が延々と響き渡るという。

それでは、どうしてウェールズでラグビーが、文化の一部と言われるほど、熱狂的スポーツになったのだろうか。確かにウェールズでもラグビーは、最初はアカデミックな世界で、エリート階級の人々によって導入された。例えば、1881年の対イングランド戦でのメンバーの大半はパブリック・スクールやオックスブリッジ出身者で占められていた。カーディフで行われたこの試合では、ウェールズチームは無残にも82対0で完敗した。ところが、それから9年後の1890年、イングランドに初めて勝った時のメンバーはほとんどが労働者階級の若者で占められていた。ウェールズでは、ラグビーは、一部のエリートのものとしてではなく、庶民スポーツとして根付いていった。というのもそれは、競技場とボール、それに2本の支柱さえあれば誰でも参加でき、さほど費用もかからず、技術的に比較的単純で、厳しい肉体労働で鍛えた炭鉱や鉄鋼労働者に最適のスポーツだったからである。強固な団結心が要求され、騒々しい喧嘩のようなそのスポーツは、かつて勇猛果敢な戦士だった頃のケルト人の反骨精神を目覚めさせ、ウェールズ人の愛国心に訴えたのである。

だからといって、ウェールズがいつもイングランドや他のチームより強かったわけではない。少なくとも、1880年代の導入期には、イングランド、アイルランド、スコットランドの間で行われた連合王国間の試合では連敗に次ぐ連敗だった。最初の黄金時代はミレニアム・スタジアムができる100年前にやって来た。1900年から1911年にかけての12年間、43試合中36回も勝利を収め、しかもホームで負けたのはただの1度だけ、この時期にウェールズは、1906年アイルランドと同率1位だったのを含めれば実に7度も全英チャンピオンに輝いている。この時期は南ウェールズ経済の全盛期でもあった。高品質のスチーム炭を満載し、カーディフ港を出港した不定期貨物船は世界の隅々に石炭を届け、ロンダやアバデア等では20万人以上もの労働者が炭鉱で働いていたのである。

カーディフのショッピングモール内に建つガレス・エドワーズ像（Ruth Sharville 撮影。CC BY-SA ライセンスにて許諾）

確かに、炭鉱業が不振に陥った第1次大戦後しばらくの間、ウェールズのラグビーも沈滞を極めた。しかし、第2次大戦後、新たな息吹が吹き込まれ、沈滞ムードは吹き飛ばされた。1955年にカーディフが正式にウェールズの首都となり、不況地域に新たな産業が移転された。今までスウォンジーやニューポートで行われていたラグビーの試合もカーディフに集中されるようになった。航空機の発達により、ラグビーにもグローバリゼーションの時代がやって来た。戦時中、中断されていた全英試合も再開され、フランスもリーグ戦に参戦し、かつての大英帝国諸国間の国際試合も盛んになった。最大の黄金時代は１９６０年代後半から70年代にやって来た。とりわけ、１９７５年から79年にかけてウェールズは１９７７年を例外としてファイブ・ネーションズカップ（国際リーグ戦）のチャンピオンに輝いた。黄金時代の英雄、バリー・ジョン、ガレス・エドワーズ、J・P・R・ウィリアムズといった大スターは、ウェールズの谷では今でもレジェンドとして語り継がれている。

ところで、ラグビーの殿堂といえば、カーディフであるが、ウェールズでラグビーの試合が始まった当初は、ニューポートやスウォンジー、時にはスランネスリでも全英リーグ戦が行われていた。20世紀になるとカーディフとスウォンジーに集中するようになり、カーディフがウェールズの首都になった１９５５年に、ＷＲＵはホームでの試合をすべてカーディフで行うことに決定した。

カーディフにおけるラグビー競技場は市の中心部、タフ川のほとりにあり、長らくアームズパークという名で知られていた。その名は、近くの馬車宿、カーディフ・アームズ・ホテルから来ており、この町の大地主であったビュート侯があたりの沼地をレクリエーション目的のために自治体に提供したことに由来する。ウェールズ代表チームがここで最初の試合を行ったのは１８８４年で、その後、ラグビー人気の高まりとともに、何度も改築され、収容人数も増えていった。最大の転機は１９９９年に訪れた。ウェールズでのワールドカップ開催のために新築された競技場はミレニアム・スタジア

タフ川のほとりに新築されたミレニアム・スタジアム

ムと改名され、ラグビーやサッカーといった球技だけでなく、多目的イベント会場として、コンサートなどの催しも行われるようになった。今は、ナショナルスタジアム・オブ・ウェールズ、プリンシパリティ・スタジアムとも呼ばれている。

（梶本元信）

49

谷間や採石場に響く歌声

★ウェールズ人と合唱の伝統★

ウェールズ人の合唱好きは、ジョン・フォード監督の映画『わが谷は緑なりき』（１９４１年）を通じて、日本でも知られている。この作品は、現地ロケが第２次世界大戦のために実現せず、全編ロサンゼルス郊外で撮影されたが、そう感じさせない自然描写と谷間に響く炭鉱労働者の合唱が印象深い。舞台は南ウェールズのロンダ渓谷、炭価に賃金を連動させる制度に反発してストが生じた19世紀末だとされる。横暴な炭鉱経営者、故郷を離れる兄弟、つらい学校生活、そして炭鉱事故など、数多くのエピソードの合間の歌声は、ウェールズ人のイメージを定着させた。ウェールズは「歌の国」を自認している。とはいえ、合唱への愛着は古いものではなく、19世紀に広がったとも言われる。急速に工業化・都市化が進んだ山間部で男声合唱団が次々と作られた。19世紀末のナショナル・アイステズヴォッドの男声合唱部門を見ると、１８８３年、１８８７年、１８９３年にロンダ、１８８５年にアバデア、１９００年にダウライスの合唱団が、それぞれ優勝している。

ウェールズに合唱文化を根付かせたのは工業化と非国教主義であった。この両者を結びつけたのが禁酒運動である。南ウェールズの新しい工業都市は、ウェールズだけでなくイングランドやアイルランドからも多くの移住者を迎え、社会基盤の整備が都市化の速度に追いつかなかった。衛生環境は劣悪で、居住スペースは狭く、多くの労働者が仕事の後、飲酒に耽った。ダウライス製鉄所周辺だけで200軒もの居酒屋があったとされる。彼らがジンやビールを片手に歌い始めたのがそもそもの起源であったと想像できるが、しばしば暴力沙汰も起こり、治安に悪影響を与えた。単なる酔漢の叫びを合唱として方向づけたのが、非国教主義の影響を受け、19世紀ウェールズで重要な位置を占める禁酒運動である。

禁酒運動は聖職者のみならず、「肉体労働者の共和国」とも評される居酒屋になけなしの生活費を奪われることを嫌う労働者の家族や、過度の飲酒が生産性低下につながることを懸念する経営者にも支持された。最初のうちは節酒（せいぜい1日ビール2パイント〈1136ミリリットル〉まで）を目標とすることもあったが、やがて敬虔で自立した個人の育成を重視し、完全禁酒を目指す動きが強まった。その活動と合唱団が結びつくのである。例えば、1845年にはマーサー・ティドヴィルの聖職者D・T・ウィリアムズが禁酒を説くための合唱曲「穏やかな歌い手」を作っている。また、練習や発表の場としてパブのようなアルコールを供する施設がふさわしくないのは明らかであった。そこで選ばれたのが非国教会の礼拝堂や禁酒ホールである。ウェールズ各地で19世紀前半に約2500の礼拝堂が新設された。いくつかの町では、収容人数1000人を超える禁酒ホールが作られた。これらを舞台にして、クリスマスの時期に合唱団の成果が披露され、宗派ごとの対抗戦の様相を呈することもあった。

現在では南北アメリカ、ニュージーランドなどでも開かれている「カマンヴァ・ガニ（讃美歌フェスティバル)」がウェールズで初めて実施されたのは、1859年だったとされる。アバデアのメソジスト教会牧師エヴァン・グウィルトは音楽雑誌を編集するなど、ウェールズの合唱の質を高めようとしていた。その一環として地域の合唱団が一堂に会するイベントを企画したのである。1916年以降、ナショナル・アイステズヴォッドでもカマンヴァ・ガニが開催されるようになった。ウェールズからの移民を中心に世界各地へと広がり、現在に至っている。こうした活動が「歌の国」のイメージを定着させたのである。

合唱活動を通じて広まっていった歌は数多くあるが、最も有名なのは事実上の「ウェールズ国歌」とされる「我が父祖の地」であろう。この曲は、作詞が繊維業者で詩人のエヴァン・ジェイムズ、作曲がその息子の音楽家ジェイムズ・ジェイムズで、1856年に作られた。最初は「ロンダ川の堤」と名付けられたが、1858年のナショナル・アイステズヴォッドで歌われてから現在の曲名に変更された。詩人や勇敢な戦士などと並んで、「歌い手」の国としてのウェールズが描かれる。このイメージは、たとえ「創られた伝統」であったとしても、当時の人々の意識からさほどかけ離れていなかったのであろう。だからこそ制作後すぐにウェールズの代表歌となり、1887年に初めてロンドンのロイヤル・アルバート・ホールで開催されたナショナル・アイステズヴォッド以降、対外的にも国歌扱いを受けるようになったのである。

合唱団は様々なレベルの大会で激しい競争を繰り広げ、時には観客が結果をめぐってエキサイトする場面もあった。他方、何らかの目的でコンサートやツアーを行うこともあった。炭鉱事故で死傷した被害者や家族の救済、学校建設の資金集めなどである。1880年に結成された北ウェールズ・ベ

ペンリン合唱団（出所：G. Williams, *Do You Hear the People Sing?: The Male Voice Choirs of Wales*, Gomer Press, 2015, p.16.）

セスダのペンリン合唱団の活動を見てみよう。スレート鉱山労働者から構成された合唱団は１８９３年のシカゴ万博で歌を披露するなど、幅広い活動を行っていた。１８８０年代に労使対立が生じたのちも、経営側から便宜を図られていた。しかし19世紀末からの大争議はその活動に影を投げかけた。合唱団は困窮する労働者を支援するため、たびたびコンサートを開いた。１９０１年５月には、ロンドンやイングランド北部で義捐金集めのツアーを行った。社会主義者Ｒ・ブラッチフォードが司会を務めたロンドンのコンサートは、大勢の観客を集めたとされる。しかし労働者が追い詰められてゆくにつれ、合唱団員も仕事を失い、大争議による鉱山の衰退でやがて合唱団は消滅する。現在活動しているのは１９３５年に再結成されたものである。新しい合唱団は１９４７〜49年のナショナル・アイステズヴォッドの少人数部門で３年連続の優勝を勝ち取り、再び黄金時代を迎えた。しかしそこには鉱山労働者はほとんど含まれていなかった。石炭産業の衰退後に南ウェールズの合唱団の多くが歩む道を、ペンリン合唱団はいち早く経験したことになる。

現在、ウェールズの合唱団が抱える問題は、地域社会の衰退、メンバーの高齢化など、様々である。21世紀に入る頃から、リスナーの音楽への向き合い方も劇的に変わった。元々は労働者の余暇の過ごし方を管理するために始まった合唱活動であったが、その目的はすでに失われた。合唱はそれとして意義を主張できる存在になった一方で、民衆に根ざすウェールズ人らしさを合唱活動の中に表現することは困難になりつつあるように思われる。新たな時代にふさわしい「歌の国」ウェールズのありようは、これからどのように模索されていくのであろうか。

（久木尚志）

50

ウェールズの食

★カウル、ラーヴァーブレッド、ウェルシュラビット、バラブリスなど★

山脈が連なり、三方を海に囲まれたウェールズ。この地形と、長くイングランドに隷属してきたという歴史が、ウェールズの食文化を育んだ。イングランドの伝統的な料理の多くが、たっぷり食料が詰まった貴族の屋敷の台所から生まれたのとは異なり、ウェールズの伝統料理は、耕す面積の少ない厳しい自然環境が背景となっていることが特徴だ。例えば寒風吹きすさぶ高地では、穀物はオート麦くらいしか収穫できなかった。そこでイングランドでは馬の餌だったオート麦を、スープに入れたり、おかゆにしたり、薄く固めて焼いたりして、食べていた。

ウェールズ料理のもうひとつの特徴は、北や南の鉱山や沿岸の漁場での労働者たちの食欲を満たした脂肪分たっぷりの料理が多いことだ。伝統的な食事のメインディッシュといえば、まず豚肉。ケルト神話にも登場する豚はウェールズではなじみの動物で、かつてはどんな家でも裏庭に豚小屋があった。南ウェールズで多く育てられている特産のウェルシュ・ピッグは味が濃く、おいしいベーコンができると評判だ。

だがウェールズで肉といえば、誰もがラムを思うだろう。実際、ウェールズでは人口の3倍以上の羊が飼われている。ただ

ウェールズ語でスープを意味するカウルは、肉と野菜を煮込んだ郷土料理のひとつ。様々なレシピがあり、これにはラム肉とリーキとニンジンが使われている。

200年くらい前までは、ウェルシュ・ラムはほとんどがイングランドの貴族や金持ちに供され、ウェールズ人の食卓に登場することはまずなかった。大英帝国の絶頂期に君臨したヴィクトリア女王はことのほかお気に入りで、王室ではウェールズ産以外のラム肉を使っていけないと命じたほどだったという。中でも沿岸部の羊は、ミネラル豊富な海藻や海水を含んだ沼地《マーシュ》で育ったハーブを食べるので、ほのかな塩味があり、香り高く、やわらかい。ソルト・マーシュ・ラムと言い、世界中のトップレストランからオーダーが入る。

このラム肉や豚肉を使ったウェールズの郷土料理のひとつが、カウルだ。ウェールズ語でスープを意味し、ニンジンやジャガイモ、キャベツ、リーキなどの根菜類とともに煮込んだシチューである。地域と季節によって材料が異なるため、ウェールズ人にはそれぞれ〝おふくろの味〟のカウルがある。

三方を海に囲まれたウェールズでは漁業も盛んで、西海岸沖ではサバやニシンが、川ではサケやマスが獲れる。英国初の特別自然美観地域に選ばれたガウアー半島をはじめ、南部では貝類が豊富。そして、ウェールズの食の独自性を強く表すものが、ラーヴァーブレッドだ。これはパンとは関係がなく、海苔。そう、ウェールズ人は日本人と同じく、海苔を食べるのだ。ただし、日本のように乾燥させたものではなく、茹でたもの。見た目は海苔の佃煮のようだ。一般的には、オートミールを混ぜてラードで炒め、トーストに載せていただく、朝食メニューのひとつである。

私は3月1日のセント・デイヴィッズ・デイ生まれということもあり、誕生日のお祝いにと連れて行ってもらったウェールズ料理のレストランで、初めてこのラーヴァーブレッドを食べた。かなり脂ぎっていて、味も海苔の佃煮とは似ても似つかなかったが、飲み下したとたん鼻に磯の香りが抜けた。「あ、これは確かに海苔だ」と思い、「うん、おいしい。食べられるよ」と言ったら、見守っていた友人たちが一斉に笑顔になった。ラーヴァーブレッドや貝類はウェールズ人でも食べられない人が多いからだ。海の近くで育ったか、山間で育ったかの違いなのだろう。ただ、最近はミネラル豊富な栄養食品としてラーヴァーブレッドが見直され、食べやすいレシピもいろいろと考案されている。ウェールズにもようやくヌーベルキュイジーヌの波が来た、というところだろうか。

ラーヴァーブレッドはトーストに載せて食べる以外に、丸く固めてハンバーグのように両面を焼く食べ方もある。(Diádoco 撮影)

乳製品に目を転じると、特産はチーズ。首都カーディフの北にある町で生まれたカーフィリチーズは、生乳を原料としていて色は白に近く、ポロポロしたハード系で、味はマイルド。産業革命で南ウェールズの炭鉱地帯の人口が増え、知られるところとなった。一方、肥沃な土地が少ない西や北ウェールズでは牛の代わりに山羊が飼われ、その山羊の乳でチーズが作られた。やわらかくクリーミーなゴートチーズは、最近人気が復活している。ほかにもブルーチーズやチェダーチーズなど、たくさんの種類のチーズがウェールズで作られ

フルーツケーキのバラブリスは、種に紅茶を加えるのがポイント。しっとりしている。

ているが、それは、かつて肉が贅沢品だった時代に、チーズは労働者たちの胃袋を満たす大切な栄養源だったからだ。

チーズを使ったウェールズ料理の代表格は、ウェルシュラビット。なんのことはない、チーズ・オン・トーストだ。映画『ゴスフォードパーク』で、ベジタリアンのゲストの夕食に何を準備したかと女主人に聞かれ、ハウスキーパーが「ウェルシュラビット」と答えるシーンがあるのだが、公開時の字幕では「ウサギをご用意しました」となっていた。字幕担当の翻訳者が調べていたら、こんなミスは犯さなかっただろうに。

誤解を招くもうひとつのウェールズ料理は、グラモーガンソーセージ。チーズとリーキとパン粉を混ぜて棒状にし、衣を付けて揚げたもので、肉は入っていない。元々はグラモーガンチーズが使われていたが、現在はそのチーズ自体がなくなったので、すぐ隣の地域で作られているカーフィリチーズを使うことが多い。ベジタリアンに人気のメニューだ。

パンやケーキは、ウェールズではありあわせの鍋や蓋付き鍋のダッチオーブンで直火にかけて焼くことが多かった。代表格のバラブリスはフルーツケーキのことで、ウェールズ語で「まだら模様のパン」という意味。ドライフルーツやスパイス、紅茶を種に入れて焼く。薄くスライスし、バターをたっぷり塗って食べるのがお約束だ。ケーキ以外の菓子類は、グリドルという鉄板や、ベイクストーンという石の焼き盤の上に種を敷いて伸ばし、直火にかけて焼いた。ウェルシュケーキが有名だ。ケーキと命名されているが、干しブドウとシナモンが入った厚みのあるソフトビスケットで、ミルクティーとよく合う。

実はウェルシュケーキは少しパサパサしていて、ドリンクがなければ飲み下しにくい。私が勝手に〝お笑いウェールズ案内〟と呼んでいるウェールズで人気のイラストレーターが作ったガイドブックには、その説明に「あなたの胃腸の消化活動が正常かどうかを調べるリトマス試験」とあった。ただこれは20年以上前の出版なので、今のウェルシュケーキはもっとしっとりしているのかもしれない。少なくとも、最近来日したウェールズ人の友人からもらったウェルシュケーキは、記憶にあるほどパサパサではなかった。オーブントースターで温め、とっておきの紅茶とともに、久しぶりのウェルシュ・ティータイムを楽しんだ。郷愁を誘う味だった。

（廣野史子）

グリドルの上で焼かれるウェルシュケーキ。焼きたてもいいが、日が経ってシナモンがなじんだ味もおいしい。 © Crown copyright 2019 Visit Wales

51

ウェールズ人会

★結束するロンドンや各地のウェールズ人★

19世紀を通じてウェールズ文化復興や近代化を先導したのは、主としてロンドンにあるウェールズ人会である。これには大きく言って2つの理由が考えられる。

アイルランドへの入り口ホリヘッドや、炭鉱地帯を後背地に控えた港湾都市カーディフなどの交通の要所とロンドンは早くから幹線道路で結ばれ、19世紀半ばにはロンドンをターミナルとする鉄道も開通する。しかし、山岳地帯が背骨のように走るウェールズでは、南北を縦断する交通網の整備は困難だ（今でも状況は変わっていない）。そのため、ロンドンがウェールズ各地の情報を集積し発信するハブの役割を果たさざるを得なかった。

こうした地理的条件に加え、ロンドンのウェールズ人はエスニック・マイノリティとしては特殊だった。19世紀のロンドンは人口200万を抱える世界最大の都市で、その1割が他地域からの移民だった。こうした移民のほとんどが生活に追われる労働者だったのに対し、ロンドンのウェールズ系市民には中流階級の文化人が多かった。1485年にウェールズ出身のヘンリ・テューダーがリチャード3世を破ってイングランド王位に就いて以来、王朝が変わっても王家や政府とウェールズ富裕層との結びつきは強かったからだ。

古代ブリトン人名誉忠誠《ロイヤル》協会は1715年3月1日の聖デイヴィッドの日に結成されたロンドンのウェールズ人会である。「忠誠」とわざわざ名乗っているのは、スコットランドの反乱分子とは異なり、自分たちは王室に忠誠を誓うという表明である。会の功績として挙げられるのは、1716年に、ロンドンの恵まれないウェールズ人の子どもたちのためにウェールズ慈善学校を建てたことだ。18世紀後半には会は活動を停止している。

続いて登場するのが、1751年に創設されたカムロドリオン名誉協会である。会の生みの親とされるのがアングルシー出身のモリス兄弟。測量技師のルイス、ロンドンで海軍省に勤めるリチャード、ホリヘッドの税関吏で植物学者ウィリアムの3人である。

会の名称を考えたのは、おそらく古事研究家のルイス・モリスで、先住民を意味するウェールズ語「キン・ヴロドリオン」をもとに「カムロドリオン」という言葉をひねり出したに違いない。ウェールズ人こそ、古代ローマ人やアングロ‐サクソン人以前にブリテン島を支配していた先住民の末裔だとする、当時のウェールズ民族意識を反映したものだ。とはいえ、会の主な活動はウェールズ慈善学校を財政的に援助するための募金運動だった。ウェールズ語や伝統文化の保護も目的には謳われていたが、会としての成果はほとんどない。ただ、ルイス・モリスは、ジェイムズ・マクファーソンが古代スコットランドの詩人オシアンの作品を英訳したというふれこみでオシアン・ブームを巻き起こしたのに対抗してウェールズの古詩の翻訳出版を援助したり、古代ブリテンに関心を持つイングランドの文化人と交流したりすることで、イングランドにおけるウェールズの認知度を高める上では貢献し

イオロ・モルガヌーグ（ウェールズ国立図書館）

たと言えるだろう。

ウェールズ文芸復興の実質的担い手となったのが、北ウェールズ出身者の郷士会として１７７０年に発足したグウィネジギオン協会だ。ロンドンに上京して毛皮商として財産を築いたオーウェン・ジョーンズを中心に、ウェールズ語辞書の編纂で名を上げるウィリアム・オーウェン・ピュー、後にジョージ4世のハープ奏者として「バルズ・ア・ブレーニン（国王のバルド）」を名乗るエドワード・ジョーンズらが集まった。１７９２年にイオロ・モルガヌーグがロンドンで「ブリテン島のバルドのゴルセッズ」を催した際、集まったのもグウィネジギオン協会の面々である。またグウィネジギオンは、１７８９年のコルウェンとバラにおけるアイステズヴォッドを支援し、19世紀に本格化するアイステズヴォッド復活の先駆けとなった。

グウィネジギオン協会の功績として中世ウェールズ詩や年代記の校訂・翻訳が挙げられる。オーウェン・ジョーンズのバルド名オワイン・マヴィールにちなんで名づけられた『マヴィール版ウェールズ好古学』はオーウェン・ピューの編集のもと、第1巻と第2巻が１８０１年、第3巻が１８０７年に刊行された。ウェールズ語テクストを収集したのがイオロである。中にはイオロの「創作」も数多く含まれていることが現在わかっているが、19世紀末に古文書学が確立し、古写本の校訂がウェールズで本格化するまで、貴重な文献資料として活用されたのが『マヴィール版』のテクストである。

1830年代になるとグウィネジギオン協会の活動は停滞し、1843年頃にはカムロドリオン協会も活動を停止している。

1873年に再結成されたカムロドリオン協会は、これまでのウェールズ文化復興運動とは一線を画すものだった。中心メンバーであるヒュー・オーウェンはウェールズにおける学校教育の普及を使命とする啓蒙家で、またナショナル・アイステズヴォッド運営の組織化や社会科学部門の新設などアイステズヴォッドの近代化に努めた。

余談だが、アルゼンチンのパタゴニアにはウェールズ人のコミュニティがある。神学者のマイケル・D・ジョーンズがウェールズのイングランド化からウェールズ語を守るため移民を計画、1865年に153名のウェールズ人がパタゴニアに入植したのが始まりである。現在でも5千人ほどの住民がウェールズ語を話すとされる。

私は、ウェールズ大学（ヒュー・オーウェンの尽力によって創設された、ウェールズ初の普通大学）留学中にナショナル・アイステズヴォッドのステージに上がったことがある。「ウェールズと世界」というテーマで、私は日本からウェールズ語を勉強しにきた面白い女の子として、国際電話で日本にいるウェールズ研究者とウェールズ語で話をするという趣向だった。スカイプなどない時代のこと、電話がうまくつながらず会話はできなかったが、着物を着た私はウェールズ語でスピーチし、ニコニコ手を振って大喝采を浴びた。地元のウェールズ語話者が減っていく中、ウェールズ語を学び、ウェールズ語を話す海外の人々の存在が、いかに歓迎されているかがわかるエピソードである。

（森野聡子）

52

映画に見るウェールズらしさ

――★『わが谷は緑なりき』と『ウェールズの山』を中心に★――

ハリウッドの大作などと比べると派手さはないが、英国映画にはリアリティーがあり、良質の作品が多い。特に近現代を背景としたものは、観光だけではわからない生活様式や国民性が垣間見られ、本当の英国の姿を教えてくれる。ただ残念なのは、英国映画好きな日本人の間でも、ウェールズの独自性や〝ウェールズらしさ〟を知らないために、見落としている個所が多いことだ。そこでこの章では、往年の名画から最近の作品までいくつかを取り上げ、そこに描かれたウェールズとウェールズ人について少し解説を加えたい。

トップバッターは、『わが谷は緑なりき』。1942年のアカデミー賞作品だ。南ウェールズの炭鉱地帯を舞台に、時代に翻弄されるモーガン家の変遷が描かれる。映画の前半で印象深いのは、家長である父と対等な立場にある、働き者の愛情深い母の姿だ。ウェールズの典型的な母親像というのは、家庭の真の支配者。彼女の決定には誰も逆らえない。夫や子どもたちを愛するあまり世話を焼きすぎるきらいはあるが、彼らのためなら非難の矢面に立つことも辞さない。男ばかりの集会に乗り込んでいって「主人に何かしたら、この私が許さない！」と啖呵を切るあたりは、気丈なウェールズ女性の真骨頂だ。

炭鉱で働く男たちが美しいハーモニーで聖歌を歌いながら山から帰ってくるのは、世界的に有名なウェールズの男声合唱が、彼らのレクリエーションとして始められたものだから。現在でも合唱団の多くが、すでに閉鎖された炭鉱の組合を出発点としている。

映画の中盤でモーガン家の長女は鉱山主の息子に見初められ、意に添わぬ結婚をする。これは単に、雇い主の要望に逆らえなかったという自己犠牲だけではない。南ウェールズ産の石炭は産業革命期以降の英国の繁栄を支えたが、鉱山主の多くは裕福なイングランド人だった。16世紀半ばにイングランドに併合されて以来、下級市民のように扱われてきたウェールズ人のイングランド人への敵愾心は強く、この結婚は魂を売るような絶望も伴ったのだ。結婚後の彼女がイングランド人のハウスキーパーに馬鹿にされ、皮肉を言われ、意地悪されるのも、〝若奥様〟が田舎者のウェールズ人だったからだろう。

実はこの作品、アメリカ人監督がアイルランド人俳優を使って作ったハリウッド映画だと、ウェールズ人にはあまり評判が良くない。だが、誠実に生きる人々の姿を描いたヒューマンドラマとしては、やはり名作だろう。私

アカデミー賞で作品賞、監督賞、助演男優賞、撮影賞など6部門を獲得。ジョン・フォード監督の不朽の名作だ。
『わが谷は緑なりき』
ブルーレイ発売中
20世紀フォックス　ホーム　エンターテイメント ジャパン

には、主人公の少年が訪れる雑貨屋の女店主が民族衣装を着ていたり、初めての学校で「どこから来た？」と詰問され「クムロンダ（ロンダ谷）」とウェールズ語で答えたりと、ニヤッとできるツボもある。

次は『ウェールズの山』。この映画はまず、「丘に登って山から下りてきたイングランド人」という原題が、ウェールズの風習のひとつを物語っている。ウェールズでは姓の数が異様に少なく、同姓の人が恐ろしく多い。すると当然、話の最中に誰のことを言っているのかがすぐわかるように、呼び名を作らなければならない。そこで、姓とともにその人物の職業や特徴、経歴を加えることが一般化した。例えば「パン屋のジョーンズ」「優勝キャベツのエヴァンス」といった具合だ。

この映画は原作者が子どもだったときの小学校の先生についての話だと冒頭のモノローグで紹介されるのだが、前述のルールに従えば、その先生は「教師のアンソン」でいいはずだった。だが、その教師は長く謎めいた呼び名を持っていた。「丘に登って山から下りてきたイングランド人」。それは、なぜか。物語はここからスタートする。

この風習を初めて知ったとき、私はこんな習慣は昔のことだと思った。ところがどっこい。今も廃れてはいない。グウェンダという私の友人は、故郷に帰ると「グウェンダ・ツードッグス」と呼ばれている。いつもペットの犬を2匹連れているから！　ただし、こういった呼び名は、直接当人にそう呼びかけるものではなく、また当人がいるところでは使わない。本人が赤面するような過去と結び付けられていることもあるからだ。

特徴や経歴を呼び名にできるほど村人全員がお互いを知り尽くしているという隣人との近さ・親し

さも、ウェールズの特徴だ。〝固く編み込まれた共同体〟と英語で表現される結束の強さで、ふだんは仲たがいをしていても、ひとたび外部からの侵略があれば、一致団結する。隣村からだろうが、イングランドからだろうが、関係ない。〝われらの村〟を守ることが、至上命題なのだ。禁欲を旨として決してパブに足を踏み入れなかった牧師が、パブの主人の「好色モーガン」に後を託したのは、村民をまとめられるのは彼だけだとわかっていたからだろう。

ときとして窮屈な村社会ではあるが、この人々の絆の固さは、故郷を離れると強い郷愁の念を呼び起こす。懐かしむのではなく、失ったものを嘆く悲しみを伴った望郷の想いだ。ウェールズ語でしか表現できない心情で、ヒライスという。

ウェールズ版の『トレインスポッティング』と言われた『ツイン・タウン』は、疾走感とブラックユーモア満載の作品だ。ウェールズ語話者で怪優のリス・エヴァンスと、実弟のリル・エヴァンスが兄弟役で主演している。ドラッグ、汚職、殺人と、常軌を逸した強烈なキャラクターたちの仕返し合戦が、過激な描写でスクリーンに叩きつけられ、決して万人に愛される映画ではない。

だが、そもそもの復讐のきっかけは、家族愛。家族のためならどんなことでもやってしまうという性質は、ウェールズ人ならではだ。この部分を見落とすと、単なる暴力映画になってしまう。父親の望みを叶えたラストシーンも、やや残酷ではあるが、感動的。

1984年を時代背景とする『パレードへようこそ』は、サッチャー政権の方針にストライキで戦うウェールズの炭鉱の村を、ロンドンのゲイとレズビアンたちが支援する物語。実話がベースになっている。ここでも最初に同性愛者たちと友情を築くのは、他者への愛情も豊かなウェールズの女性たちだ。村の保守的でマッチョな夫や若者を叱り、彼らに感謝し、歓待しろ、と説く。この〝おもてなしの心＝ホスピタリティ〟は、ウェールズ人の気質として常に挙げられるもの。私自身も経験しているが、どこへ行っても両手を広げて迎えられた。頑なな心を溶かすのが歌声だというところも、ウェールズらしい。

　昨今の関心の高まりもあり、同性愛者たちの活動に勇気をもらったなどのレビューが多いが、ウェールズの炭鉱でなければこの話は成り立たなかったという視点も、少し持ってほしい。ラストシーンはとてもチャーミングで、「ウェールズ人だなあ」と私は思った。親ならぬファンの欲目なのかもしれないが。

（廣野史子）

炭鉱の労働組合や妻たちの支援グループの役員を演じたのは、名優のビル・ナイとイメルダ・スタウントン。ふたりともイングランド人だが、この作品がより広く知られることに貢献できればと、出演を決めたという。
『パレードへようこそ』
価格：DVD ￥3,800（税抜）
発売元・販売元：株式会社 KADOKAWA

ウェールズの著名な歌手と映画スター

コラム6

廣野史子

〝歌の国〟と呼ばれるほどにウェールズ人の音楽好きは有名。才能にも恵まれているようで、多くのウェールズ人歌手がヒットチャートに名を連ねている。ポップミュージック界では、まずシャーリー・バッシー。「ゴールドフィンガー」「ダイヤモンドは永遠に」など007映画の主題歌で世界的名声を獲得した。トム・ジョーンズは、〝ザ・ボイス〟と称賛されるボーカリスト。パワフルな歌声で、「デライラ」「思い出のグリーングラス」など数々のヒット曲を持つ。個性的なハスキーボイスで知られるボニー・タイラーも外せない。主なミリオンセラーに「愛は哀しくて」「愛のかげり」「ヒーロー」などがある。2007年にデビューしたダフィーは、ソウルフルなハスキーボイスが特徴。ファーストアルバムでプラチナディスクを獲得した。そして、シャルロット・チャーチ。テレビ番組に電話をかけて歌ったことがきっかけで、12歳で天才少女歌手としてデビュー。アルバム『天使の歌声』は全世界で1000万枚を売り上げた。

次は、ロックバンド。マニック・ストリート・プリーチャーズは、1992年のデビュー以来ウェールズ性を強調し、ポップミュージック界にウェルシュロックの確固たる地位を築いた先達だ。その後に続いたステレオフォニックスは、2作目から6作目まで5作連続で全英1位を獲得し、ウェールズのみならず英国を代表するロックバンドとなった。1993年結成のスーパー・ファーリー・アニマルズも母国の文化と言語を愛し、全編ウェールズ語で歌ったアルバムを作成している。

クラシック界に目を転じると、おそらくウェールズでいちばん愛されている女性歌手は、キャサリン・ジェンキンスだろう。初登場1位や数々のミリオンセラーに輝く歌姫だ。男性では、ブリン・ターフェル。バス・バリトンのオペラ歌手で、『フィガロの結婚』のフィガロや『ドン・ジョバンニ』の主役が当たり役だ。

喜怒哀楽の感情表現が豊かなウェールズ人は、演劇や映画の世界でも活躍している。リチャード・バートンは、60〜70年代のハリウッド映画で主役級を務めた英国を代表する俳優のひとり。7回アカデミー賞候補となったが、1度も受賞できなかった。同郷のアンソニー・ホプキンスは、『羊たちの沈黙』でアカデミー主演男優賞を獲得。『エレファント・マン』『冬のライオン』などにも出演している。時代は下るが、やはり同じ町出身のマイケル・シーンも、『クイーン』のブレア首相役で数々の賞を受賞した。

女優では、『ドクトル・ジバゴ』のラーラ役で人気を博し、『ダーリング』でアカデミー主演女優賞を獲得したジュリー・クリスティー。『ハリー・ポッターとアズカバンの囚人』にも出演している。キャサリン・ゼタ＝ジョーンズは、ミュージカル映画『シカゴ』でアカデミー助演女優賞。受賞式では主題歌も披露した。舞台でもトニー賞の主演女優賞を受賞している。

ミュージカルといえば、『ミス・サイゴン』のエンジニア役で有名なジョナサン・プライス。映画界でも『パイレーツ・オブ・カリビアン』シリーズなどで存在感を放っている。ルーク・

クラシカル・クロスオーバーで活躍するメゾ・ソプラノ。最新アルバムではブリン・ターフェルとコラボレーションした曲も。
キャサリン・ジェンキンス『光に導かれて〜ガイディング・ライト』（ユニバーサル ミュージック）

エヴァンスは『ホビット』で弓の達人バルドを演じ、スターダムに。『美女と野獣』ではコミカルな悪役で笑いを誘った。

ウェールズ語話者としても知られる俳優では、13歳からウェールズ語放送局のドラマに出演していたヨアン・グリフィズ。『タイタニック』の5等航海士役で注目を集め、『ファンタスティック・フォー』で人気を確立した。リス・エヴァンスは、『ノッティングヒルの恋人』『シッピング・ニュース』『ヒューマン・ネイチュア』『アメイジング・スパイダーマン』などで様々な役柄を演じ分けた個性派俳優だ。

Ⅶ

伝説・文学・地誌・学術

53

水没伝説

★海底に沈む町、湖底に沈む村★

ブルターニュの海底に沈むイスの都のように水中に沈んだ町や村の伝説は世界中にある。海に囲まれ、湖の数も多いウェールズには、海底や湖底に沈む町や村にまつわる話が特に多いようである。

イスの都のように海底に沈む町の伝説で有名なものは、今のカーディガン湾沿いのアバドヴェイあたりに広がっていたと言われる豊かな土地にまつわる伝説である。13世紀の『カーマーゼンの黒書』に記録されている最古の伝説では、この地はグウィズノの野と呼ばれていて、井戸守り娘が仕事を怠ったために水没したとされている。現在知られている伝説は17世紀以降にできたものである。カーディガン湾に沈んだ土地は「グワイロッドの百戸村」と呼ばれ、グウィズノ・ガランヒル王のもと、堤防と水門で海から守られていた。だが、水門の管理をしていたサイセニンが、大きな宴があった夜、酔っぱらって水門を開け放したままにしてしまった。海水がこの地に押し寄せ、人々は溺れた。詩人タリエシンだけがただ1人生き残った。今でも海の中から教会の鐘の音楽がかすかに聞こえることがあるという。ウェールズの他の海岸、例えばスランディドノの北側に広がる丘グレート・オームの西の海には、海底に沈んだタノ・ヘリグの町の伝説がある。

　グウィネズ州のバラ湖はウェールズ最大の湖でテギッド湖とも呼ばれる。昔、バラの古い町にテギッド・ボイルという残酷で悪名高い王がいて、民たちを震え上がらせていた。ある日「報いは来る、報いは来る」という声が聞こえてきた。それから毎日この声は聞こえたが、王はいつもこの脅しを鼻で笑い飛ばしていた。ある夜、王の初孫の誕生祝いが盛大に催され、近くの丘から貧しいハープ弾きが宴で演奏するよう宮殿によばれた。真夜中、ハープ弾きはささやくような声を耳にした。「報いは来た、報いは来た」。ハープ弾きは1羽の小鳥に導かれるまま宮殿を離れ、丘にた辿り着いた。そこで翌朝まで眠り、夜明けになって町の方を振り返ると、そこは大きな湖になっていた。水面には彼のハープが浮かんでいるばかりだったという。これは人間の悪業に対する天罰として町が水没したもので、湖の由来譚ともなっている。

ウェールズ最大の湖、バラ湖（Necrothesp 撮影。CC BY-SA ライセンスにて許諾）

　ブレコン・ビーコンズ国立公園の中にあるサヴァゾン湖は南ウェールズで最大の自然湖で、その北側の縁から40メートルのところに、アイルランドやスコットランドには数多くあるが、ウェールズではここだけにしかない湖上住居（クラノグ）の跡があることでも有名である。このサヴァゾン湖も天罰でできたという伝説がある。この湖に沈んだ町は残酷で

湖上住居跡が残るサヴァゾン（スランゴルス）湖
(Velella 撮影。CC BY-SA ライセンスにて許諾)

強欲な王女のものだった。王女の求婚者は貧しかったが、たとえどんな手段をとろうと大金が用意できるなら結婚してもいいと王女は言った。そこで恋人は裕福な商人を殺して金を奪った。王女は求婚を受け入れた。だが商人の幽霊は、「おまえたちの罪は9代目の時代に報いを受けることになるだろう」と警告した。2人はその警告を無視し、金に飽かせて退廃的な暮らしをしながら驚くほど長生きし、家族も増え続けた。そして9代目の子孫が生まれてもまだ生きていた。だがある夜、一族そろって盛大な宴で祝いをしていると、洪水が押し寄せてきた。土地も人も水に飲み込まれて、湖ができた。

井戸や泉の水があふれて止まらなくなり、湖ができたという話もある。ウェールズ北西部のスリン半島のスランガビ教区にはグラスヴェリン湖と呼ばれる湖がある。その湖の南東の隅にグレースの泉と呼ばれる妖精の泉があり、水を汲み出すとき以外は常に覆いをすることになっていて、グレースという名の女性がこの仕事を担っていた。だがある夜、泉に覆いをするのを忘れてしまった。すると泉から水があふれ出て止まらなくなった。まわりの土地は水に飲み込まれていき、妖精たちが気づいて水のあふれを止めたときにはすっかり湖ができあがっていた。グレースは自分の不注意が招いた結果を知り、後悔に苛まれて、ある場所を行きつ戻りつ泣きながら歩き続けた。その場所は「貴婦人の野」と呼ばれている。妖精た

第53章
水没伝説

ちはグレースを白鳥に変え、120年後に人間の姿にもどした。

南ウェールズのカーマーゼンシャーにはスリン・スレフ・オワイン（オワインの石蓋の湖）という名の湖がある。スレフはスレート（粘板岩）の板のことで、ここでは井戸の蓋のことである。この湖も井戸に蓋をするのを忘れて水があふれてできた湖であると言われる。伝説によれば、マニッズ・マウルに住んでいたある男が、魔法の井戸を持っていた。男は井戸の上に大きくて平らな石を載せていて、自分が水を飲んだり家畜に飲ませたりした後は、常に井戸の蓋をするように気をつけていた。ある夏の夜、オワイン・グリンドゥールが、古い王国のこのあたりを通った。オワインも馬も疲れ果てていた。偶然この井戸を見つけ、蓋をしている石を外して、こんこんと湧き出す水をたっぷり飲み、馬にも飲ませてやった。それから井戸に蓋を戻さずに進んでいき、その夜は近くのダシゴイド農場に泊まった。夜中にオワインは流れる水の音で目を覚ました。外を見ると、白い羊が点々と散らばる緑の草原が広がっていたところは、黒い湖になっていた。オワインは馬に鞍を置き、あふれた水のまわりを巡った。馬が駆け巡ったところで、水はそれ以上あふれるのを止め、湖ができあがった。

邪悪な人間が子孫の代に罪の報いを受けると予言され、洪水時にハープ弾きだけが生き残る話や、水を汲み出すとき以外は必ず蓋をしなければならない井戸で、蓋を閉め忘れて水があふれて湖ができた話など、いくつかのパターンがあるようだ。同じ湖にいくつか異なるパターンの話が結びついていることもある。ジョン・リースはその著書『ケルトの民俗――ウェールズとマン島』の章のひとつに「水界の勝利」という題を付け、様々な水没伝説を扱っている。

（岩瀬ひさみ）

54

マビノギオン

★ウェールズの幻想的な中世物語集★

「マビノギオン」とは、「フラゼルフの白本」、「ヘルゲストの赤本」ほか14世紀頃の写本に収録された、翻訳作品以外の中期ウェールズ語散文物語11編の総称である。

かつてはキリスト教以前の「ケルト人」の神話・伝承を伝える文献として扱われ、「マビノギオン」という言葉自体「ウェールズ神話」と同義に使われる傾向があったが、現在の研究者の多くは、物語が書かれたノルマン征服前後のウェールズ社会を映す作品と考える。筆者もその立場をとるため、ここではウェールズ神話伝承の解説は行わない。ただし、副題にある「幻想的」要素は十分に含んだ物語群であることは保証し、本題に移りたい。

まず「マビノギオン」という名称について簡単に触れておく。「これにてマビノギのこの枝は終わる」という結び文句が使われている作品があることから、11編を最初に英訳したウェールズ出身の辞書編纂者ウィリアム・オーウェン・ピューが「マビノギ」を中世ウェールズ・ロマンスの意と考え、その複数形に「マビノギオン」を用い、さらにレディ・シャーロット・ゲストが1849年に出版した自分の英訳のタイトルとして採用したことで、この用語が定着した。「マビノギオン」という語形は写字生の写し間違い以外に確認されていないため厳密には誤用であるが、ウェールズ文学の古典とされる、これら11編を指すのに適当な総称がないため、現在でも慣用的に使われている。

11編は通常、以下のグループに分けられる。なお、ゲストが翻訳に加えていた『タリエシン物語』は、伝承自体は中世に遡るものの、16世紀の写本に残るものが現存する最古のヴァージョンのため、現在では「マビノギオン」に含めないのが一般的である。

(1) マビノギの4つの枝

「マソヌウィの息子マース」より魔法で花から乙女を作る（出所：ゲスト訳『マビノギオン』）

「ダヴェッドの領主プウィス」・「スリールの娘ブランウェン」・「スリールの息子マナワダン」・「マソヌウィの息子マース」は、前述した「これにてマビノギのこの枝は終わる」という表現を含む作品群である。これら4編のみを真正のマビノギとし、「マビノギの4つの枝」という名前でくくるのが慣例になっているが、写本には登場しない研究者の造語である。また写本では各話にタイトルがついておらず、物語の語り出しに現れる人名を題名にするのが（例えば第1話は「プウィスはダヴェッドの領主で……」という文章から始まる）オーウェン・ピューの英訳以来の慣行だ。例外は第2話である。「ベンディゲイドヴラーン（「祝福されたブラーン」の意）はスリールの息子で」と始まる本作について、オーウェン・ピューの未刊原稿の題は「祝福されたブラーン」となっており、ブラーンの妹で悲劇のヒロインを題名に持ってきたのはゲストの創意のようである。カーディフ大学のショネッド・デイヴィスは、ここにゲストの「フェミニズム」を見ており、興味を持った筆者も実際、ウェールズ国立図書館でオーウェン・ピューの原稿をこの目で見て題名を確認した。筆者が「マビノギオン」について博士論文を書いたときの指導教官イアン・ヒューズは、刊行予定の注釈テクストの題名を自分は「スリールの息子ベンディゲイドヴラーン」に改めるよと語って、私に片目をつぶって見せた。

第1話はダヴェッドの領主プウィスと異界アヌーヴンの乙女フリアノンの間に息子プラデリが誕生するまでの顛末、第2話は勇者の島（ブリテン島）の王ベンディゲイドヴラーンがアイルランド王に嫁いだ妹ブランウェンを救うためアイルランドに遠征する物語が、プラデリも遠征軍に加えることで、第3話で語られるベンディゲイドヴラーンの兄弟マナワダンとプラデリの友情のお膳立てをし、第4話では南北ウェールズの戦いでプラデリが死ぬというように、各話にプラデリを登場させることで4編をゆるやかに結びつける形になっている。ただ、これが作者の意図か後世の編纂者によるものか、作者が4編を1つのまとまった物語群として書いたのか、そもそも作者は1人なのかなど、いまだに謎は多い。しかし、領主の結婚、息子の失踪と奪還、政略結婚の破綻による後継ぎの死や王位簒奪といった「マブ」、すなわち「息子」の命運がテーマとなる物語であることは間違いない。後継ぎとなる息子の確保は中世ウェールズの王家にとって死活問題であり、これらの物語が「マビノギ」＝「息子の物語」と呼ばれたのも、そのためだろうか。

死者を蘇らせる大鍋、国の護符となる王の生首、時の止まった異界の饗宴、魔法で花から作られた不実な美女などの超現実的な要素が以上のような中世社会の現実を反映したストーリーを彩るのも、4編の魅力である。

(2) 3つのロマンス

『オワインまたは泉の女伯爵』・『エヴロウグの息子ペレディールの物語』・『エルビンの息子ゲライントの物語』の3作を指す。クレティアン・ド・トロワが12世紀末に書いたフランス語による韻文ロマンス『イヴァンまたはライオンを連れた騎士』、『ペルスヴァルまたは聖杯の物語』、『エレックとエニッド』に対応するウェールズ語アーサー王ロマンスで、表題にあるアーサーの騎士たちの冒険を描いている。クレティアン版の翻訳・翻案説もあるが、例えばペレディールの物語では聖杯の代わりにお盆に載った生首が出てくるなど、ウェールズ語版の方が物語の原形を留めているといった意見も存在する。

(3) 4つのウェールズ伝承物語

『スリーズとスレヴェリスの冒険』は、ジェフリー・オブ・モンマスのラテン語年代記『ブリタニア列王史』のウェールズ語訳に挿入された物語で、ロンドンの名祖スリーズ王（ジェフリーの『列王史』に登場するルッドにあたる）が、弟スレヴェリスの知恵を借りて、超能力を持った外来民族、巨人、戦いを繰り返す龍という3つの災厄から王国を救う話である。

『ローマ皇帝マクセン公の夢』は、ローマ皇帝マクセンが夢に

『スリーズとスレヴェリスの冒険』より2匹の龍の戦い（出所：ゲスト訳『マビノギオン』）

見た美女エレンを求める探求譚と、エレンの兄弟カナンによるブルターニュ建国を題材とする。マクセンのモデルはブリテン島駐留のローマ軍人で、383年にローマ皇帝となるべく挙兵したマグヌス・マクシムスである。マクシムスはウェールズ諸王家の父祖とされ、またローマ街道をウェールズ語で「エレンの道」と呼ぶなど、ローマ帝国との縁故が中世ウェールズの民族意識に大きな影響を与えていた。

『キルフーフとオルウェン』は現存する最古のアーサー物語で、キルフーフが従兄弟のアーサーの助けを借りて巨人の娘オルウェンと結ばれるまでを語る。巨人が求婚者に出す難題の1つ、魔界の大猪トゥルッフ・トルウィスとの壮絶な闘いは物語の白眉である。

最後に、中世アーサー伝承のパロディとも読めるのが『フロナブウィの夢』である。お尋ね者を追うフロナブウィは夢の中で皇帝アーサーの時代にタイムスリップ、ベイドンへ向け行軍中のアーサーは騎士オワインとのボードゲームに夢中、盤上の戦いの外では2人の配下が実際に争っているらしく、その戦果がゲームにも反映される。さらにアーサーがサクソン人に勝利したとされる歴史上のベイドン戦が背景となって、夢と現実、ヴァーチャルとリアルが絡み合う異色作だ。

（森野聡子）

55

2つの言語による文学

——★ウェールズにおけるウェールズ語文学と英語文学の伝統★——

ウェールズ文学には、ウェールズ語で書かれたものと英語で書かれたものの2種類がある。圧倒的に長い伝統を持つのがアネイリンやタリエシンに始まるウェールズ語の詩や散文である。アネイリンは、ゴドジン国の精鋭300騎が1騎を残して全滅するという出来事を叙した挽歌「ゴドジン」を西暦600年頃に作った。また口承されていたタリエシンの作品は10世紀ごろ「タリエシンの書」としてまとめられた。また「マビノギの四枝」のほか、様々な妖精・騎士物語が作られた。ウェールズの各地の王たちは、アイステズヴォッド（吟唱詩人大会）を開催し、その勝者を宮廷詩人に登用した。13世紀末、エドワード1世のウェールズ征服で内乱や戦争が終わると、王や戦士を称え、その死を悼むという詩は影を潜め、詩の主題は自然や恋愛などに移っていった。中世ウェールズを代表する詩人ダヴィッズ・アプ・グウィリムは、自然界に安らぎを求め、小鳥や風に託して愛を語った。

厳密な韻律法を守って書かれるウェールズ語詩の伝統は、アイステズヴォッドを通して脈々と流れていたが、16世紀末にはその伝統も衰退し、無韻詩も作られるようになった。18世紀に

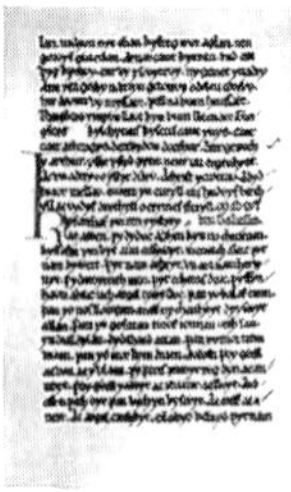
タリエシンの書（14世紀の写本）

はゴロンウィ・オーウェンが廃れつつあった王や戦士を称えるための詩形と韻律を当時の新古典主義的理念である理性、良識、道徳、倫理を称えるための媒体へと転用することにより、ウェールズ語詩に新しい生命を与えた。また18世紀にはウィリアム・ウィリアムズが数多くの讃美歌を作ったが、それらはウェールズのメソジスト信仰復興運動に重要な役割を果たした。また敬虔なメソジスト信徒のアン・グリフィスも讃美歌を作ったが、そこには強烈な霊的経験が表現されている。

19世紀になるとロマン主義の影響もあり、抒情詩が盛んに作られるようになった。詩人ジョン・ケイリオグ・ヒューズはウェールズのロバート・バーンズと呼ばれた。ロバート・ウィリアムズ・パリーは愛の喜びと苦悩を詠じた「夏」を発表し、イスルウィンことウィリアム・トマスは婚約者の突然の死という悲劇的経験から同名の2つの長編詩「嵐」を作った。

20世紀になるとT・グウィン・ジョーンズは伝統的なケルト的主題に基づいた物語詩を書いた。グウェナストことデイヴィッド・ジェイムズ・ジョーンズは、南ウェールズを蝕んでいた産業資本主義への憎悪を詩に表現し、ワルドー・ウィリアムズはウェールズの国家的自立性に関わる熱烈な詩を書いた。ジェイムズ・キッチナー・デイヴィスの『吹き荒む風の音』は、詩人の精神と肉体の遍歴を扱った自伝的作品で、20世紀にウェールズ語で書かれた最高の作品の1つと見なされている。

小説に目を転じると、T・ローランド・ヒューズは悲哀とユーモアの織りなす小説を書き、D・J・ウィリアムズはウェールズに対する愛情と思いがあふれる作品を書いた。ウェールズ文学の女王として知られる小説家ケイト・ロバーツは、女性主人公たちが平凡な家庭生活の中で、貧困や逆境や死という苦難に対しいかに絶望的な戦いを挑んでいるかを描いた。劇作家であり批評家であるソーンダーズ・ルイスは、ウェールズはイングランドの一部ではなく、ひとつの国として扱われるにふさわしい固有の言語、文化、歴史を有する「国」であると主張し、ウェールズの言語政策や思想に強い影響を与えた。

もうひとつのウェールズ文学は、ウェールズ人やウェールズ文化を背景に持つ人々が英語で書いた文学である。20世紀以前に英語で詩を書いた重要な詩人といえば、形而上詩人のジョージ・ハーバトやヘンリ・ヴォーン、眺望詩を書いたジョン・ダイアーであった。その後本格的な英語文学が書かれるようになるのは20世紀になってからである。

ウェールズの宗教、教育、ウェールズ人の強欲さと偏狭さを辛辣に風刺したカラドック・エヴァンズはウェールズで最初の近代的な小説家であった。リース・デイヴィスはロンダの出身だが、人生の大半をロンドンで過ごした多産な作家で、彼の心の中にあるロンダを舞台として100以上の短編小説を書いた。またマーサー・ティドヴィル出身のジャック・ジョーンズは労働階級の生活を描いた。グウィン・トマスは鉱山労働者の息子としてロンダに生まれ、オックスフォード大学に進学した。ウェールズ語そのものに対して否定的な見解を持っていたため、ウェールズ語擁護派の批評家から批判されることが多かったが、彼は1930年代のロンダの失業をテーマにした小説のほか、短編小説、ラジオやテレビの脚本などを数多く英語で書き、南ウェールズ炭鉱地帯の英語を話す人々の思いを代弁した。ウェールズ大学カーディフ校を卒業して大学教授となったグウィン・ジョーンズは、不況時代のロンダの鉱山労働者の家庭を小説に描いた。また彼は北欧サガや「マビノギオン」を翻訳し、ウェー

グイン・ジョーンズ選
『英訳ウェールズ詩選集』
1977 年

ルズに関する諸問題を扱う批評誌を創刊するとともに、短編小説集やウェールズ語詩の英訳選集を編集した。劇作家エムリン・ウィリアムズはスリラー『夜は必ず来る』をロンドンで上演し、成功を収めた。

英語詩に目を向けると、南ウェールズのリムニーに生まれた元鉱山労働者のイドリス・デイヴィスは、１９３０年代の大不況と労働階級の生活の困窮と苦悩を描いた詩集を出版した。スウォンジー出身の詩人ディラン・トマスは、個人的体験を激しくも豊かな感情を込めて歌い上げ、詩に昇華させたという点で、政治的、社会的主題を追求した当時のウェールズ人作家や詩人たちとは一線を画している。

１９３０年代の英語作家は作品を出版するためにはロンドンの出版社に頼らざるを得なかった。しかし、１９３７年からウェールズで文芸誌や評論誌などが発行されるようになり、彼らの置かれていた出版環境は大いに変わった。この頃からウェールズの英語詩人たちはウェールズの現状とその諸問題に目を向け始めた。聖職者のＲ・Ｓ・トマスはウェールズの歴史、文化、言語に強い関心を抱き、英語で詩作した。１９６０年代後半から、ナショナリストのハリー・ウェッブはウェールズの歴史と社会を題材として詩を書いた。一方、トニー・コンランはウェールズ最古の挽歌「ゴドジン」を彷彿とさせる「１９８２年にフォークランド島で戦死したウェールズ人への挽歌」を書いた。詩人とは社会から隔絶した孤高の存在ではなく、自らが所属する共同体の代弁者としてメッセージを発するというのが、昔からのウェールズ詩人のあり方であった。それは今もウェールズ語と英語の文学の中にしっかりと受け継がれているのである。

（吉賀憲夫）

56

トゥム・オール・ナントのインタールード

――★ウェールズにおける道徳劇の伝統★――

トゥム・オール・ナント（1739―1810）はデンビーシャー生まれのウェールズ人で、本名をトマス・エドワードという。トゥム・オール・ナントとはウェールズ語で「渓谷のトム」を意味し、彼の筆名であった。彼はウェールズ語で詩も書いたが、特に神秘劇や道徳劇の流れを汲むインタールードと呼ばれる芝居を数多く書いた傑出した劇作家であった。

インタールードは元来晩餐会や祝典の合間に演じられた短い劇のことで、中世劇と近代劇の隙間を埋める重要な役割を果たした演劇形態であった。この種の劇はイングランドでは15世紀に始まり、チャールズ1世の頃には下火となり、近代演劇が誕生するが、ウェールズでは19世紀の初めまでインタールードが作り続けられ、また演じられてきた。ウェールズのインタールードは娯楽性が強く、素人の役者たちにより定期市や酒場や即席の舞台となった荷車の上などで演じられるのが常であった。

中世の演劇史を遡れば、インタールードの前には道徳劇と呼ばれる演劇形式があり、それ以前には神秘劇があった。最初の神秘劇は1327年頃に活躍したチェスター大修道院の修道士ランダルによって書かれ、1537年にチェスターで中世の同

トゥム・オール・ナント

業組合（ギルド）によって上演されたという。これはチェスター・サイクル（チェスター作品群）と呼ばれるもので、24の神秘劇からなる。神秘劇はキリストの贖罪、復活、ノアの洪水などを文字通りに表現した素朴な見世物であり、時には飾り立てた山車《だし》の上で演じられ、町中を巡った。

一方、道徳劇は愛、嫉妬、偽善など、人間の善悪に関する抽象概念を擬人化し、寓意的に劇化したもので、神秘劇に比べるとかなり洗練されており、民衆を教化する目的があった。イングランドでの代表的な道徳劇としては、すべての人間、すなわち万人を意味する『エブリマン』（15世紀）があり、そこでは神、死、エブリマン、善行、天使、知識、美、分別などが擬人化され登場する。その劇はエブリマンの生涯の寓意劇であり、エブリマン（あらゆる人間）が死んで神の前に立ったとき、その人に残るものは生前に自分が行った善行だけである、という宗教的、道徳的な真理と教訓が伝えられるのである。

道徳劇の流れを汲むウェールズのインタールードには下品で卑猥な要素も多々あり、「笑劇」というべきものも多かったが、実社会でよく見受けられる不道徳や欺瞞などへの批判がたっぷり含まれていた。貪欲な領主や地主、金銭を騙し取る法律家、怠慢でふしだらな聖職者などが観客の憎悪と嘲りの対象となり、また悪名高い税金などが批判の的になった。劇の終わりに「博士」と呼ばれる人物が登場し、その劇に込められている寓意、教訓、倫理などのいわゆる「道徳」を聴衆に言葉で伝えるのは道徳劇の名残と言えよう。

個々のインタールードの伝えようとするテーマ（道徳）はその題名に明確に表されている。トゥム・オール・ナントの代表作のタイトルは『富と貧困』、『国の4つの柱』、『喜びと災難』、『世界の3人の権力者』などであるが、『富と貧困』や『喜びと災難』に見られるように、この世で対立する概念がしばしば扱われる。『富と貧困』を例にとると、擬人化された「裕福」大尉と「貧困」大尉が登場し、富と貧困の本質を語り合う。そこで「裕福」大尉は、富と貧困はともに神の恩寵の表れであると言い、それを四大元素の地、水、火、風で、また太陽と月の関係で説明し、もしこの恩寵を誤って使えば日食や月食が起きるように、それぞれを損なってしまうと言うのである。それを受け、このインタールードの結末は、富を不適切に使う守銭奴が死神により連れ去られて終わる。最後に約束通り道化師(博士)が登場し、聴衆にお説教をして締めくくるのであった。19世紀の中頃、ウェールズを徒歩旅行し、旅行記『ワイルド・ウェールズ ―― 人々と言語と風景』を書いた小説家のジョージ・ボローはその旅行記の中で2つの章をトゥム・オール・ナントに捧げ、彼と彼の業績を称えている。そこでボローは、トゥムほど富と貧困という平凡で陳腐な題材をかつてないほど独創的に、また見事に取り扱った詩人はいない、と賞賛したのであった。

アベリストウィスの市場で演じられているインタールード（出所：Samuel Ireland, *Picturesque Views on the River Wye*. 1797）

しかしその後、娯楽性の強いウェールズのインタールードはメソジストの説教師の猛烈な批判と攻撃の対象となり、やがて演じられなくなってしまった。またメソジスト教徒以外の知識人や文化人もインタールードの内容と形式がともに損なわれてしまったことを非難したのであった。インタールードが人気をなくすと、演劇は裕福な地主層の援助でイングランドから時折やって来る巡業劇団に依存するほかなかった。しかしこれも地主たちが興味を失うとなくなってしまった。

トゥム・オール・ナントは8歳の時、3週間グリフィス・ジョーンズの巡回学校で読み書きの初歩を学んだほかは、ほとんど学校教育は受けず、後はすべて独学で読み書きの学習を続けた。12歳になった頃、当時の若者がよくするように彼もまたインタールードを演じる地元の若者たちのサークルに入った。そこでは声が良かったので女性役を演じたという。またその時からインタールードを書いたりするようになるが、20歳以前のものはすべて失われ、今はもう残ってはいない。1763年に結婚し、デンビーで木材運送業を営む傍ら、インタールードの上演のため北ウェールズを巡った。しかし叔父の連帯保証人になったため彼は破産し、一時南ウェールズに逃亡するが、1786年に北ウェールズに戻り、石工となり、インタールードの活動を再開する。また彼は200編以上に及ぶバラッドを書き、1805年には短い自叙伝を書いている。

トゥム・オール・ナントの初期のインタールードは荒削りで卑俗的な面があり、またその内容や性格においても娯楽的な要素が強かった。しかし、後の作品は知的で、想像力に富み、また鋭い洞察力にあふれたものになっている。このように彼は娯楽中心であったインタールードを、当初の道徳的、哲学的見地に立ち戻り、人間というものをじっくりと注意深く観察し、力強いウェールズ語を駆使して的確に表現することにより、見ごたえのあるものにした。このようなことから、彼は中世から現代に至るウェールズの演劇の歴史の中で最も重要な作家であると考えられており、またこれがウェールズのシェイクスピアと称せられる所以である。

（吉賀憲夫）

57

ウィリアム・ウィリアムズとアン・グリフィス

★ウェールズの卓越した讃美歌作者たち★

ウェールズ民謡集を紐解くと、必ず数曲は元々讃美歌だったものが含まれている。これは、18世紀から19世紀のウェールズを席捲したメソジスト復興運動と熱狂的礼拝堂文化の名残である。讃美歌合唱の文化は一体どのように発達したのだろうか。

16世紀に成立したイングランド国教会は、組織的にイングランド、ウェールズに拡大した。国教会はカトリック教会と同じく主教制度をとる。イングランド、ウェールズ全体が主教区と呼ばれる教会行政区に分割され、それぞれの主教区の下に主教が置かれ、主教の下に各教会があったのである。つまり組織としては、国教会はカトリック教会と大きく変わらなかった。他方、神とのより直接的な関係に基づく自由な信仰の形を求める人々は、信仰ある人々が自発的に形成する信仰共同体としての教会を求め、非国教徒として国教会《チャーチ》から離れ、各地域で「礼拝堂《チャペル》」を中心とする共同体を形成し始めた。非国教徒には様々な宗派があるが、ウェールズでは、イングランド人ウェズリー兄弟によって始まったメソジスト派が大きく発展した。ウェールズでのメソジスト指導者ハウエル・ハリスとダニエル・ローランドは、厳格な戒律の下での信仰生活を実践する一方、野外説教を通じた伝道活動を行い、ウェールズ語による力感あふれる説教の伝統の礎を作った。また、礼拝の中心的要素として讃美歌が用いられた。ウェールズ語による讃美歌の基礎を築いた人物の中でも傑出しているのが、ウィリアム・ウィリアムズとアン・グリフィスである。

南西ウェールズ、カーマーゼンシャー出身のウィリアム・ウィリアムズは、当初医者になることを目指していたが、1737年頃にタルガルスでのハウエル・ハリスの説教を聴いて回心した。1740年に国教会助祭職に就き、ブレコン州の代理牧師に任命された。ところが教区外でメソジスト派の活動を行ったため、1743年に聖職を剝奪された。この後ウィリアムズは、当時芽を出しつつあったメソジスト派の活動に完全に没頭することとなる。特筆すべきは、ハリスの創設した信者の集い「セイアト」の監督者となったことである。セイアトでは、夜半に民衆が信仰指導者の下に集まり、公開での罪の告白、救いの経験の分かち合い、信仰生活の指導、共同の祈りがあり、そして讃美歌が歌われた。ウィリアムズはこの集会のために多数の讃美歌を書いた。この集会を中心として礼拝堂が発達したのである。

讃美歌はメソジスト復興以前から礼拝の一部をなしていたが、主に旧約聖書の詩編そのものを歌詞とした歌が多かった。ウィリアムズの書く讃美歌の言葉は、もちろん聖書の言葉、内容に基づいているが、歌を通じて聖書に語られる救いの物語を信者が追体験しながら神を讃美することができるように書かれている。

私は眺める　あの山の彼方を／いつもあなたを求めて／愛しの君よ来て下さい　もう日が暮れて

／わが太陽も沈みかけています
ああこの足が自由になれば／この鎖から解き放たれれば／私はカルバリの丘の恵みを待ち望み／
生きる限り歌い続けるのみ
私は巡礼者　荒れ地を／あちらこちらと彷徨い歩く／そしてふと待ち望みます／わが主の家に近付けることを
私はあなたの御国を待ち望む／そこでは無数の群衆が／讃美の歌を永遠に歌う／カルバリでの死を讃えて

（「私は眺める、あの山の彼方を」筆者訳）

現在、ウェールズの教会で使用されている讃美歌集から。アン・グリフィス作詞の讃美歌が掲載されている。

18世紀ウェールズの一般大衆の生活は、心の底から救いを求めたくなるほど、過酷であった。雑な作りの家屋に住み、食料は常に不足し、労働も過酷で、病に罹ることがその報酬と思われるほどであった。女性は出産でやせ衰え、子どもの夭折も頻繁であった。多くの人々が過酷な生活から逃れるために酒と淫欲に溺れるのを、信仰による救いへと導くため、ウィリアムズらメソジスト指導者は、彼らの口に、彼らの理解する言葉による讃美歌を与えたのである。このような目的のため、ウィリアムズの讃美歌の言葉は、ウェールズに古くから伝わる詩の伝統を大きく逸脱し、言葉遣いを民衆の言葉、特にカーマーゼンシャーに特有な方言形のウェールズ語を多用している。

もうひとりの讃美歌作者、アン・グリフィスは、北部ウェールズ、現在のポウィス州の出身である。父親は熱心なクリスチャンであると同時に地域の詩人であり、その家庭はノソン・ラウエンと呼ばれる集い（冬場に人々が暖炉を囲みながら歌い踊る集い）の行われる場であった。そのためアンは篤い信仰心を持つだけなく、地域に根付いた民謡や踊りにも通じていた。アンの家族は国教会の伝統の中で育っていた。そこへ1792年兄のジョンが先にメソジスト信者に回心した。アン自身は当初、メソジストに回心する人々を軽蔑していた。1794年に母親が死去、19歳にして一家の女主人となる。1796年に独立派教会の牧師の説教を聴いた時に魂を揺り動かされるような経験をし、自身もメソジストに回心し、地元のセイアトに参加するようになった。以来、アンはその短い人生のすべてを神とメソジスト運動に捧げたのである。彼女の主要な活動のひとつが、讃美歌を書くことであった。

アンは、聖書を貪るように読み、旧約、新約を問わず聖書物語に通じていた。アンの讃美歌歌詞には至る所に聖書内の様々なモチーフが散りばめられている。

見よ、ミルトスの林の中に立つは／私が思いはせるべきそのお方
私には少ししか　分かっていないが／その方は　世界の何よりも尊いお方
何とめでたい朝でしょう／あの方のお姿を見ることができるとは

第57章
ウィリアム・ウィリアムズとアン・グリフィス

その方のお名前は　シャロンのバラ／白く　また頰のように赤く美しい
世の中で最高のものより／何万も上回るもの
　罪びとの友よ／海を彷徨う　罪びとの導き手よ

私に何をすることがあろうか／この地の偶像を崇める愚か者たちと
私は証する　彼らと共にいても／偉大なるイエスに　適うものはないということを
ああ　私は留まる／生きている限り、その方の愛の内に
（「見よ、ミルトスの林の中に立つお方を」筆者訳）

「ミルトスの林の中に……」は旧約聖書の『ゼカリヤ書』1章8節に、「シャロンのバラ」は同じく『雅歌』2章1節に、それぞれ言及している。

礼拝堂文化が衰退した現在、メソジスト復興運動時代の熱狂的な讃美歌斉唱の雰囲気を味わうことは難しくなっているが、カマンヴァ・ガニと呼ばれる讃美歌を歌うための集いは現在でもナショナル・アイステズヴォッドのイベントのひとつとして行われ、当時の雰囲気の一端だけでも味わうことができる。

（小池剛史）

58

ディラン・トマスとR・S・トマス

――★20世紀のウェールズを代表する英語詩人★――

詩に関しては、ウェールズには長い伝統がある。ウェールズの人々は詩とともにあるとも言えるほどである。ドルイドが権威を持って活躍していた頃から、あるいはそれ以前から現代まで。2つの言語を有する国であるがゆえに、ウェールズには詩にも2つの伝統があると言えるが、ここでは20世紀に英語で詩を書いたウェールズの詩人たちの中から、世界的な名声を博したディラン・トマスとR・S・トマスを取り上げる。

イギリス文壇におけるW・H・オーデン以降最大の詩人のひとりと称されるディラン・トマスは、スウォンジーのクムドンキン・ドライヴ5番地で生を享けた。英語教師であった彼の父親によって与えられた名は『マビノギオン』中の「波の息子」に由来する。1925年から31年までスウォンジー・グラマースクールで教育を受けたが、英語以外の科目には一切興味を示さず、試験にひとつも合格しないまま卒業した。在学中には校内雑誌の編集を務め、卒業後は『サウス・ウェールズ・ポスト』紙に就職し、約1年間、校正係（のちに記者）として働いたが作家として身を立てるため退職した。

1933年、『サンデー・レフェリー』紙に「緑の導火線を通して花を駆り立てる力」が掲載され、高く評価された。これをもって彼は詩人としての第一歩を記したのである。1937年、キャトリン・マクナマラと結婚。彼は生涯にわたり経済的には恵まれていなかったが、創作活動にのみ力を注ぎ、過度なまでに飲酒したため、結婚後は一層困窮し、親戚や友人の援助により家計が成り立っているという有様であった。3人の子宝にも恵まれたが、一家の経済状態は悪化する一方で、転居を繰り返した。1947年、友人マーガレット・テイラーの援助により南ウェールズ・ラーンのボート小屋を改造した家に住むようになり、ここがトマスの終の住み家となった。彼の作品はアメリカでも高い評価を得ており、1950年にはアメリカ各地で詩の朗読と講演を行い、好評を博した。しかし、1953年、3回目のアメリカ講演旅行中、ニューヨークにて客死した。死因は長年にわたる過度な飲酒とも言われている。

ウェールズ中央部を貫く「ハート・オブ・ウェールズ」線の列車。ディラン・トマスの詩文の一節が書かれている。（小寺郁哉撮影）

彼の詩集は5冊出版されているが、最高作は1941年に上梓された『死と入口』であるとする声が多い。単一の詩作品としてウェールズで人気が高いのは、幼年時代を回想した「ファーン・ヒル」で、最後の2行はロンドンのウェストミンスター寺院のポエッツ・コーナーに刻まれている。またラジオ劇『ミルクウッドの下で』も多くの人に好まれており、詩も含めディランの最高傑作であるとする人さえいる。

政治的・社会的関心の強かった1世代前の詩人たちとは異な

り、ディラン・トマスはひたすら個人的な世界を歌う詩人であった。その作品の特徴は、言葉の響きへのこだわりと、言葉の多義性への執着である。彼の作品の多くのテーマは生、性、死、幼年期の回想であるが、特に初期にはそれらを歌うに際して単語の持つ様々な意味をとらえ、それらから次々にイメージを生成、衝突、融合させ、新たに統合し、音楽として響かせることに心血を注いだのであった。後期はそのような傾向が幾分抑制されているが、詩的象徴性は一層高くなっている。技法としての特徴は、頭韻の多用や造語が挙げられるであろう。

Ｒ・Ｓ・トマスは１９１３年、カーディフに生まれた。父親が船員であったため、一家はイギリス各地を転々としたが、１９１８年、北ウェールズのホリヘッドに落ち着いた。英語で教育を受けたとはいえ、自然豊かでウェールズ語話者の多いこの地で育ったことがトマスにとっては後に意味を持つことになったのかもしれない。１９３２年、彼は奨学金を得てバンゴール大学に入学。古典を学んだ。大学卒業後は、聖ミカエル大学で神学を学び、１９３６年、ウェールズ聖公会《チャーチ・イン・ウェールズ》副牧師に任ぜられ、チャークに赴任した。ここで画家のミルドレッド・エルドリッジ（通称エルシ）と知り合い、１９４０年に結婚。１９４２年には牧師に昇任され、１９７８年の退職までにいくつかの教区で奉職した。彼は１９４６年に処女詩集『原野の石』を発表しており、牧師としての仕事と並行して執筆活動も精力的に行っていたが、牧師退職後は執筆活動に専念した。彼の諸作品は高く評価され、多くの賞を得て、１９９６年にはノーベル文学賞にもノミネートされた。２０００年、クリッキエスの近くのペントレヴェリンにて、心臓の病により87歳でトマスは他界した。看取ったのは2人目の妻エリザベスであった（エルシは１９９１年、死去。エリザベスとは１９９６年に結婚）。

R・S・トマスは非常に多作家であり、詩集だけでも20冊以上を上梓している。テーマとしては政治的、精神的なものを扱うことが多いが、ウェールズに生まれ、30歳を過ぎてから苦労してウェールズ語を学ぶなどして、一層愛国的な傾向を強めていった牧師・詩人としては、それは極めて自然なものと言えるかもしれない。イングランドの圧政やそれに対するウェールズの奇妙な従順さに対する憤怒、人々の信仰心のあり方への疑問、自らの神との「対話」などが影響していたであろうことは想像に難くない。

彼の作品の特徴のひとつは、厳しい自然の中に生きる素朴な農民の姿を描いたことである。出世作「ある農夫」に登場するイアーゴという名の農夫は、彼の作品の中でたびたび歌われることになる。もうひとつの特徴は神の探求である。特に晩年の作品ではより形而上学的で、精神性の強いものとなっており、新たな神話の創成を目指しているさまが見て取れる。

ともあれ、R・S・トマスは、ウェールズ語を話せない、高等教育を受けていない、大酒飲みで破滅型の、異様なまでに言葉への執着を持つ、革新的なディラン・トマスとは、対照的な詩人と言える。同じウェールズに生を享けたとはいえ、その地域は南と北と異なっており、自然のとらえ方や神への信仰も互いに異質であり、もちろん、作風も異なる2人の詩人が、現代のイギリスを代表するウェールズの詩人として名を挙げられているのは興味深い。

（太田直也）

59

3つのウェールズ旅行記

★聖職者、動物学者、小説家の見たウェールズ★

ある国や地域のことなどを知りたいときには、事典で調べたり、関連図書や専門書を読んだりするのが一般的であろうが、もし時間が許せば、そこを旅した人々が書き残した旅行記を読むのも楽しく、また有益であろう。それらの旅行記には、旅行者が旅をした当時のありのままの自然と人々の生活が生き生きと記述されており、読者はまるでその旅行者とともに旅をしているような臨場感を覚える。さらにそれらの記述には旅行者の知性、感性、考え方、時には宗教的立場まで反映されており、読む者を惹きつけ、想像力を掻き立ててくれる。

ウェールズに関しても多くの旅行記が残されているが、その中から、中世、ウェールズ観光時代の幕開けの18世紀後半、そして19世紀の鉄道時代という3つの時代を代表する旅行記を取り上げ、そこに描かれたウェールズを見ることにする。

最初に取り上げるのは中世の聖職者でジェラルド・オブ・ウェールズ（ラテン語筆名ギラルドゥス・カンブレンシス）として知られるブレコンの助祭長ジェラルド・ドゥ・バリの『ウェールズ旅行記』である。1188年、彼はカンタベリー大司教ボールドウィンとともに十字軍兵士を募集するため、ウェールズを巡る旅に出た。この旅行記はその時の旅の模様を綴ったものである。

この旅行記からは、当時のウェールズの旅のつらさ、苦しさがよく伝わってくる。南ウェールズでは、ニース川を渡っている時、彼の書物や荷物を積んだ馬が流砂に飲み込まれそうになり、従者たちが必死でその馬を引き上げた話や、険しい路に疲れ果てた一行の耳に響くナイティンゲールの美しい鳴き声など、彼らの旅の様子が克明に記録されている。

またこの旅行記には、行く先々で実際に起きた事件や、土地にまつわる数多くの伝説、奇跡、悪霊、祟り、そして動物にまつわる興味深い話がふんだんに盛り込まれている。不当に土地を取り上げられたため、警戒厳しいカーディフ城に忍び込み、城主の伯爵、伯爵夫人、そしてその子弟を人質として連れ去り、土地を取り戻した勇敢なウェールズ人の物語や、人間を食ったヒキガエルや我が子の仇討ちをしようとする母親イタチの話、神聖な教会堂を犬小屋として使った祟り、どこに移しても翌日には必ず元の場所に戻って来る不思議な石の話などが、読者を中世のウェールズに誘ってくれる。

彼にはもうひとつ、2巻からなるウェールズに関する著作『ウェールズ案内』がある。第1巻には地誌、君主たちの家系、そしてウェールズ人の長所、すなわち大胆さ、明敏さ、倹約、歓待、音楽の才、話術の巧みさ等が書かれている。一方、第2巻では、ウェールズ人の欠点、すなわち盗み、貪欲なまでの土地所有欲、聖職録に関する不正などが指摘される。『ウェールズ旅行記』が風土記的な旅日記であるとすれば、『ウェールズ案内』はウェールズ人をより深く掘り下げて考察した「論文」であり、彼のこれらの2つの著作は互いに補完し合うひとつの作品と言ってもよい。

ウェールズが、ピクチャレスクという新しい美学的趣向の下、観光の対象となったのは18世紀後半

トマス・ゲインズバラ画
《トマス・ペナント》

であった。そのような時代にウェールズを旅したのがウェールズ人の動物学者トマス・ペナントであった。しかし彼は決して観光目的でウェールズを旅したわけではない。動物学者であった彼は学者の目で、またウェールズ人の視点で歴史、文化、産業、伝統を見つめ、たくましく生きたウェールズの人々に温かい眼差しを向けた。また彼はウェールズの旧家に眠る貴重な文献を掘り起こし、最新の学術成果を踏まえ、『ウェールズ旅行』を書き上げたのであった。

スランゴスレンでは、後に「スランゴスレンの貴婦人」として知られるようになる2人の女性に言及している。スノードンでは画家リチャード・ウィルソンが《ナントル湖から見たスノードン》を描いた場所に案内してくれる。スノードンリリー（千島甘菜）やパフィン（ツノメドリ）等の動植物への言及も忘れてはいない。またこの旅行記はパリス・マウンテンの銅産業と、それがもたらした深刻な環境破壊も伝えている。またペナントが『ウェールズ旅行』の中で、イングランドに反旗を翻したオワイン・グリンドゥールを擁護し、ウェールズの愛国者として再評価したのは画期的なことであった。

19世紀も中頃になるとウェールズにも鉄道が敷かれ、ウェールズ旅行も簡便なものとなってきた。しかし当時のウェールズはかつての観光ブームも去り、イングランドのファッショナブルな鉱泉保養地が休暇を過ごす人気の場所となっていた。そのような1854年、小説家ジョージ・ボローがウェールズ全土を徒歩旅行し、『ワイルド・ウェールズ——人々と言語と風景』を書いた。

彼は明らかにウェールズには「遅れてやって来た旅行者」であった。それゆえに彼の旅行記はその

ヘンリ・W・フィリップス画《ジョージ・ボロー》

副題が示すように、それまで書かれたものとは一味違うものとなっている。ウェールズ語の堪能なボローは、彼の敬愛するウェールズ詩人たちの足跡を辿り、彼らの愛した場所や旧宅を訪れ、感動に浸った。また南ウェールズまで足を伸ばした彼は、1839年に南ウェールズで発生し、ウェールズ全土に広がった有料道路料金徴収所打ち壊し暴動や、製鉄業の街の姿を詳しく記述している。

この旅行記にはボローの宗教的立場が色濃く反映されている。国教会信徒である彼は、ウェールズで圧倒的支持を得ているメソジスト教会には非寛容の態度に終始した。旅行中、彼はメソジスト信徒の中年女性と宗教について会話したが、まったく意見が合わず、実に苦々しい経験をしたと言っている。また彼は国教会の司祭に飼われていたため非国教会信徒から「国教会の猫」と呼ばれて虐待されていた哀れな猫についても語っている。

ボローはこの旅では健脚ぶりを遺憾なく発揮した。彼は1日54・5キロメートル歩いてもなお余力を残していた。歩いた後は食事である。彼はウェールズの宿泊費と食事代の安さに驚いた。おまけに、ディナーにせよ朝食にせよ、その食事は素晴らしいものであったと感動を込めて記している。地酒のビールやエールも大いに気に入った。このような快楽に浸るボローがメソジストの人々と意見が一致するわけがない。

ワイ川の畔の国境の町チェプストウでウェールズ徒歩旅行を終えた彼は、駅で1等車の切符を買い、汽車に乗り、翌朝4時にロンドンに着いた。徒歩で旅行すべき神聖なウェールズを離れれば、汽車もまた便利な乗り物であった。

（吉賀憲夫）

60

ケルト学に寄与したウェールズ人

★オックスフォードの「リトル・ウェールズ」★

オックスフォードのジーザス・カレッジは、昔から多くのウェールズ学徒が集まったことで「ウェルシュ・カレッジ」とも呼ばれる。この章では、オックスフォードにゆかりをもつウェールズ出身のケルト学者について紹介したい。

ケルト学は、ウェールズ語、アイルランドとスコットランドのゲール語、コーンウォール語、マン島語、ブルトン語ら「ケルト諸語」に分類される言語の比較言語学から始まった。これら5つの言語のルーツを古代ガリア（現在のフランス）に求め、「ケルト語」と命名したのが、ウェールズ生まれのエドワード・スルウィドである。

スルウィドはジーザス・カレッジに入学後アシュモール博物館に勤務、後年は館長を務める傍ら、ウェールズはもとより、そのほかのケルト諸語地域を実際に訪れ、博物学者ならではの視点から詳細なフィールドリサーチを行った。その成果をもとに、ブリテン島の歴史・地誌・博物誌、さらにウェールズ語とヨーロッパ諸語の比較を通じてブリテン諸島の民族起源を明らかにする学術書シリーズを企画した。残念なことに、このうち日の目を見たのは1707年に刊行された『ブリタニア好古学』第1巻『語彙注解』のみだった。

ウェールズ語・コーンウォール語・ブルトン語を「Pケルト語」、アイルランドとスコットランドのゲール語・マン島語を「Qケルト語」と呼ぶことが現在では一般化しているが、Pブリトン・Cブリトンという用語を使って、ケルト諸語を2つに分類することを最初に試みたのがスルウィドである。スルウィドによれば、ガリアから最初にブリテン島に渡ったのがCブリトン人で、彼らはその後、来島したPブリトン人によって島の北部とアイルランドへ追いやられた。Cブリトン人の言語が今で言うところのQケルト語、Pブリトン人の言語がPケルト語にあたるわけだ。けれども、スルウィドの論の重要性は、生前にはあまり理解されなかった。そもそも、P／Cブリトン仮説自体、『語彙注解』の本文では論じておらず、ウェールズ語の序文で触れているだけである。まだ確証を持って提示できるとは本人も思っていなかったのだろう。古代インドのサンスクリットとギリシャ語・ラテン語、そしてヨーロッパ諸語の類似性が注目され、インド＝ヨーロッパ語族という概念が誕生し、比較言語学がドイツを中心に進展する19世紀に入ってから、スルウィドの研究は再評価されるようになる。

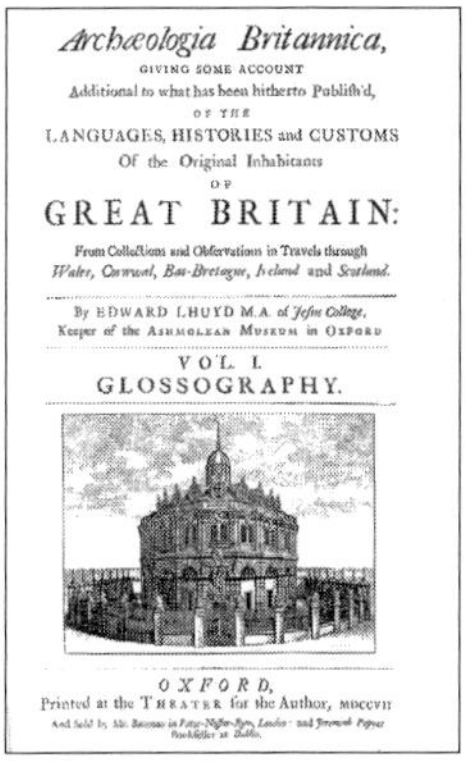
Archæologia Britannica,
GIVING SOME ACCOUNT
Additional to what has been hitherto Publish'd,
OF THE
LANGUAGES, HISTORIES and CUSTOMS
Of the Original Inhabitants
OF
GREAT BRITAIN:
From Collections and Observations in Travels through
Wales, Cornwal, Bas-Bretagne, Ireland and Scotland.
By EDWARD LHUYD M.A. of Jesus College,
Keeper of the ASHMOLEAN MUSEUM in OXFORD
VOL. I.
GLOSSOGRAPHY.
OXFORD,
Printed at the THEATER for the Author, MDCCVII

スルウィド『ブリタニア好古学』表紙

スルウィドが種をまき、ヨーロッパで開花したケルト学の苗を再びブリテン島の土壌に持ち帰ったのがジョン・リースである。ウェールズのカーディガンシャーの農家に生まれたリースは奨学金を得てオックスフォード大学ジーザス・カレッジに進学する。大学の夏休みには大陸に渡り、パリ、ハイデルベルク、ライプツィヒ、ゲッティンゲンなどを訪れ、当時の比較言語学（フィロロジーと呼ばれた）の最先端に触れる機会を得た。1877年に出版した『ウェルシュ・フィロロジーに関する講義』では、インド＝ヨーロッパ語族の歴史的音韻変化について取り扱い、これは現在でも「リースの法則」と呼ばれる。同年、ジーザス・カレッジにケルト学講座が開設されることになり、初代教授に推挙されたのがリースである。

リースの関心はケルト諸語の研究だけにとどまらなかった。スルウィドのP／Cブリトン仮説を敷衍して、大陸ヨーロッパからブリテン諸島へのケルト人の渡来の歴史を検証するかと思えば、アイルランドやウェールズの中世文学よりケルト神話の体系の再構築を試みたりしている。そのほかにも、政府の様々な委員会のメンバーとして、ウェールズやアイルランドにおける学校教育の普及等に尽力した。1907年には功績が認められ、ナイトに叙せられている。また、リース自身も設立に関わったブリティッシュ・アカデミーは、1925年以来、毎年「サー・ジョン・リース記念講演」を主催し、ウェールズおよび他のケルト地域に関する研究の推進に努めている。

リースのもと、オックスフォードのウェールズ人学生らが1886年に結成したのがダヴィッズ・アプ・グウィリム協会である。14世紀に活躍した、ウェールズ古典文学を代表する詩人の名にあやかった協会は、著名な研究者や知識人を輩出した。そのひとりジョン・モリス＝ジョーンズはケルト諸語の文法の比較研究を通じてウェールズ語の特徴を抽出したほか、ウェールズ語の綴りの標準化に取り組んだ。O・M・エドワーズは、モリス＝ジョーンズとともに「オックスフォード・ウェールズ語」と呼ばれる正字法の普及に努め、1891年に雑誌『カムリ』を創刊、ウェールズほかケルト諸語圏の歴史・文化についてオックスフォード・ウェールズ語を用いて、わかりやすい言葉で一般読者に紹介、翌年には子ども向けに『子どもたちのカムリ《カムリ・ル・ブラント》』を発刊している。

中世史家として知られるＪ・Ｅ・ロイドはダヴィッズ・アプ・グウィリム協会ができる前年にオックスフォードを去ったが、Ｏ・Ｍ・エドワーズらとウェールズ自治獲得のため、１８８６年のカムリ・ヴィーズ立ち上げに参加する。１９１１年に初版が刊行された『古代からエドワード征服までのウェールズの歴史』は、最初の実証的な中世ウェールズ史として現在でも参照される記念碑的著作だ。１９２８年には「サー・ジョン・リース記念講演」においてウェールズの年代記について講義、また、１９１９年に設立されたウェールズ大学ケルト研究所の所長を１９４０年まで務め、ウェールズにおけるケルト学の推進に尽力した。

古文書学者ジョン・グウェノグヴリン・エヴァンズの貢献も忘れてはならないだろう。エヴァンズはオックスフォードの学生ではなかったが、リースの講義を聴いたことからウェールズ中世文学に関心を持ち、主要な写本の校訂をライフワークとした。１８８７年にはジーザス・カレッジ所蔵の「ヘルゲストの赤本」より『マビノギオン』の筆写テクスト、１８９０年には同じく「ヘルゲストの赤本」よりジェフリー・オブ・モンマスの『ブリタニア列王史』のウェールズ語版ほかの年代記を、どちらもリースと連名で出版している。また当時、多くが個人所蔵であったウェールズ語写本の詳細について調査し、報

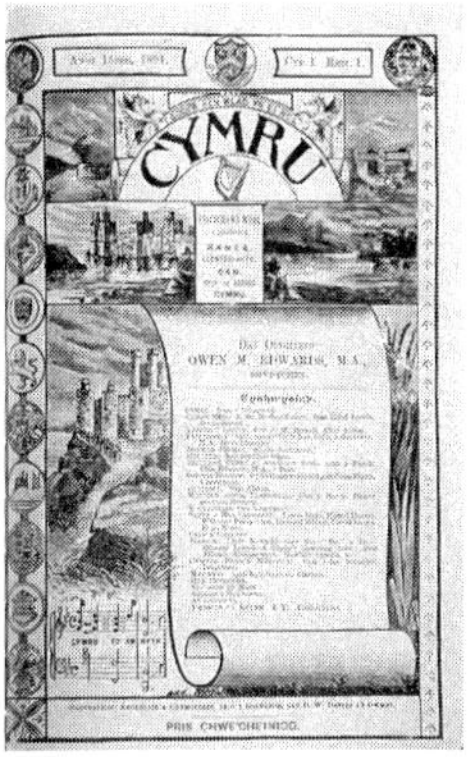

『カムリ』創刊号

告書にまとめ上げた。そうした功績が認められ、1903年にオックスフォード大学から名誉博士号を贈られている。その後も、「ヘルゲストの赤本」よりも年代の古い写本である「フラゼルフの白本」版の『マビノギオン』、さらには「タリエシンの書」、「アネイリンの書」などを複写し私家版印刷所から出版している。現在、これらの写本はウェブ上で見ることができるが、参照するにはエヴァンズの書籍版の方が便利だ。20世紀のウェールズ文学研究、ひいてはケルト学に果たしたエヴァンズの役割は大きい。

オックスフォードに集ったウェールズの研究者の卵は、イングランドにおける、この「小さなウェールズ」で師や同志と出会い、各界に巣立っていったのである。

（森野聡子）

コラム7

マドック伝説
――ウェールズ人によるアメリカ大陸発見説の顛末

岩瀬ひさみ

グウィネズ王国の王子マドックは、父オワイン・グウィネズ王の死後の後継者争いの戦乱を逃れ、1170年に北アメリカ大陸に渡った。平和で豊かなこの地を気に入り、いったんウェールズに帰り、一族を率いて再度アメリカに渡り、先住民に交じって暮らした。

これがマドックのおおまかな物語である。王子マドックが相続争いに嫌気がさして航海に出たという伝承は中世ウェールズの詩人たちには知られていたようだが、航海先が北アメリカとは特定されていない。もしこの話が事実ならば、マドックのアメリカ渡航は1492年のコロンブスに先んじること300年以上で、アメリカ大陸を発見したのはウェールズ人だったことになる。

そんなあいまいな話をもっともらしく作り直したのが、スペインに対して北アメリカ領有権を主張したいエリザベス朝のイングランド人たちだった。1578年ジョン・ディー博士は1170年頃にオワイン・グウィネズ王の息子マドックが一族を率いてテラ・フロリダ付近に植民地を作ったと記した。テラ・フロリダは漠然と北米全体を指す。デイヴィッド・パウエル神学博士は『カンブリア史』に、一度ウェールズに戻ったマドックが植民地を作るために再びアメリカに渡ったことを詳細に記している。

マドックの実在に関しては、父とされるオワイン・グウィネズ王は確かに歴史上の人物だが、史料ではマドックの名は確認できない。1599年ジョージ・アボットは著書でこの件の信憑性に疑問を呈した。17世紀に入るとマドックとアメリカ植民の話は忘れ去られた。18世紀以降、再びマドック伝説が関心を集める。1740年『ジェントルマンズ・マガジン』誌に、1660年ヴァージニア在住の従軍牧師モーガン・ジョーンズが、原野を彷徨う途中でインディアンの捕虜となったが、ブリテン語すなわちウェールズ語を解するインディアンと出会い、命拾いしたという記事が掲載された。マドックに率いられアメリカ大陸に渡ったウェールズ人たちの子孫を発見したというのである。これを皮切りに様々な目撃譚が『ジェントルマンズ・マガジン』誌上をにぎわした。彼らが先祖から伝わるウェールズ語聖書を所有していたというエピソードまである。ウェールズ人のアメリカ発見説の再燃は、当時のウェールズ文化復興の動きを背景としていた。16世紀にイングランドに併合された後衰えていったウェールズの伝統文化が、18世紀末ロンドンで見直され賞賛されたのである。桂冠詩人ロバート・サウジは長編詩「マドック」を書いた。カーナーヴォン出身のジョン・エヴァンズは、「ウェールズ人のインディアン」探索旅行に出た。目的とする部族は、言語や小舟の形に類似性があるというマンダン族だった。結局「ウェールズ人のインディアン」は特定されなかった。マドック伝説の信憑性は学術研究的には否定されている。だがコロンブス以前に北米大陸に渡り定住したウェールズ人たちがいたというロマンを手放せない人々は今でもいる。

ウェールズをもっと知るためのブックガイド

全　般（3つ以上の部に関係するもの）

木村正俊・松村賢一編『ケルト文化事典』東京堂出版、2017年。

森野聡子・森野和弥『ピクチャレスク・ウェールズの創造と変容 ―― 19世紀ウェールズの観光言説と詩に表象される民族的イメージの考察』青山社、2007年。

吉賀憲夫『旅人のウェールズ ―― 旅行記でたどる歴史と文化と人』晃学出版、2004年。

第Ⅰ部　ウェールズの風景

アシュトン、T・S『産業革命』中川敬一郎訳、岩波書店（岩波文庫）、1973年。

安部悦生『大英帝国の産業覇権』有斐閣、1993年。

池上正太『城』新紀元社、2003年。

梶本元信『南ウェールズ交通史研究』日本経済評論社、2000年。

グリーン、ロジャー・ランスリン『ルイス・キャロル物語』門馬義幸・門馬尚子訳、法政大学出版局、1997年。

坂本和一『近代製鉄業の誕生 ―― イギリス産業革命時代の製鉄業：技術・工場・企業』法律文化社、2009年。

ドッド、A・H『ウェールズの歴史』吉賀憲夫訳、京都修学社、2000年。

西野博道『イギリスの古城を旅する』双葉社、2000年。

ハドスン、デレック『ルイス・キャロルの生涯 ―― 不思議の国の数学者』高山宏訳、東京図書、1976年。

安元稔『製鉄工業都市の誕生 ―― ヴィクトリア朝における都市社会の勃興と地域工業化』名古屋大学出版会、2009年。

吉賀憲夫『ウェールズ史の女性たち』晃学出版、2007年。

Jones, S.K., *Brunel in South Wales*, vol.3. The History Press, 2009.
Springer, G. & W.C.K. McKay, *Milford Haven: Waterway and Town*. The History Press, 2010.

第Ⅱ部　歴　史

青山吉信『アーサー伝説』岩波書店、１９８５年。

出口保夫ほか編『21世紀イギリス文化を知る事典』東京書籍、２００９年。

デイヴィス、ノーマン『アイルズ――西の島の歴史』別宮貞徳訳、共同通信社、２００６年。

ドッド、Ａ・Ｈ『ウェールズの歴史――先史時代から現在までのウェールズの生活と文化』吉賀憲夫訳、京都修学社、２０００年。

永井一郎「『ウェールズ復興』――一八八〇―一九一〇年」中央大学人文科学研究所編『ケルト復興』中央大学出版部、２００１年、１５９―１９２頁。

久木尚志『ウェールズ労働史研究』彩流社、２００６年。

平田雅博『ウェールズの教育・言語・歴史――哀れな民、したたかな民』晃洋書房、２０１６年。

吉賀憲夫『ウェールズ史の女性たち』晃学出版、２００７年。

Davies, John. *A History Wales*. London: Penguin Books, 1994.

Jones, Robert Owen, 'The Welsh Language in Patagonia', in Geraint H. Jenkins (ed.), *Language and Community in the Nineteenth Century*. Cardiff: University of Wales Press, 1998.

Williams, Glyn, *The Welsh in Patagonia: the State and the Ethnic Community*. Cardiff: University of Wales Press, 1991.

第Ⅲ部　ウェールズ語保存の歴史

ウィリアムズ、コリン「ヨーロッパの少数言語――ウェールズの例から」松山明子訳、『ことばと社会』編集委員会編『ヨーロッパの多言語主義はどこまできたか』（『ことばと社会』別冊1）、三元社、2004年、26―59頁。

ウィリアムズ、コリン「少数言語復興の条件――ウェールズ（カムリー）の事例」松山明子訳、『ことばと社会』第10号、三元社、2007年、246―255頁。

デイヴィス、ノーマン『アイルズ――西の島の歴史』別宮貞徳訳、共同通信社、2006年。

バーク、ピーター『近世ヨーロッパの言語と社会』原聖訳、岩波書店、2009年。

平田雅博『ウェールズの教育・言語・歴史――哀れな民、したたかな民』晃洋書房、2016年。

松山明子「ウェールズのバイリンガル教育」東京大学外国語教育学研究会（FLTA）編『外国語教育学研究のフロンティア――四技能から異文化理解まで』成美堂、2009年、220―230頁。

松山明子『国のことばを残せるのか――ウェールズ語の復興』（鶴見大学比較文化研究所ブックレット第13号）、神奈川新聞社、2015年。

Roberts, Gwyneth Tyson, *The Language of Blue Books: The Perfect Instrument of Empire*. Cardiff: University of Wales Press, 1998.

第Ⅳ部　産業と交通

アシュトン、T・S『産業革命』中川敬一郎訳、岩波書店（岩波文庫）、1973年。

安部悦生『大英帝国の産業覇権』有斐閣、1993年。

乾由紀子『イギリス炭鉱写真絵はがき』京都大学学術出版会、2008年。

イングリッシュ、R、ケニー、M編『経済衰退の歴史学――イギリス衰退論争の諸相』川北稔訳、ミネルヴァ書房、2008年。

ウォルマー、C『鉄道の歴史』北川玲訳、創元社、2016年。

梶本元信『南ウェールズ交通史研究』日本経済評論社、2000年。

梶本元信『北ウェールズ交通史論』日本経済評論社、2010年。

クラーク、P『イギリス現代史』西沢保・市橋秀夫・椿建也・長谷川淳一ほか訳、名古屋大学出版会、２００４年。
菅 建彦『英雄時代の鉄道技師たち』山海堂、１９８７年。
鉄道史学会編『鉄道史人物事典』日本経済評論社、２０１３年。
バグウェル、P、ライス、P『イギリスの交通』梶本元信訳、大学教育出版、２００４年。
久木尚志『ウェールズ労働史研究』彩流社、２００６年。
山﨑勇治『石炭で栄え滅んだ大英帝国』ミネルヴァ書房、２００８年。
湯沢 威『鉄道の誕生――イギリスから世界へ』創元社、２０１４年。
湯沢 威・小池 滋ほか『鉄道』〈近代ヨーロッパの探究14〉ミネルヴァ書房、２０１２年。
Breese, G., *The Bridges of Wales*. Llanrwst: Gwasg Carreg Gwalch, 2001.
Daunton, M.J., *Coal Metropolis Cardiff 1870–1914*. Leicester: Leicester University Press, 1977.
Rees, R., *King Copper*. Cardiff: University of Wales Press, 2000.
Williams R., & Jones D., *The Cruel Inheritance*. Pontipool: Village Publishing, 1990.

第Ｖ部　祭典と伝統

Owen, Trefor M., *A Pocket Guide: The Customs and Traditions of Wales*. Cardiff: University of Wales Press, 1991.

第Ⅵ部　絵画・スポーツ・音楽・生活

朝日新聞社「英国・国立ウェールズ美術館展――イギリス風景画から印象派へ」図録、１９８６年。

岐阜県美術館「ウェールズ紀行――歴史と風景、ウェールズ国立美術館所蔵英国水彩画」図録、１９９８年。

高橋裕子『イギリス美術』岩波書店、１９９８年。

森野和弥「『歌うアイステッズヴォッド』における労働者の身体」『静岡大学教育学部研究報告（人文・社会科学篇）』第

51号、２００１年、１７２―１９２頁。
Foster, Alicia, *Gwen John*. London: Tate Gallery Publishing, 1999.
Gren, *We'll Keep a Welcome: A Guide to Wales for the Visitor and the Welsh*. Funfare, 1994.
Lewis S. & Griffiths J., *The Essential History of Rugby Union*. Wales: Headline Book Publishing, 2003.
Millennium Stadium (Cardiff Arms Park), *Building for a Rugby Nation: From Arms Park Glory to Millennium Magic* (The official souvenir handbook). n.p., 2000.
Sager P., *Wales*. Translated by Wilson D. H., London: Pallas Athene, 1991.

第Ⅶ部　伝説・文学・地誌・学術

川成 洋編「イギリス文化事典」丸善出版、２０１４年。
日本民話の会・外国民話研究会編訳『世界の水の民話』三弥井書店、２０１８年。
Williams, Gwyn, *An Introduction to Welsh Literature*. Cardiff: University of Wales Press, 1992.

松山明子（まつやま・あきこ）［18、27、28］

鶴見大学文学部英語英米文学科教授。

英国ウェールズ大学（カーディフ校）に留学中にウェールズ語学習者向けの試験 Defniddio' r Gymraeg（GCSE O レベル相当）合格。

専門はウェールズの言語政策、ウェールズ語の復興。

著書：『国のことばを残せるのか――ウェールズ語の復興』（鶴見大学比較文化研究所ブックレット第13号、神奈川新聞社、2015年）

森野聡子（もりの・さとこ）［20、37、38、43、44、51、54、60］

静岡大学学術院情報学領域教授。

早稲田大学大学院文学研究科博士課程前期修了（文学修士）、1989年ウェールズ大学にて日本人として初めてケルト研究（Celtic Studies）で博士号取得。

専門はウェールズ語・ウェールズ文学。ウェールズを中心に、ケルト諸語地域における民族意識形成について研究。

著書・訳書：『ピクチャレスク・ウェールズの創造と変容――19世紀ウェールズの観光言説と詩に表象される民族的イメージの考察』（共著、青山社、2007年）、『ケルト文化事典』（項目執筆、東京堂出版、2017年）、『アーサー王物語研究　源流から現代まで』（共著、中央大学出版部、2016年）、『ディラン・トマス　海のように歌ったウェールズの詩人』（項目執筆、彩流社、2015年）、『イギリス文化事典』（項目執筆、丸善出版、2014年）、フランク・ディレイニー『ケルト――生きている神話』（翻訳、創元社、1993年）ほか。

吉賀憲夫（よしが・のりお）［コラム1、10、11、16、41、45、46、47、55、56、59］
編著者紹介を参照。

永井一郎（ながい・いちろう）［12、13、14］
専門はウェールズ中世史、特に「ウェールズ法」、ギラルドゥス・カンブレンシス。
著書：青山吉信（編）『イギリス史 1　先史〜中世』〈世界歴史大系〉（ウェールズ関係の章・節、山川出版社、1991 年）、『岩波講座世界歴史 7　ヨーロッパの誕生：4–10 世紀』（第 2 論文、岩波書店、1998 年）、初期王権研究委員会（編）『古代王権の誕生 4（ヨーロッパ編）』（第 3 部第 4 章、角川書店、2003 年）。

久木尚志（ひさき・ひさし）［7、19、29、30、31、35、49］
北九州市立大学外国語学部教授。
専門はイギリス近現代史、ウェールズ労働史。労働問題を中心に、19 〜 20 世紀のイギリス、特にウェールズについて研究している。
著書：『ウェールズ労働史研究 ――ペンリン争議における階級・共同体・エスニシティ』（彩流社、2006 年）、『イギリス文化史』（共著、昭和堂、2010 年）、『「街頭の政治」を読む』（共著、法律文化社、2018 年）など。

平田雅博（ひらた・まさひろ）［17、コラム2、23、25］
青山学院大学文学部史学科教授
専門はブリテン近現代史。
著書・訳書：『イギリス帝国と世界システム』（2000 年）、『内なる帝国・内なる他者――在英黒人の歴史』（2004 年）、『ウェールズの教育・言語・歴史――哀れな民、したたかな民』（以上晃洋書房、2016 年）、『英語の帝国――ある島国の言語の 1500 年史』（講談社選書メチエ、2016 年）、『帝国・国民・言語――辺境という視点から』（共編著、三元社、2017 年）、フィリプソン『言語帝国主義――英語支配と英語教育』（共訳、三元社、2013 年）、アーミテイジ『思想のグローバル・ヒストリー』（共訳、法政大学出版局、2015 年）、ベイリ『近代世界の誕生――グローバルな連関と比較 1780–1914』上下巻（共訳、名古屋大学出版会、2018 年）ほか。

廣野史子（ひろの・ちかこ）［39、40、50、52、コラム6］
関西ウェールズ協会代表、ライター。
1990 年から 91 年まで、ウェールズの首都カーディフの郊外にあるセント・ニコラス小学校で、日本文化や日本の現状を紹介する活動に従事。学校生活と一般家庭でのホームステイでウェールズの一般的な暮らしを体験する。帰国後、ウェールズと日本の交流を目的とする非営利の友好団体である関西ウェールズ協会の設立（2000 年）に参加。関西ウェールズ協会は活動目的のひとつに日本でのウェールズ紹介を挙げており、2007 年以降、「ウェールズ文化祭」を年に 1 度開催。代表として、企画、準備、実施のすべてに関わっている。ライターとしては、様々な広告制作のほか、ウェールズに限らず英国関連雑誌で記事を執筆。『イギリス文化辞典』（丸善出版）の執筆者のひとり。また自身のウェブサイト『ガイドブックに載ってない英国ウェールズ案内』https://walesbanzai.jimdo.com/ でウェールズ情報を発信している。

◉執筆者紹介（五十音順、［　］内は担当章）

岩瀬ひさみ（いわせ・ひさみ）［4、5、コラム5、53、コラム7］

日本ケルト学会会員、日本昔話学会会員。

アバディーン大学修士課程卒（MLitt: Celtic Studies）。

専門はスコットランドの民話、他地域の民話との比較研究。

著書・訳書：『ケルト文化事典』（共著、東京堂出版、2017年）、『世界の猫の民話』（共訳、三弥井書店、2010年）、『世界の水の民話』（共訳、三弥井書店、2018年）

太田直也（おおた・なおや）［1、9、21、24、42、58］
鳴門教育大学大学院教授。
立正大学大学院文学研究科英文学専攻博士後期課程満期退学。
専門はイギリス文学、比較文化・文学
著書・訳書：『イギリス文化事典』（共著、丸善出版、2014年）、『ディラン・トマス——海のように歌ったウェールズの詩人』（共著、彩流社、2015年）。訳書：E・ハラム『十字軍大全』（共訳、東洋書林、2006年）、『ディラン・トマス書簡集』（共訳、東洋書林、2010年）。

太田美智子（おおた・みちこ）［2、3、6、15］
武蔵野美術大学講師。
専門は18世紀イギリス文学。
著書・訳書:『イギリス文化事典』（共著、丸善出版、2014年）、『十字軍大全』（共訳、東洋書林、2006年）。

梶本元信（かじもと・もとのぶ）［8、32、33、34、36、コラム4、48］

帝塚山大学名誉教授。

関西大学大学院経済学研究科博士課程満期退学、経済学博士。社会経済史学会、経営史学会、鉄道史学会、日本カムリ学会会員、現在帝塚山大学非常勤講師として勤務中。

専門は西洋経済史。

著書・訳書：『南ウェールズ交通史研究』（日本経済評論社、2000年）；『北ウェールズ交通史論』（日本経済評論社、2010年）。翻訳書にP.S.バグウェル、P.ライス『イギリスの交通』（大学教育出版、2004年）、S.ヴィル（著）、梶本元信・野上秀雄（共訳）『ヨーロッパ交通史』（文沢社、2012年）、R.P.マーフィー（著）、M.J.シェフナー・富田新・山口修・梶本元信（共訳）『学校で教えない大恐慌・ニューディール』（大学教育出版、2015年）など。


小池剛史（こいけ・たけし）［22、26、コラム3、57］

大東文化大学文学部英米文学科准教授。日本カムリ学会代表幹事。

桜美林大学文学部英語英米文学科卒業。獨協大学大学院外国語学研究科博士後期課程満期修了退学。2004年エジンバラ大学哲学・心理学・言語科学学部英語学科博士課程修了。

専門は、ウェールズ語学、英語学、英語史（古英語）。

著書・訳書：『ウェールズ語の基本』（共著：永田喜文・小池剛史、三修社、2011年）、『ウェールズ語の歴史』（原著者ジャネット・デイヴィス、春風社、2018年）。

◉編著者紹介

吉賀憲夫（よしが・のりお）
愛知工業大学名誉教授。
専門はウェールズ地域研究、イギリスロマン派研究。
著書・訳書：『ケルト文化事典』（共著、東京堂出版、2017年）、『ディラン・トマス――海のように歌ったウェールズの詩人』（共著、彩流社、2015年）、『イギリス文化事典』（共著、丸善出版、2014年）、『旅行家トマス・ペナント――スコットランド旅行記』（晃学出版、2012年）、『21世紀イギリス文化を知る事典』（共著、東京書籍、2009年）、『ウェールズ史の女性たち』（晃学出版、2007年）、『旅人のウェールズ――旅行記でたどる歴史と文化と人』（晃学出版、2004年）、A・H・ドッド『ウェールズの歴史』（訳書、京都修学社、2000年）、『イギリスロマン派の世界』（共著、成美堂、1982年）など。

エリア・スタディーズ　175

ウェールズを知るための60章

2019年　7月31日　初版第1刷発行

編著者　吉　賀　憲　夫
発行者　大　江　道　雅
発行所　株式会社明石書店
〒101-0021 東京都千代田区外神田6-9-5
電話　03 (5818) 1171
FAX　03 (5818) 1174
振替　00100-7-24505
http://www.akashi.co.jp/

装丁　明石書店デザイン室
印刷／製本　日経印刷株式会社

（定価はカバーに表示してあります）　ISBN 978-4-7503-4865-0

エリア・スタディーズ

1 現代アメリカ社会を知るための60章
明石紀雄、川島浩平 編著

2 イタリアを知るための62章【第2版】
村上義和 編著

3 イギリスを旅する35章
辻野功 編著

4 モンゴルを知るための65章【第2版】
金岡秀郎 著

5 パリ・フランスを知るための44章
梅本洋一、大里俊晴、木下長宏 編著

6 現代韓国を知るための60章【第2版】
石坂浩一、福島みのり 編著

7 オーストラリアを知るための58章【第3版】
越智道雄 著

8 現代中国を知るための52章【第6版】
藤野彰 編著

9 ネパールを知るための60章
日本ネパール協会 編

10 アメリカの歴史を知るための63章【第3版】
富田虎男、鵜月裕典、佐藤円 編著

11 現代フィリピンを知るための61章【第2版】
大野拓司、寺田勇文 編著

12 ポルトガルを知るための55章【第2版】
村上義和、池俊介 編著

13 北欧を知るための43章
武田龍夫 著

14 ブラジルを知るための56章【第2版】
アンジェロ・イシ 著

15 ドイツを知るための60章
早川東三、工藤幹巳 編著

16 ポーランドを知るための60章
渡辺克義 編著

17 シンガポールを知るための65章【第4版】
田村慶子 編著

18 現代ドイツを知るための62章【第2版】
浜本隆志、髙橋憲 編著

19 ウィーン・オーストリアを知るための57章【第2版】
広瀬佳一、今井顕 編著

20 ハンガリーを知るための60章【第2版】 ドナウの宝石
羽場久美子 編著

21 現代ロシアを知るための60章【第2版】
下斗米伸夫、島田博 編著

22 21世紀アメリカ社会を知るための67章
明石紀雄 監修 赤尾千波、大類久恵、小塩和人、落合明子、川島浩平、高野泰 編

23 スペインを知るための60章
野々山真輝帆 著

24 キューバを知るための52章
後藤政子、樋口聡 編著

25 カナダを知るための60章
綾部恒雄、飯野正子 編著

26 中央アジアを知るための60章【第2版】
宇山智彦 編著

27 チェコとスロヴァキアを知るための56章【第2版】
薩摩秀登 編著

28 現代ドイツの社会・文化を知るための48章
田村光彰、村上和光、岩淵正明 編著

29 インドを知るための50章
重松伸司、三田昌彦 編著

30 タイを知るための72章【第2版】
綾部真雄 編著

31 パキスタンを知るための60章
広瀬崇子、山根聡、小田尚也 編著

32 バングラデシュを知るための66章【第3版】
大橋正明、村山真弓、日下部尚徳、安達淳哉 編著

33 イギリスを知るための65章【第2版】
近藤久雄、細川祐子、阿部美春 編著

34 現代台湾を知るための60章【第2版】
亜洲奈みづほ 著

35 ペルーを知るための66章【第2版】
細谷広美 編著

エリア・スタディーズ

36 マラウィを知るための45章【第2版】
栗田和明 著

37 コスタリカを知るための60章【第2版】
国本伊代 編著

38 チベットを知るための50章
石濱裕美子 編著

39 現代ベトナムを知るための60章【第2版】
今井昭夫、岩井美佐紀 編著

40 インドネシアを知るための50章
村井吉敬、佐伯奈津子 編著

41 エルサルバドル、ホンジュラス、ニカラグアを知るための45章
田中高 編著

42 パナマを知るための70章【第2版】
国本伊代 編著

43 イランを知るための65章
岡田恵美子、北原圭一、鈴木珠里 編著

44 アイルランドを知るための70章【第3版】
海老島均、山下理恵子 編著

45 メキシコを知るための60章
吉田栄人 編著

46 中国の暮らしと文化を知るための40章
東洋文化研究会 編

47 現代ブータンを知るための60章【第2版】
平山修一 著

48 バルカンを知るための66章【第2版】
柴宜弘 編著

49 現代イタリアを知るための44章
村上義和 編著

50 アルゼンチンを知るための54章
アルベルト松本 著

51 ミクロネシアを知るための60章【第2版】
印東道子 編著

52 アメリカのヒスパニック＝ラティーノ社会を知るための55章
大泉光一、牛島万 編著

53 北朝鮮を知るための55章【第2版】
石坂浩一 編著

54 ボリビアを知るための73章【第2版】
真鍋周三 編著

55 コーカサスを知るための60章
北川誠一、前田弘毅、廣瀬陽子、吉村貴之 編著

56 カンボジアを知るための62章【第2版】
上田広美、岡田知子 編著

57 エクアドルを知るための60章【第2版】
新木秀和 編著

58 タンザニアを知るための60章【第2版】
栗田和明、根本利通 編著

59 リビアを知るための60章
塩尻和子 著

60 東ティモールを知るための50章
山田満 編著

61 グアテマラを知るための67章【第2版】
桜井三枝子 編著

62 オランダを知るための60章
長坂寿久 著

63 モロッコを知るための65章
私市正年、佐藤健太郎 編著

64 サウジアラビアを知るための63章【第2版】
中村覚 編著

65 韓国の歴史を知るための66章
金両基 編著

66 ルーマニアを知るための60章
六鹿茂夫 編著

67 現代インドを知るための60章
広瀬崇子、近藤正規、井上恭子、南埜猛 編著

68 エチオピアを知るための50章
岡倉登志 編著

69 フィンランドを知るための44章
百瀬宏、石野裕子 編著

70 ニュージーランドを知るための63章
青柳まちこ 編著

71 ベルギーを知るための52章
小川秀樹 編著

エリア・スタディーズ

72 ケベックを知るための54章
小畑精和、竹中豊 編著

73 アルジェリアを知るための62章
私市正年 編著

74 アルメニアを知るための65章
中島偉晴、メラニア・バグダサリヤン 編著

75 スウェーデンを知るための60章
村井誠人 編著

76 デンマークを知るための68章
村井誠人 編著

77 最新ドイツ事情を知るための50章
浜本隆志、柳原初樹 著

78 セネガルとカーボベルデを知るための60章
小川了 編著

79 南アフリカを知るための60章
峯陽一 編著

80 エルサルバドルを知るための55章
細野昭雄、田中高 編著

81 チュニジアを知るための60章
鷹木恵子 編著

82 南太平洋を知るための58章 メラネシア ポリネシア
吉岡政德、石森大知 編著

83 現代カナダを知るための57章
飯野正子、竹中豊 編著

84 現代フランス社会を知るための62章
三浦信孝、西山教行 編著

85 ラオスを知るための60章
菊池陽子、鈴木玲子、阿部健一 編著

86 パラグアイを知るための50章
田島久歳、武田和久 編著

87 中国の歴史を知るための60章
並木頼壽、杉山文彦 編著

88 スペインのガリシアを知るための50章
坂東省次、桑原真夫、浅香武和 編著

89 アラブ首長国連邦（UAE）を知るための60章
細井長 編著

90 コロンビアを知るための60章
二村久則 編著

91 現代メキシコを知るための70章【第2版】
国本伊代 編著

92 ガーナを知るための47章
高根務、山田肖子 編著

93 ウガンダを知るための53章
吉田昌夫、白石壮一郎 編著

94 ケルトを旅する52章 イギリス・アイルランド
永田喜文 著

95 トルコを知るための53章
大村幸弘、永田雄三、内藤正典 編著

96 イタリアを旅する24章
内田俊秀 編著

97 大統領選からアメリカを知るための57章
越智道雄 著

98 現代バスクを知るための50章
萩尾生、吉田浩美 編著

99 ボツワナを知るための52章
池谷和信 編著

100 ロンドンを旅する60章
川成洋、石原孝哉 編著

101 ケニアを知るための55章
松田素二、津田みわ 編著

102 ニューヨークからアメリカを知るための76章
越智道雄 著

103 カリフォルニアからアメリカを知るための54章
越智道雄 著

104 イスラエルを知るための62章【第2版】
立山良司 編著

105 グアム・サイパン・マリアナ諸島を知るための54章
中山京子 編著

106 中国のムスリムを知るための60章
中国ムスリム研究会 編

107 現代エジプトを知るための60章
鈴木恵美 編著

エリア・スタディーズ

108 **カーストから現代インドを知るための30章**
金基淑 編著

109 **カナダを旅する37章**
飯野正子、竹中豊 編著

110 **アンダルシアを知るための53章**
立石博高、塩見千加子 編著

111 **エストニアを知るための59章**
小森宏美 編著

112 **韓国の暮らしと文化を知るための70章**
舘野晳 編著

113 **現代インドネシアを知るための60章**
村井吉敬、佐伯奈津子、間瀬朋子 編著

114 **ハワイを知るための60章**
山本真鳥、山田亨 編著

115 **現代イラクを知るための60章**
酒井啓子、吉岡明子、山尾大 編著

116 **現代スペインを知るための60章**
坂東省次 編著

117 **スリランカを知るための58章**
杉本良男、高桑史子、鈴木晋介 編著

118 **マダガスカルを知るための62章**
飯田卓、深澤秀夫、森山工 編著

119 **新時代アメリカ社会を知るための60章**
明石紀雄 監修　大類久恵、落合明子、赤尾千波 編著

120 **現代アラブを知るための56章**
松本弘 編著

121 **クロアチアを知るための60章**
柴宜弘、石田信一 編著

122 **ドミニカ共和国を知るための60章**
国本伊代 編著

123 **シリア・レバノンを知るための64章**
黒木英充 編著

124 **EU（欧州連合）を知るための63章**
羽場久美子 編著

125 **ミャンマーを知るための60章**
田村克己、松田正彦 編著

126 **カタルーニャを知るための50章**
立石博高、奥野良知 編著

127 **ホンジュラスを知るための60章**
桜井三枝子、中原篤史 編著

128 **スイスを知るための60章**
スイス文学研究会 編

129 **東南アジアを知るための50章**
今井昭夫 編集代表　東京外国語大学東南アジア課程 編

130 **メソアメリカを知るための58章**
井上幸孝 編著

131 **マドリードとカスティーリャを知るための60章**
川成洋、下山静香 編著

132 **ノルウェーを知るための60章**
大島美穂、岡本健志 編著

133 **現代モンゴルを知るための50章**
小長谷有紀、前川愛 編著

134 **カザフスタンを知るための60章**
宇山智彦、藤本透子 編著

135 **内モンゴルを知るための60章**
ボルジギン・ブレンサイン 編著　赤坂恒明 編集協力

136 **スコットランドを知るための65章**
木村正俊 編著

137 **セルビアを知るための60章**
柴宜弘、山崎信一 編著

138 **マリを知るための58章**
竹沢尚一郎 編著

139 **ASEANを知るための50章**
黒柳米司、金子芳樹、吉野文雄 編著

140 **アイスランド・グリーンランド・北極を知るための65章**
小澤実、中丸禎子、高橋美野梨 編著

141 **ナミビアを知るための53章**
水野一晴、永原陽子 編著

142 **香港を知るための60章**
吉川雅之、倉田徹 編著

143 **タスマニアを旅する60章**
宮本忠 著

◆ 世界の教科書シリーズ ◆

⑱ ブータンの歴史
ブータン小・中学校歴史教科書
ブータン王国教育省教育部 編　平山修一 監訳
大久保ひとみ 訳
◎3800円

⑲ イタリアの歴史【現代史】
イタリア高校歴史教科書
ロザリオ・ヴィッラリ 著　村上義和、阪上眞千子 訳
◎4800円

⑳ インドネシアの歴史
インドネシア高校歴史教科書
イ・ワヤン・バドリカ 著　石井和子 監訳
桾沢英雄、菅原由美、田中正臣、山本肇 訳
◎4500円

㉑ ベトナムの歴史
ベトナム中学校歴史教科書
ファン・ゴク・リエン 監修　今井昭夫 監訳
伊藤悦子、小川有子、坪井未来子 訳
◎5800円

㉒ イランのシーア派イスラーム学教科書
イラン高校国定宗教教科書
富田健次 訳
◎4000円

㉓ ドイツ・フランス共通歴史教科書【現代史】
1945年以後のヨーロッパと世界
ペーター・ガイス、ギヨーム・ル・カントレック 監修
福井憲彦、近藤孝弘 監訳
◎4800円

㉔ 韓国近現代の歴史
検定韓国高等学校近現代史教科書
韓哲昊、金基承 ほか著　三橋広夫 訳
◎3800円

㉕ メキシコの歴史
メキシコ高校歴史教科書
ホセ＝デ＝ヘスス・ニエト＝ロペス ほか著
国本伊代 監訳　島津寛 共訳
◎6800円

㉖ 中国の歴史と社会
中国中学校新設歴史教科書
課程教材研究所 綜合文科課程教材研究開発中心 編著
並木頼寿 監訳
◎4800円

㉗ スイスの歴史
スイス高校現代史教科書〈中立国とナチズム〉
バルバラ・ボンハーゲ、ペーター・ガウチ ほか著
スイス文学研究会 訳
◎3800円

㉘ キューバの歴史
キューバ中学校歴史教科書
先史時代から現代まで
キューバ教育省 編　後藤政子 訳
◎4800円

㉙ フィンランド中学校現代社会教科書
15歳 市民社会へのたびだち
タルヤ・ホンカネン ほか著　高橋睦子 監訳
ペトリ・ニエメラ、藤井ニエメラみどり 訳
◎4000円

㉚ フランスの歴史【近現代史】
フランス高校歴史教科書
19世紀中頃から現代まで
マリエル・シュヴァリエ、ギヨーム・ブレル 監修
福井憲彦 監訳　遠藤ゆかり、藤田真利子 訳
◎9500円

㉛ ロシアの歴史
【上】古代から19世紀前半まで
ロシア中学・高校歴史教科書
A・ダニロフ ほか著　吉田衆一、A・クラフツェヴィチ 監修
◎6800円

㉜ ロシアの歴史
【下】19世紀後半から現代まで
ロシア中学・高校歴史教科書
A・ダニロフ ほか著　吉田衆一、A・クラフツェヴィチ 監修
◎6800円

〈価格は本体価格です〉

黒い匣 密室の権力者たちが狂わせる世界の運命

元財相バルファキスが語る「ギリシャの春」鎮圧の深層

ヤニス・バルファキス 著
朴勝俊、山崎一郎、加志村拓、青木嵩、長谷川羽衣子、松尾匡 訳

A5判／並製／592頁 ◎2700円

この終わりなき悪夢の物語は2015年、債務の束縛に抵抗して立ち上がったギリシャの人びとの、半年間の反乱の実録である。おぞましく行使される欧州の権力。だが希望は傷つくことなく残っている。これは普遍的な、そしてまさに日本にとっての物語なのだ。

● 内容構成 ●

日本語版への序文
序文
第Ⅰ部 われらが不満の冬は続く
序章／ベイルアウティスタン＝救済策の植民地／彼らは舌を弓のように引き絞る／立ち泳ぎ／光明が消えることへの怒り
第Ⅱ部 決意の春
戦端が開かれた／幸先のよい二月／嵐の前の熱狂／この瞬間に酔いしれる、どんよりと／正体を現す／われらが春は遠ざかる／メルケルの魔法／レディと直談判／残酷すぎる一か月
第Ⅲ部 勝負の終わり
破滅へのカウントダウン／あの部屋の大人たち／ロバたちに導かれたライオンたち
エピローグ
